GÜNTHER SCHATZDORFER

TRIEST

Günther Schatzdorfer

TRIEST

Portrait einer Stadt

Essays und Geschichten

Mit einem Vorwort von
Paolo Rumiz

EDITION ATELIER

Satz: novum, Horitschon
Druck und Bindung: Strohal, Müllendorf
ISBN 3-85308-083-9

Für Giorgio Giannini

„Trieste ha una scontrosa
grazia. Se piace,
è come un ragazzaccio aspro e vorace,
con gli occhi azzurri e mani troppo grandi
per regalare un fiore,
come un amore, con gelosia.“

Umberto Saba: Trieste

„Un poco di ben e un poco di mal
tien la barca drita.“

Triestiner Sprichwort

VORWORT

In Triest kann alles passieren. Auch, dass ein merkwürdiger, Bier trinkender Italiener wie ich einen feinsinnigen, Wein trinkenden Österreicher wie Günther Schatzdorfer trifft. Ich habe ihn in einem unvergesslichen Winter kennengelernt. Es waren kalte und strahlend schöne Tage, „Kaiserwetter", türkische Fährschiffe mit dem Halbmond auf rotem Hintergrund, der im Wind vor den schneeweissen Alpen flatterte, fuhren in den Hafen ein, das Meer preussischblau. Der nördlichste Golf des Mittelmeeres zeigte alle wichtigen Bezugspunkte, bot ein Maximum der Synthese seiner beeindruckenden Bilder. Die Aneinanderreihung der Hügelketten des Balkans, die märchenhaften Seewege nach Asien, mitteleuropäische Architektur geschmückt mit Lateinersegeln, Geruch nach Fisch aus dem Mittelmeer und Knödel aus dem Donauraum. Mit dem Gewicht von einem Dutzend bleierner Stunden aus der slawischen Welt auf den Schultern.

Eine teuflische Begegnung. Dieser hagere und fremde Intellektuelle, das sah ich sofort, genoss die Stadt mehr als ich. Er schlürfte mit orientalischer Gelassenheit seinen Gewürz-Traminer an einem Tisch eines zur untergehenden Sonne hin geöffneten habsburgischen Caffès, er nahm Licht und Geräusche in sich auf, und die letzten Sonnenstrahlen unterstrichen sein ironisches Profil mit der markanten Falte zwischen den Augenbrauen, mit der ewig brennenden, zu drei Vierteln abgebrannten Zigarette, ein gereifter Lebemann.

Dieser verdammte Wiener, dachte ich, war ein perfekter Triestiner. Ein unruhiger Stammgast verrauchter Kneipen und offener Räume. Ein Mann verrückter Winde und verrückter Erkenntnisse.

Sicherlich war das der Grund, weshalb wir einander trafen. Unsere Verwandtschaft entsprang nicht der Literatur. Sie entstand im gemeinsamen Mittelpunkt der Seele.

Sowas passiert. Triest ist eine Stadt, welche mehr für Fremde als für Einheimische geeignet ist. Und das ist logisch: es waren die Fremden, welche sie bevölkert und mit Arbeit und Intellekt, mit Worten und Werken bereichert haben. Dieses augenblickliche „sich zu Hause fühlen" dessen, der zum ersten Mal hierher kommt, gibt es noch immer, noch ein Jahrhundert nach den grossen Zeiten des Hafens der Habsburger. Ich erinnere mich an Franz Josef Strauß, als er, seinen Hubschrauber steuernd, auf der von Schaulustigen voll besetzten Riva landete, und erstaunt murmelte: „Unglaublich!". Der wohlmeinende bayerische Kanzler, der gekommen war, um ein denkwürdiges (und leider nie mehr wiederholtes) adriatisches Oktoberfest zu eröffnen, konnte nicht glauben, dass ihn so viele Menschen erwarteten.

Auch erinnere ich mich an den tschechischen Präsidenten Vaclav Havel, der in Jeans und ohne Begleitung durch die engen Gassen der Altstadt zwischen Ghetto und Piazza Unità schlenderte, dem der zufriedene Blick eines Menschen ins Gesicht geschrieben stand, der sich freut inkognito zu sein. Es gibt keine Stadt in Europa, die imstande ist, gleichzeitig Romanen, Slawen und Deutschen zu gefallen. Aber auch Türken, Iberern und Maghrebinern. Ich kennen keinen anderen Ort zwischen dem Ural und Gibraltar, welcher klimatisch wie atmosphärisch in der Lage wäre, sich schlagartig in Petersburg und Istambul, Berlin und Marrakesch, Venedig und Wien zu verwandeln.

Dann traf ich Günther wieder in den Strassen, wo er zuhause ist, im brodelnden Mikrokosmos des Naschmarktes, eines Ortes, der gleichzeitig Dorf und Stadt ist, Mikrokosmos und Metropole. Wir verbrachten die Nacht im legendären Café Drechsler, während draussen am Flohmarkt, dessen Öffnung unmittelbar bevorstand, die Zigeuner emsig ihre Stände im Wind mit Lichtern versahen. Im Inneren war die Zeit seit Toulouse Lautrec stehengeblieben. Das Beuschel, die Semmelknödel, der Marmortisch, die Thonet-Stühle, die kleinen Schauspielerinnen, die Theaterbesucher nach der Vorstellung und jungen Leute, die aus der Discothek kamen. Studenten und leichte Mädchen, slowakische Bauern und das Bürgertum aus dem Bezirk Neubau. Und vor allem war da dieser Cafetier, gross wie ein Golem, unbeweglich an einem Tisch sitzend, von dem er sich von Zeit zu Zeit erhob, um den Raum zu durchschreiten, steif wie Erich von Stroheim.

Schatzdorfer, der Nachtvogel, beobachtete alles. Er bemerkte Details, die mir verborgen blieben. Er sagte: „Dieses sind die Orte, welche den Fortbestand der Welt garantieren.“. Er erzählte, dass nach dem Zweiten Weltkrieg, als die Juden zurückkehrten, welche die Shoa überlebt hatten, die Kellner – die die gleichen geblieben waren – sich noch erinnerten, welche Kaffee-Mischung ihre ehemaligen Stammgäste bevorzugten. Er fügte hinzu: „Selbst wenn es einen Dritten Weltkrieg geben sollte, würde sich hier wieder nichts ändern.“. Da hatte ich begriffen, dass Schatzdorfer auch ein perfekter Wiener war.

Es ist eine herrliche Alternative zwischen Triest und Wien zu leben, und Günther hat sie wahrgenommen. Zwei Pole, die naturgemäss aufeinander zustreben, wie die beiden Endstationen dieser grossen Eisenbahnlinie: der Südbahn. Zwei Fixpunkte in zwei grossen Räumen: der eine in Mitteleuropa, der andere am Mittelmeer. Beide sind Grenzstädte und beide liegen an einem der grossen Wasserwege Europas, welche in den Orient führen – Donau und Adria. Aber vor allem sind beide Städte bewohnt von Mischlingen, will heissen, von Menschen mit kurzen Wurzeln, mit einem unleserlichen und ungewissen Stammbaum, mit Vorfahren, deren Gebeine in alle vier Windrichtungen zerstreut sind. Insgesamt verwickelte Wurzeln.

Auf diese Vielfältigkeit der Ursprünge, auf dieses „immer dazwischen“ sein, in der Balance zwischen Mitteleuropa und Mittelmeer, kann man auf drei Arten reagieren. Die erste besteht darin eine monolithische Identität anzunehmen, also eine wütende und verhängnisvoll aggressive, insgesamt schizoide; im 20. Jahrhundert haben wir deren verheerende Auswirkungen kennengelernt. Die zweite Möglichkeit besteht darin, verrückt zu werden, überall Gespenster zu sehen, in Verfolgungswahn zu verfallen, in steter Unruhe auf Grund des Konfliktes mit den eigenen unterschiedlichen Ursprüngen. Es ist kein Zufall, dass Wien und Triest Großstädte der Psychiatrie und Psychoanalyse sind. Der dritte Weg besteht darin, das Leben leicht zu nehmen, sich wie in einer Operette zu unterhalten, ein bißchen Verrücktheit in das tägliche Leben einfliessen zu lassen. Es ist kein Zufall, dass man in Triest eine Person „el mato“, also den Verrückten nennt. Ein herumirrender Wahnsinniger – und wahrscheinlich ein herumstammelnder – der aus Mangel an rühmlichen Vorfahren „in loco“ nicht zu sehr in die Tiefe schürfen darf. Er kann sich nur auf der Oberfläche seiner Seelenlandschaft bewegen. Das ist die beste Reaktion, die häufigste, der alten sephardischen Seele verpflichtet – komisch und selbstironisch – welche aus den hintersten Hafenvierteln stammt. Nach einem zerstörerischen Jahrhundert, das auf dem Mythos von Blut und Boden begründet worden ist, glaube ich, dass die deutlichste Botschaft meiner Zigeuner Erde genau diese ist: die Verbundenheit mit der Landschaft. Der Triestiner, im Unterschied zu den übrigen Italienern, durchstreift ständig sein Territorium, er markiert es, so wie die

Hunde an jeder Strassenecke Pipi machen. Das Land bewertet und beurteilt er ständig neu, entreisst es den Rassen-Theoretikern, zwingt diese, sich alleine mit ihrem verdammten Blut und ihrer verdammten DNA zu vergnügen.

Triest, diese tiefgründige, volkstümliche und multinationale Stadt, ist fähig, den Begriff „Heimat“ in offenem Geist neu zu bewerten, die Identitäten der Bastarde respektierend. Dies geschieht, weil die Seele der Stadt in der Lage ist, den Ethnos – verfluchter Begriff – wieder aufzubauen, auf dem Respekt vor dem Land statt auf dem vor dem Kultus der Vorfahren, auf Zugehörigkeit statt auf Identität, auf dem „Genius loci“ und nicht auf einem tausendjährigen Stammbaum. Und da auch der Autor ein Zigeuner ohne Wurzeln ist, hat er die Bedeutung des kleinen Wien am Meer perfekt verstanden. Er weiss, dass der Triestiner, wie ein Nomade, niemals exklusive Rechte auf Erde geltend machen würde, weil ihm bewusst ist, dass diese nur dem gehört, der stirbt.

Eine internationale Stadt, sogar „hinter-national“. Geht man ins Caffè San Marco, typisch für das alte Kaiserreich, in das Caffè von Magris und Voghera, so ist das erste, was sie dir dort sagen: Haider wohnt nicht hier! Das ist einem Durchschnitts-Italiener schwer zu erklären. Aber wieso, wird er dir sagen, das ganze Interieur ist doch österreichisch: die Dekoration der Jahrhundertwende, die Schokoladetorten, das Halbdunkel, die weisshaarigen alten Damen mit Hütchen, die in Holzrahmen eingespannten Zeitungen. So passiert es dir, dass du jedes Mal wieder von vorne erklären musst, dass gerade das mitteleuropäische Triest die von diesem unverschämten Kärtner Burschen – welcher die österreichische Politik erschüttert und mit seinem ethno-nationalistischen Populismus halb Europa beunruhigt hat – am weitesten entfernte Stadt ist, die man sich nur vorstellen kann.

Man muss Geduld üben, die Geräusche dieses Ortes wahrnehmen. Man muss zur Kenntnis nehmen, dass der den Zucker auflösende Kaffeelöffel quasi einen Bindestrich zeichnet, eine Fussnote schreibt. Das heisst, dass diese Stadt, genau wie Wien, zweierlei Erinnerungen hat, die ihr ins Fleisch geschrieben sind. Da ist die kosmopolitische, die sie zu Beginn des 20. Jahrhunderts ins Zentrum der Welt gerückt hat, aus ihr einen Freihafen für Waren und Ideen machte; und da gibt es die jüngere, nationalistische, die sie provinzialisiert hat, gefangen in kleinlichem Gezänk, an den Rand Europas gedrängt. Haider ist ein Teil der zweiteren.

In Österreich – genau wie in Italien – ist der wieder erwachte Heimat-Wahn kein Kind des Kaffeehauses, sondern der Dorfkneipen, er hat nichts mit den Grosstädten zu tun, sondern mit der Provinz und den Randgebieten, die über keine Stimme verfügen. Das ist es: Triest ist keine Stadt. Es ist eine kleine Hauptstadt, genauer gesagt, eine Metropole. Ein Ort, wo man die Vielfältigkeit der Geschichte und Geographie einatmet, wo man diese mit der Muttermilch trinkt. Triest ist nicht Bologna oder Verona, die an ihr Hinterland gebunden sind. Es ist eine Insel für sich. Aus diesem Grund passen auch die neuen europäischen Ethno-Populismen nicht in die Stadt von Svevo und Joyce, so wie sie niemals ihren Platz im grossen Wien des Kaiserreiches fanden. Ja, auch Triest ist anders.

Schatzdorfer hat sein Pendlerdasein zwischen dem Stephansdom und Miramare perfektioniert, indem er es auf das Modellhafte reduzierte, den Lockruf der monumentalen Schauplätze der beklemmenden Geschichte des 20. Jahrhunderts meidend, und sich so seinen persönlichen Wanderweg zwischen den beiden Mikrokosmen konstruierte, welche zwar voneinander entfernt liegen, aber geeignet sind, das beste beider Welten in sich zu vereinigen. Die Antipoden des Naschmarktes – das hat dieser Österreicher schnell erkannt – lagen in Duino, dem letzten, kleinen, felsigen Hafen an der östlichen Küste der Adria, der Ort Rilkes und der Dama Bianca, des legendären Schlosses der Fürsten von Thurn und Taxis, jenem geographischen Punkt, wo die zerklüftete Küstenlinie Dalmatiens endet und wo nach Westen hin die Lagunen beginnen, die geradlinigen Strände, die nahrhaften Süsswasser-Zuflüsse, die Küste der Diskotheken, von Fellinis 8½ und Amarcord. Duino bildet den perfekten Schlusspunkt der Trennlinie, welche die beiden Seelen der Adria, des Meeres der Intimität, in zwei Teile teilt.

Aus dem gleichen Motiv habe ich 1998, als ich fünfzig Jahre alt wurde, eine Reise in die entgegengesetzte Richtung unternommen. Ich habe den Naschmarkt per Fahrrad von Triest aus erreicht und dabei zusammen mit meinem jüngsten Sohn die Ausläufer der Ostalpen überquert. Es war dies eine ausserordentliche Erfahrung, die mich im Innersten gezeichnet hat. Ich habe Wien wieder entdeckt, wie ein Lachs die Quellen aufsucht. Und diese Reise hat mich die verloren gegangene Langsamkeit wieder finden lassen, hat mir den Pass ausgestellt für ein neues Dasein als blinder Passagier, hat meinen Begriff für Entfernungen, für Zeit und Raum, die Fähigkeit zu sehen und zu schmecken, die Dimension des Hörens, Riechens und sogar des Fernwehs von Grund auf verändert. Diese Reise wurde zu einer Filmkamera, zum Rosenkranz, eine Mischmaschine der Eindrücke und Erinnerungen, eine Fabrik von Gedanken und ungewöhnlicher Träume.

Beide Erfahrungen, jene Schatzdorfers und meine eigenen, beschreiben das Dasein einer Pendelbewegung der Seelen zwischen Donau und Adria, zwischen zwei Gewässern, welche gleichzeitig eine Ökumene bilden. So wie die Donau eine wundersame Kontinuität in einer Welt darstellt, die von

Kriegen und unbegreiflichen Trennungen geprägt ist, so weist das adriatische Meer Triest darauf hin, dass der Wohlstand nicht auf dem Festland zu finden ist – in Richtung der Schützengräben und des Eisernen Vorhanges – sondern auf dem offenen Meer. Das ist die Himmelsrichtung des Handels und des Wohlstandes. Dort findet man die glorreichere Vergangenheit und den Kurs auf die Zukunft, vor allem jetzt, da die Grenze dabei ist aus dem Rücken der Stadt zu verschwinden.

Siehe da, dieser magere Österreicher mit der ewig brennenden Zigarette und dem Glas Traminer vor sich hat das bestens verstanden. Er erkannte, dass nur hier, vor dem grossen gemeinsamen Horizont, die örtlichen Gemeinschaften einander würdigen. Slawen, Juden, Österreicher. Das Meer als Raum, folglich ein Raum des Gedankens und der Tat.

Buona lettura.

Paolo Rumiz

Oktober 2000. Ich sitze in der milden Herbstsonne vor der Bar Unità, trinke Campari und verteidige verbissen die dazu gereichten Erdnüsse gegen die Tauben. Es ist die optimale Jahreszeit, um das Küstenland zu besuchen, über die Dörfer zu fahren, Weine zu verkosten, ein letztes Mal in Barcola schwimmen zu gehen, oder um in der Stadt zu flanieren und Einkäufe zu tätigen: getrocknete Tomaten für den Winter oder Badhosen für die nächste Saison.

Die Idylle trügt. Ringsum dröhnen Presslufthämmer, Kräne quietschen und rattern, es wird gehämmert, gesägt, gebohrt. Lastautos donnern vorbei, ein Bagger stochert mit einem mannshohen Meissel im Pflaster herum. Die Menschen an den Nebentischen schreien sich an; die Kellnerin zuckt nur lächelnd mit den Schultern und deutet auf den Endbetrag der Rechnung.

Dennoch: der Lärm ist mir nicht unangenehm. Ich empfinde ihn wie die notwendigen ersten Schreie eines Neugeborenen, als Ouvertüre zur Wiedergeburt einer Stadt. Wer Triest wenig kennt, mag diese Empfindung als futuristische Schwärmerei abtun. Er täte damit aber sowohl der Stadt als auch mir Unrecht. Die Piazza Unità d'Italia, einst Piazza Grande, erhält ein neues Gesicht. Von ihr erstreckt sich nun durch den gesamten Borgo Teresiano bis hinüber zur Ponte Rosso und dem Canale Grande eine neue Fussgängerzone; Dutzende, schon dem Verfall preisgegebene Gebäude des 18. und 19. Jahrhunderts werden renoviert. Menschen schlendern von einer Strassenseite zur anderen, oder lassen sich einfach treiben. Dazwischen hasten andere zielstrebig von einer Verabredung zur nächsten, oder eilen einfach dahin, um sich wichtig zu machen, ein Handy ans Ohr und eine Aktentasche unter den Arm geklemmt. Wie in den Cities von Mailand, Wien oder Zürich.

Vor exakt 25 Jahren saß ich das erste Mal hier. Die Tauben waren damals nicht minder aufdringlich. Aber es gab kein Geräusch, welches darauf schliessen hätte lassen, dass irgendwer auch nur einen geringfügigen Versuch unternähme, die Stadt vor dem damals sicher scheindenden Verfall zu retten.

Die Menschen gingen damals anders. Als drückte sie die Bora gegen die grauen Hauswände, und erlaubte ihnen nicht den Blick zu heben, um ihre Umgebung wahrzunehmen. So eilten sie an den Schauplätzen und Monumenten ihrer gleichermassen grossen wie schwierigen Geschichte vorüber, um sich schliesslich in eine bottega zu retten. Wie Matrosen bei stürmischer See versuchten sie, entlang der Reeling so schnell als möglich in die Kombüse zu gelangen, sich dort den Bauch vollzuschlagen, und anschliessend in den Daunenkissen der Nostalgie zu versinken.

Nun heben die Triestiner wieder ihren Blick. Denn die unerbittliche Bora der Geschichte scheint sich endlich soweit gelegt zu haben, dass es sich wieder frei atmen lässt. Aus einer Weltstadt, die durch unglückselige politische Umstände für beinahe ein Jahrhundert zu einer Provinzstadt am Rande Europas wurde, könnte wieder eine Stadt an einem wesentlichen Schnittpunkt eines „neuen" Europas werden.

Dessen Dimensionen und Möglichkeiten können wir derzeit nur ahnen. Abzuwarten bleibt, was die Menschen diesseits und jenseits der Grenzen, der politischen und mentalen, aus dieser Chance machen werden. Triest – und mit „Triest" meine ich die Stadt samt ihrer Provinz, also das historische Territorium der Kulturlandschaft von Istrien bis Görz – wird zum Prüfstein des europäischen Integrationsprozesses. Was hier in den nächsten Jahren geschieht, wird auch zeigen, wie ernst es Europa mit dem Begriff eines „Europa der Regionen“ ist.

Aber auch die Triestiner, die Bewohner des Küstenlandes – egal welcher Herkunft und politischer Position – werden weite Teile ihrer Geschichte neu schreiben, definieren und bewerten müssen, um diesen Einigungsprozess zu ermöglichen.

Und letztlich stellt sich auch der italienischen Innen- und Aussenpolitik eine wesentliche Aufgabe: sie wird im Rahmen des Osterweiterungsprozesses der Europäischen Union den Provinzen von Görz und Triest eine besondere Rolle zukommen lassen müssen.

– A. Berlam 1928 –

DIE GESCHICHTE UND DAS JETZT

Triest ist die Stadt des Stimmengewirrs. Die Menschen reden viel und verstehen einander kaum. Die Mentalitäten sind vielschichtig wie Blätterteig, dessen Schichten sich nicht zu einer homogenen Masse verbinden lassen. Gemeinsam ist der Bevölkerung seit ihren Ursprüngen nur der Wohnort, der Schauplatz des täglichen Lebens.

Seit Maria Theresias Zeiten haben sich hier inmitten einer damals marginalen lokalen, im Ursprung friulanischen und istrischen Population alle erdenklichen Völker niedergelassen: Österreicher, Deutsche, Juden, Griechen, Serben, Kroaten, Armenier und vor allem Italiener, welche allesamt von der Prosperität des Freihafens profitierten. Hinzu kam ein grosser Bevölkerungsanteil an Slowenen aus dem Karst, welche hauptsächlich als Handwerker und Facharbeiter tätig wurden.

Die Fassaden – vor allem im Borgo Teresiano – spiegeln diese Vielschichtigkeit wieder. Hier findet man Häuser, die in Wien, Laibach oder Prag stehen könnten, daneben prächtige venezianische Bauten. Inmitten des architektonischen Konglomerates steht eine der schönsten serbisch-orthodoxen Kirchen, ein paar Strassen weiter die klassizistische Synagoge. Manche Gebäude – vor allem die darin befindlichen Geschäfte – erinnern daran, dass hier der Balkan beginnt. Wahrscheinlich sogar die Levante. Aber: hier beginnt auch Europa.

Es ist ein grobes Missverständnis, von Triest als einer mitteleuropäischen Stadt zu sprechen. Triest liegt zwischen Prag und Tiflis, zwischen Palermo und Jerusalem, zwischen Belgrad und Wien, Sarajewo und Venedig. Triest ist eine Hafenstadt am Ufer des Karstes, wo Kulturen aus aller Welt sich festgesetzt haben wie Muscheln.

Selbst unter den diversen Ethnien herrscht keine einheitliche Identität. Sie alle eint, zwischen einander und untereinander, nur der gemeinsame Wohnort. Und dieser ist – bedingt durch äussere Einflüsse – immer wieder Schauplatz des Scheiterns individueller und kollektiver Hoffnungen gewesen, Schauplatz der oftmals erzwungenen und mitunter gewaltsamen Auflösung von Identitäten. Die daraus resultierenden Konflikte wurden selten – und wenn, dann meist zu spät – zu lösen versucht. So formten Depersonalisation und Dissoziation eine Population, deren Identität nach aussen und nach innen.

Es bietet sich geradezu an, das 20. Jahrhundert in Triest als Jahrhundert der Schizophrenie zu bezeichnen. So wie im Wien der Jahrhundertwende die bourgeoise und feudale Decadence nach der Begründung der Psychoanalyse durch Sigmund Freud verlangte, so war die therapeutische Arbeit Franco Basaglias in den 60er und 70er Jahren des 20. Jahrhunderts und seine Öffnung der „Geistesheilanstalt" von San Giovanni nur die logische und historische Konsequenz der Geopsychologie. Nicht die Menschen, sondern ihre Lebensumstände waren einfach schizophren. Eine sinnvolle und effiziente Therapie konnte tatsächlich nur darin bestehen, diese Bewusstseinsspaltung in Freiheit ausleben zu lassen, eben in jener Gesellschaft, welche deren Urheber war.

Diese Schizophrenie war das Resultat einer jahrhundertelangen Sozialisations-Geschichte, welche spätestens nach der realpolitischen Teilung Triests 1945 quasi als regionale Zivilisationskrankheit zum Ausbruch kam.

Das vorliegende Buch kann und will kein Kompendium der komplexen und überaus komplizierten Geschichte dieser Stadt sein. Zum Verständnis der aktuellen geopolitischen Situation und der wohl auch in die Zukunft hinein wirkenden Befindlichkeit ihrer Bevölkerung ist aber ein ausführlicher historischer Exkurs unerlässlich, zumal, wie sich immer wieder herausstellt, das überkommene Triest-Bild – vor allem der Mitteleuropäer – nicht unbedingt der historischen Realität entspricht.

Es gibt – erstaunlicher Weise – in dem Land, mit welchem Triest über ein halbes Jahrtausend verbunden war, also in Österreich, keine umfassende Geschichte dieser Stadt in deutscher Sprache. Es wäre an der Zeit, etwa Glauco Arneris „TRIESTE – breve storia della città“ zu übersetzen, ein faszinierendes Büchlein, welches erstaunlich einfache und klare Antworten auf die komplizierten und oft auch verwirrenden Fragen gibt, welche sich bei näherer Beschäftigung mit der Stadt und ihrem Umland stellen.

Das Leben in einer inhomogenen, multikulturellen Gesellschaft, die in sich gespalten und durch äussere Mächte immer wieder zerrissen wurde und wird, verlangt nach einem ständigen Kampf um Identität, Identitäten. Bleiben die Fragen „Wer sind wir? Woher kommen wir? Wohin gehen wir?“ unbeantwortet, so bleibt nur die Flucht in den Mythos, also weg von der Realität, nach der man sich sehnt.

Noch heute spuken völlig widersprüchliche Ideen in den diversen Köpfen und Publikationen herum, unter welchen Umständen Triest eigentlich zu Österreich kam. Gesichert ist nur, dass am 30. September des Jahres 1382 in Graz zwischen Erzherzog Leopold III. und drei Prokuratoren der Stadt Triest ein Vertrag unterzeichnet worden ist, durch welchen das Territorium unter den Schutz der Habsburger gestellt wurde. Dies geschah, um sich gegen venezianische Besitzansprüche und Plünderungszüge der Patriarchen von Aquileia den Rücken zu stärken.

Andere Quellen wiederum behaupten, dass es sich dabei um eine Art „Anschluss“ gehandelt habe, der vom Grafen von Duino, einem Lehensmann der Habsburger, bereits am 8. August des selben Jahres erzwungen oder sogar erpresst worden sei. Die Triestiner Stadtväter hätten angesichts der ausssichtslosen Lage gar keine andere Chance gehabt, als sich den fremden österreichischen Herren auszuliefern, hoffend, unter diesen mehr Freiheit und Autonomie leben zu können als unter der Knute der Venezianer – eine Logik, welche 500 Jahre später zum gegenläufigen Prozess der Irredenta führte.

Und genau hier beginnt die nicht enden wollende und immer noch virulente Diskussion, ob Triest eine italienische, österreichische, slawische oder autonome Stadt gewesen sei und ist. Mit diesem Zeitpunkt beginnt die zermürbende, ja selbstzerstörerische und jahrhundertelange Suche nach Identität und Selbstbewusstsein. Nur war diese Diskussion zunächst dreieinhalb Jahrhunderte lang von marginaler und peripherer Bedeutung für das Imperium. Denn Triest war in dieser Zeit eine eher unbedeutende Ansiedlung von Istrianern, Friulanern und Venezianern, welche sich von Salzgewinnung, Fischfang, bescheidenem Handel, Schmuggel und mitunter auch von Seeräuberei ernährten.

Das Problem der Identität wurde erst virulent, als im Jahr 1719 Kaiser Karl VI. – und nicht etwa, wie aus nostalgischen Gründen immer wieder glaubhaft zu machen versucht wird, dessen Tochter Maria Theresia – Triest zum Freihafen erklärte. Es ist wohl so: in echter Armut und Not, in den Phasen der kollektiven Unterdrückung, vermögen die unterschiedlichsten Ethnien halbwegs friedlich zusammen zu leben. In Perioden der Prosperität aber wird die Frage nach der Volksgruppenzugehörigkeit immer eine Frage nach „oben" und „unten". Exakt 200 Jahre dauerte dieser Kampf um Identität, den schliesslich alle verloren, als 1918 die Stadt wieder im wahrsten Sinne des Wortes an den Rand der Welt gerückt wurde.

In den Jahren zwischen 1382 und 1719 war Triest einem wechselvollen, meist tragischem Schicksal unterworfen. Nach dem Tod Herzog Leopolds III. in seinem historisch gesehen völlig unnötigen „Kreuzzug“ gegen die Schweizer Kantone in Sempach im Jahre 1386 fiel die Stadt der leopoldinischen Linie der Habsburger zu, welche aber wenig bis gar nichts zu ihrer Unterstützung unternehmen konnte. Herzog Friedrich V., der spätere Kaiser Friedrich III., war einfach pleite. Und so wurde Triest zwischen den Hegemoniebestrebungen des Deutschen Kaisers einerseits und der venezianischen Serenissima andererseits buchstäblich aufgerieben. Im Konflikt mit Kaiser Sigismund von Luxemburg behauptete sich Venedig in Istrien und im Friaul, annektierte das Territorium der Patriarchen von Aquileia und besetzte Muggia und Monfalcone. Damit war Triest umzingelt, verhielt sich aber neutral und war schliesslich Schauplatz der Friedenskonferenz von 1413, in welcher die imperialen und venezianischen Gebietsansprüche geregelt wurden. Die Neutralität war aber nicht konsequent. Man ließ sich immer wieder in die Auseinandersetzungen hineinziehen, welche weniger politischen als vielmehr wirtschaftlichen Hintergrund hatten. Neben den Habsburgern und den Dogen versuchten auch die Grafen von Cilli hier ihren Einfluss zu festigen, getragen von der Idee, den slowenischen Einflussbereich bis ans Meer auszudehnen. Nach dem Erlöschen dieses Geschlechtes erwarben die Bürger von Triest die Festung Castelnuovo, heute Podgrad, in Istrien. Diese sollte noch lange Zeit im Konflikt mit Venedig eine unheilbringende Rolle spielen.

Es ging um das „weisse Gold“, um Salz. Die Serenissima strebte das Monopol für dessen Erzeugung, Transport und

Vermarktung im adriatischen Raum an. Damit war aber die wirtschaftliche Basis Triests gefährdet, dessen Lebensgrundlage damals ebenfalls die Gewinnung von und der Handel mit Salz war. Als der militärische und wirtschaftliche Druck massiv wurden, blockierten die Triestiner im Gegenzug in Castelnuovo die Handelsstrasse zwischen Capodistria und Laibach; andererseits intensivierten sie den Schmuggel von Salz – mit unheilvollem Ergebnis. 1461 kam es erneut zu einer totalen Seeblockade durch die Venezianer und in der Folge zum Krieg, in welchem die Stadt von Kaiser Friedrich III. durch die Entsendung von sage und schreibe 200 Rittern unterstützt wurde. Das Abenteuer endete mit der Kapitualtion 1463 und einem aufgezwungenen, demütigenden Friedensvertrag. Die Salinen mussten stillgelegt, Castelnuovo und andere Burgen abgetreten werden, ein Handelsverbot wurde erlassen. Triest versank in Armut und Schande. Das Schlimmste wurde durch Papst Pius II. verhindert, der, aus dieser Stadt gebürtig und jahrlang deren Bischof, zwischen den Streitparteien vermittelte. Dieser Pontifex – mit dem bürgerlichen Namen Enea Silvio Piccolomini – war ein aufgeklärter Renaissance-Mensch und sicher eines der wenigen Kirchenoberhäupter, von denen ein Liebesroman überliefert ist.

Seine humanitäre Intervention fruchtete freilich wenig. Denn innerhalb der Bevölkerung kam es zu massiven Spannungen zwischen den verschiedenen Interessensgruppen. Kaisertreue und Anhänger der Serenissima befehdeten sich, schickten einander wechselweise ins Exil oder in den Kerker nach Duino. Die Fronten waren schon damals nicht klar; spätere Historiker interpretierten die kommunale Katastrophe je nach ihrer ideologischen Position. Italienische Nationalisten sprechen heute noch vom ersten Aufstand der Triestiner gegen die habsburgische Gewalt; die meisten aber meinen, dass es sich um nichts weiter als ein bürgerliches Trauerspiel gehandelt habe.

Während sich in Padua, Mantua, Bologna und in der Toscana die Renaissance zu ihrer vollen Pracht entfaltete, versank Triest in einem barbarischen Bürgerkrieg um Nichtigkeiten. Es kam zu Hinrichtungen, Gemetzel und Plünderungen; persönliche Rachefeldzüge wurden politisch legitimiert.

Hinzu kam die Pest. Innerhalb weniger Jahre wurde die Bevölkerung durch Krankheit und Gewalttätigkeiten auf die Hälfte dezimiert. 1469 war das Jahr der Zerstörung Triests. Wem fiele da nicht Egon Friedell und seine Theorie von den „Parallel-Epidemien" ein: „Es war, als ob die Menschheit plötzlich ihr statisches Organ verloren hätte."

Die Hilflosigkeit Friedrichs III. – oder vielleicht auch eine für die Habsburger Regenten so oft typische Ignoranz gegenüber dem Schicksal ihrer Völker – drückte sich darin aus, dass er 1470 nach Triest reiste, um der Stadt das Recht auf ein eigenes Wappen zu verleihen, in welchem die Farben des Herrscherhauses verwendet werden durften.

Darüber hinaus ordnete er die Befestigung der Stadt an. Sein Motiv war nicht alleine die drohende Türken-Gefahr, sondern auch das Interesse seines Rivalen, des ungarischen Königs Matthias Corvinus an Triest.

Das alte, venezianische Castell wurde demoliert, und auf seinen Grundmauern die Burg von San Giusto errichtet. Triest blieb von einem Angriff verschont, das Umland litt unter den Angriffen und Plünderungen. Durch die Bedrohung von aussen stabilisierte sich der innere Frieden. Ruhe kehrte ein. Dies bedeutete aber auch das Ende der relativen Unabhängigkeit. Denn der Preis war die Unterwerfung unter das österreichische Herrscherhaus. Um es mit den Worten des Historikers Pietro Kandler zu sagen: die Triestiner Flagge wehte fortan nicht mehr als Zeichen eines festlichen, bürgerlichen Solzes, sondern als Banner erzherzöglicher Herrschaft über die Stadt. Entscheidungen, die deren Schicksal und das ihrer Bürger betrafen, wurden fortan in Wien gefällt, auch wenn sich in den folgenden 190 Jahren kein Habsburger mehr in Triest blicken liess.

Es waren turbulente und schwierige Jahre. Schon 1508 kam es erneut zu Beschuss, Eroberung und Plünderung durch die Venezianer. Erst nach dem Koalitionskrieg, den die Liga von Cambray gegen Venedig führte, und der aus nicht ganz uneigennützigen Motiven von den Fuggern mit 170 000 Dukaten finanziert worden ist, kam es zum „endgültigen" Verzicht der Serenissima auf Triest im Jahre 1509. Diesem Verzicht folgten weitere Kriege, etwa 1563, 1578, und der Krieg von Gradisca 1615–1617. Der Dreissigjährige Krieg und die Invasion der Türken gingen hier relativ spurlos vorüber, sieht man von den indirekten politischen und wirtschaftlichen Auswirkungen für Europa ab, welche natürlich auch hier spürbar wurden. Im August 1702 wurde Triest im Rahmen des Spanischen Erbfolgekrieges nicht mehr von den Venezianern, sondern von der französischen Flotte bombardiert.

Die Stadt kam nie zur Ruhe. Hungersnöte und Seuchen taten ein Übriges. Gegen Ende des 17. Jahrhundert zählte die Stadt noch etwa 4000 Einwohner. Manchmal erhob sich ein Hoffnungsschimmer über der Adria, so als Triest für wenige Jahre unter Karl V. zum Spanischen Weltreich gehörte, und sich mancher – wie auch der damalige aufgeklärte und humanistische Bischof Bonomeo – eine Öffnung hin zum Meer und die damit verbundene Prosperität versprachen. Doch 1552 fiel Triest wieder an die Österreichischen Erblande. Ihr Regent, Ferdinand I., erkannte nicht die Chance der geographischen Position, auch nicht die in dieser historischen Periode entscheidende Bedeutung der Seefahrt. Zu sehr war er mit politischen und kriegerischen Auseinandersetzungen belastet, mit den Türken und den von ihnen unterstützten ungarischen Magnaten.

Erst gut hundert Jahre später zeigten die Habsburger wieder offenkundiges Interesse an Triest, und zwar im Jahre 1660, als Leopold I. der Stadt einen Besuch abstattete und sich auf dem Weg dorthin im nur zehn Seemeilen entfernten Duino einschiffen liess, um „seinen Fuss an Land zu setzen" und in geradezu operettenhaft-grotesker Manier die Bedeutung des damals völlig bedeutungslosen Hafens zu demonstrieren. Seine Pläne und Versprechungen wurden nie verwirklicht.

In den beiden ersten Jahrhunderten der „Neuzeit", in welchen die Seefahrt, die Entdeckungen, der Überseehandel – und bedauerlicherweise auch der Kolonialismus und der Sklavenhandel – zum entscheidenden politischen und ökonomischen Faktor der europäischen Mächte wurden, ignorierte man in Wien den einzigen Hafen des Reichs, das Tor zur Welt. Auch dies ist ein klassisches Beispiel für den oft mangelnden politischen Instinkt des österreichischen Herrscherhauses und seiner Adepten, welche sich seit jeher lieber mit Heiratspolitik und der Hausmacht innerhalb der immer zahlreicher werdenden Linien beschäftigten, und sich zwecks ungestörter Machtausübung ausführlich den zahlreichen Massnahmen zur Unterdrückung ihrer Untertanen widmeten, anstatt sich auf eine vernünftige, zukunftsorientierte, der Bevölkerung dienende Politik zu konzentrieren.

Triest musste lange auf seine Entdeckung durch die Habsburger warten. In der Zwischenzeit richtete man sich in der Misere halbwegs erträglich ein, pflegte den Mythos der Autonomie und der glorreichen Vergangenheit. Man dachte nicht an das, was die Stadt tatsächlich erlebt hatte, sondern daran, was man glaubte gelebt zu haben, wie es Glauco Arneri formulierte. An dieser euphemistischen Einstellung zur eigenen Geschichte hat sich in weiten Teilen des Triestiner Bürgertums bis heute wenig geändert.

TRIEST UNTER KARL VI., MARIA THERESIA UND JOSEPH II.

Das Jahr 1719 war ein historischer Wendepunkt in der Entwicklung der Stadt. Nachdem Karl VI. schon zwei Jahre zuvor – wahrscheinlich auch um die Serenissima endgültig zu demütigen – in seiner Rolle als Deutscher Kaiser die freie Schiffahrt in der Adria proklamiert hatte, erließ er ein Dekret, mit dem er die Kleinstadt am relativ schmalen Küstenstreifen seines ihm verbliebenen Reiches zum Freihafen erklärte. Ein Motiv dafür dürfte gewesen sein, dass das Haus Österreich nach dem Verzicht auf die spanische Krone 1703 weiterhin von der Präsenz einer habsburgischen Flotte auf den Weltmeeren träumte. Weiters dürfte bei dieser Entscheidung die Expansions-Politik in Italien eine Rolle gespielt haben, welche zum damaligen Zeitpunkt erfolgsversprechend schien. Die Herzogtümer Parma und Mailand, sowie das Königreich Neapel gehörten in Folge des Spanischen Erbfolgekrieges für ein paar Jahre zu Österreich. Was lag also näher, als jenen unbedeutenden Ort am Meer, welcher der Hauptstadt am nächsten lag, zum Freihafen zu ernennen.

Dies bedeutete: zollfreier Handel von Schiff zu Schiff, aber auch Zwischenlagerung der Waren in Magazinen. Erst der Import in die Stadt und das Hinterland war abgabenpflichtig. Von diesem Privileg profitierte die Stadt vorerst nicht, weil es ihr an Kaufleuten mangelte. Das Bürgertum beziehungsweise der lokale Adel bestand zu diesem Zeitpunkt noch vorwiegend aus Land- und Salinen-Besitzern, deren Lebensgrundlage ausschliesslich mit Eigentum an Grund und Boden zu tun hatte. Der Freihafen zog Händler, Unternehmer und Abenteurer aus aller Herren Länder an, die zahlreiche Privilegien genossen. Zu diesen gehörte neben der Steuerfreiheit auch die Straffreiheit für anderswo in der Vergangenheit begangene Delikte, der Erlass der Schulden, die Unabhängigkeit von den örtlichen Behörden, sowie der Verzicht auf bürgerliche Pflichten.

Trotzdem ging die Entwicklung zäh voran. Die traditionelle kommerzielle Macht Venedigs bildete noch immer eine zu starke Konkurrenz, die Enge des Triestiner Hafens und die politischen Auseinandersetzungen Österreichs mit Frankreich – welche schliesslich zum raschen Verlust der italienischen Besitzungen führten – verhinderten vorerst die Erfüllung des Traumes von der grossen Hafenstadt. Daran änderte der Besuch Karls VI. im Jahre 1728 in Triest nichts, auch wenn ihm die Bürger auf der Piazza Grande – heute Piazza del'Unità – ein Denkmal errichteten.

„Das Werk Karls VI., auch wenn es nicht zum erhofften Erfolg führte, darf sicherlich nicht als Scheitern definiert werden ... Die Intuition war richtig, und die Früchte sind später gereift." schreibt Glauco Arneri. Und zwar unter der Regentschaft der Tochter des Kaisers.

Maria Theresia bestieg 1740 den Thron. Unter ihrer Regentschaft veränderte sich das Antlitz der Stadt vollständig. Neue Hafenanlagen wurden errichtet, welche den Kern des heutigen „Porto vecchio" bilden, auch „Punto franco vecchio" genannt Die alten Stadtmauern wurden geschleift; auf dem Terrain der Salinen wurde ein Handelsviertel errichtet: der „Borgo Teresiano", dessen Mittelpunkt der damals neu angelegte „Canale Grande" bildet. Hier entstanden bemerkenswerte Architekturen, welche grossteils erhalten geblieben sind: weitausladende Gebäude, in deren Erdgeschoss sich Warenlager und Kontore befanden. In den Stockwerken darüber, in der „Bel-Etage" wohnten die Kaufleute und ihre Familien. Unter dem Dach hausten die Angestellten und Dienstboten. An den Fassaden dieser Paläste lässt sich noch heute der immense Reichtum ablesen, zu dem es die Stadt im 18. und 19. Jahrhundert brachte.

Dies alles war nur möglich, weil die Kaiserin eine Reihe von überaus bemerkenswerten und zukunftsweisenden Entscheidungen traf. Nicht nur der Hafen, die ganze Stadt Triest wurde zur Freihandelszone erklärt, was auch den alteingesessenen Patriziern zugute kam und so die Spannungen zwischen ihnen und den neuen Bürgern verminderte. So gut wie alle Zölle wurden abgeschafft. Dazu kamen umfangreiche Privilegien für die Bevölkerung: die Männer mussten keinen Wehrdienst leisten, die Glaubensfreiheit wurde garantiert, auch der freie Zuzug von Immigranten. Diese „Ausländer" wiederum brachten ihre Handels-Kontakte zu ihren Herkunftsländern mit, welche auch den „alten" Bürgern zugute kamen. In wenigen Jahren verfünffachte sich so die Bevölkerungszahl von 6000 auf 30 000 Seelen. Spitäler, Wasserleitungen, Schulen und Strassen wurden errichtet, schufen und sicherten Arbeitsplätze. Auch die Verkehrsverbindungen zum Hinterland wurden entscheidend verbessert. Unter anderem wurde die Strasse über den Semmering fertiggestellt.

Triest profitierte in diesen Jahren davon, dass es die einzige Hafenstadt eines Staates war, der sich anschickte, zur europäischen Grossmacht zu werden.

Diese Entwicklung setzte sich unter Maria Theresias Sohn Joseph II. fort. Der Hafen wurde weiter ausgebaut, die Verwaltung reformiert, und die Handelsbeziehungen zwischen den Kronländern entscheidend erleichtert. Durch seine Politik der Säkularisation und der Auflösung der Orden kamen umfangreiche Ländereien zur Versteigerung. Neuerlich setzte in Triest ein Bau-Boom ein, wieder zog die Stadt Menschen an.

Zu Unrecht wird Joseph II. immer wieder als moderner Staatsmann betrachtet, der daran gescheitert sei, dass er seiner Zeit voraus war. Nichts davon stimmt. In Wahrheit war er nichts weiter als ein – wenn auch gewissen Ideen der Aufklärung verpflichteter – absolutistischer Herrscher, in mancherlei Hinsicht auch Despot. Seine „Reformen" setzte er wiederholt gegen die Interessen seiner Völker durch – und musste scheitern. So erklärte er im Jahre 1784 Deutsch zur verbindlichen Staatssprache, und ließ „fremdsprachige" Schulen kurzerhand schliessen. Er träumte den absurden und wahrhaft menschenverachtenden Traum, dass in einem Vielvölkerstaat ausschliesslich Deutsch gesprochen würde, in einem Reich, in welchem über 80 % der Bevölkerung andere Muttersprachen pflogen. Gerade am Beispiel Triest erwies sich das als fataler Irrtum und war ein Spuk von kurzer Dauer. Triest war keine österreichische Stadt, sondern eine adriatische Hafenstadt in österreichischem Besitz, in welcher man seit jeher italienisch, genauer gesagt, einen venezianischen Dialekt sprach. Dabei handelt es sich keineswegs um eine Nationalitäten-Frage. Italienisch war einfach zwischen Chioggia und Rhodos über die Jahrhunderte das Idiom des Seehandels, die Sprache der Kaufleute und Matrosen, und damit auch die Umgangssprache in der Stadt.

Joseph II. verriet damit das von ihm selbst immer wieder geforderte Gesetz der Toleranz. Er verletzte mit diesem seinem Erlass zutiefst die Seele, das Bewusstsein einer – wenn auch in sich nicht homogenen – Gesellschaft, welche zum Meer hin lebte, und dabei Freiheit und Autonomie atmete. Und diese reagierte nicht minder sensibel auf diese semantische Doktrin, wie gut 150 Jahre später die Slowenen auf die Italianisierung unter Mussolini. Denn, wie Walter Benjamin es formulierte: „Die Sprache ist das Tor zum Bewusstsein". Wie aber soll sich einer seiner selbst bewusst sein, dem jemand die eigene Sprache, also den Mund verbietet? Wem eine fremde Sprache vorgeschrieben wird, der verliert in aller Regel seine Identität – und in Konsequenz auch seine Heimat. Schon damals wurden in der blühenden Stadt, die durchaus österreichisch gesinnt war, durch das Herrscherhaus selbst die ersten Samen zur Irredenta gesät, welche in Konsequenz mit zum Zerfall des Vielvölkerstaates entscheidend beitrug, eines Staatengebildes, welches die Idee einer europäischen Union hätte vorwegnehmen können, wären dem nicht imperiale und absolutistische Interessen entgegengestanden.

Aber auch den Triestiner Patriziern jener Epoche dürfte es an politischem Weitblick gefehlt haben. So vermerkt der Schriftsteller und Philosoph Johann Gottfried Seume während seines „Spaziergang von Leipzig nach Syrakus" im Jahre 1804 eher süffisant:

„Da ich nicht Kaufmann bin und nach den Bemerkungen meiner Freunde durchaus keine merkantilische Seele habe, wirst du von mir über Triest wohl nicht viel hören können, wo alles merkantilisch ist ...

Ich wohne in dem sogenannten grossen Gasthofe, einem Haus von gewaltigem Umfange und dem nämlichen, worin Winckelmann von seinem meuchlerischen Bediensteten ermordet wurde ...

Eine ganz eigene, recht traurige Klage der Triester ist über den Frieden. Mit christlicher Humanität kümmern sie sich um die übrige Welt und ihre Drangsale kein Jota und wünschen nur, dass ihnen der Himmel noch zehn Jahre einen so gedeihlichen Krieg bescheren möchte. *(Gemeint ist damit der erste napoleonische Krieg. Anm. d. Verfassers).*

Dabei haben die guten kaufmännischen Seelen gar nichts Arges; schlagt euch tot, nur bezahlt vorher unsere Sardellen und türkischen Tücher!"

Trotzdem dürften die Kaufleute der Stadt schon damals ein reges Kulturleben gepflegt haben. Seume schreibt weiter:

„Das neue Schauspielhaus ist das beste, das ich bis jetzt auf meinem Wege gesehen habe.“ Und er fügt einschränkend hinzu: „Etwas eigenes war mir im Hause, dass das Parterre überall entsetzlich nach Stockfisch roch, ich mochte mich hinwenden, wo ich wollte.“

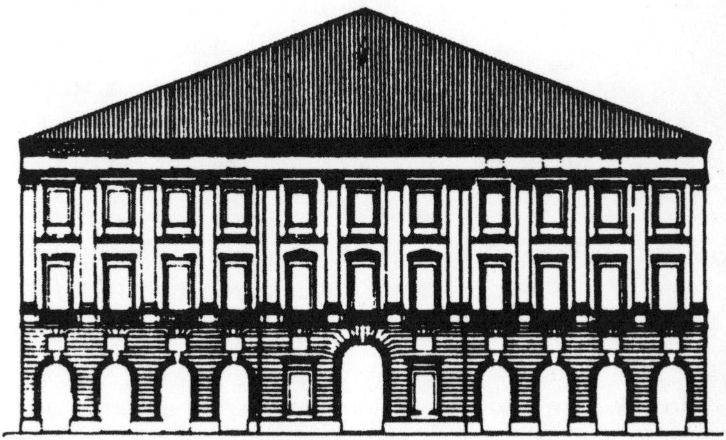

TEATRO G. VERDI
– G. Selva 1798 –

Die 80er Jahre des 18. Jahrhunderts waren eine Zeit der Prosperität und der Expansion des Hafens. Der Handel florierte. Triestiner Schiffe verkehrten bis Amerika, China und Indien, und brachten von dort all die Dinge, die man als „Kolonialwaren“ kennt. Dieser merkantil äusserst glücklichen Periode machte 1797 die erste Besetzung durch napoleonische Truppen ein jähes Ende. Zwar dauerte die Okkupation nur zwei Monate und endete mit der Unterzeichnung des Friedens von Campoformido in der Villa des letzten Dogen von Venedig, Lodovico Manin. Über dieses Bauwerk – welches übrigens nicht in Campoformido liegt, sondern bei Codroipo – in dem Napoleon sein Quartier aufgeschlagen hatte, soll er gesagt haben, es sei zu gross für einen Grafen (womit er den Dogen meinte) und zu klein für einen Kaiser. Dieser Frieden hatte zunächst günstige Folgen für Triest. Istrien und Dalmatien kamen zu Österreich, dem auch Venedig zugesprochen wurde. Dies bedeutete für Triest eine Gleichstellung mit dem Erz-Rivalen, und löste die Hoffnung aus, diesen durch die günstigere geographische Lage zu überflügeln, eine Hoffnung, die sich im Lauf der nächsten Jahrzehnte zumindest für einen gewissen Zeitraum erfüllen sollte.

Gravierendere Folgen für Triest hatte die zweite napoleonische Besetzung 1805–1806, welche zwar auch nur wenige Monate dauerte, während derer und im folgenden Frieden von Pressburg Österreich die eben gewonnenen Gebiete in Italien, Istrien und Dalmatien wieder an Frankreich verlor. Dazu kamen die französische See-Blockade gegen England und das Erstarken der durch die Kriegswirren begünstigten Seeräuberei.

Am härtesten aber traf Triest drei Jahre später die dritte napoleonische Besetzung, welche von 1809 bis 1813 dauerte. Die Stadt wurde den illyrischen Provinzen unterstellt und damit komplett von ihrem österreichischen Hinterland und seinen traditionellen Handelspartnern abgeschnitten. Obendrein wurde das Privileg des Freihafens abgeschafft. Nicht genug damit: die Engländer riegelten nach der verlorenen Seeschlacht von Lissa die Adria komplett ab und unterbanden jegliche Art von freier Schiffahrt. In Summe führte das zum wirtschaftlichen Zusammenbruch der Stadt. Eine Abwanderungswelle setzte ein; Triest verlor in diesen vier Jahren über ein Drittel seiner Population. Im selben Zeitraum ging das Handels-Volumen um 95 % (!) zurück.

Kulturell ist von dieser Zeit wenig geblieben, sieht man vom Bau einer neuen Strasse nach Venedig ab, welche heute noch „Napoleonica" heisst, welche unterhalb des Obelisken von Opicina beginnt, und quer durch die Felsen des Karstes bis ins Friaul führt. Sie diente allerdings weniger dem Handel als dem Militär.

Politisch ergaben sich radikale Veränderungen. Ganz im Geist der Französischen Revolution wurden die alten, feudalen Strukturen zerschlagen, und durch neue, im damaligen Sinn „demokratische" ersetzt. Der Stadtrat, welcher aus Patriziern bestand, wurde abgeschafft und an seiner Stelle eine Bürgerversammlung einberufen. Italienisch wurde als Amtssprache aufgewertet. Die Freiheitsideale fassten hier Fuss, ebenso der Traum von einem Nationalstaat. Triest war, als es wieder zu Österreich kam, während der nun folgenden Restauration, der Ära Metternich, eine kleiner Hort republikanischer Gesinnung. Aber damit begann auch ein neues Kapitel der Zerrissenheit, der schizophrenen Existenz der Bürgerschaft: mit der Rückkehr zu Österreich begann 1813 ein fulminanter wirtschaftlicher und kultureller Aufstieg unter Habsburgs Krone, welcher ein Jahrhundert lang andauern sollte. Andererseits war dies das Jahrhundert des zunehmenden, immer stärker vom italienischen Nationalgedanken geprägten Aufbegehrens gegen Wien, und auch die Epoche der Verschärfung der ethnischen Konflikte zwischen den hier wohnenden Menschen. Zwei gegenläufige Entwicklungen, welche letztlich die Existenzgrundlage aller gefährdeten. Hier begann der Kampf um Identität durch Kampf gegen Identität.

DER AUFSCHWUNG ZUM DRITTGRÖSSTEN HAFEN EUROPAS IM 19. JAHRHUNDERT

Die heiss ersehnte Befreiung von der napoleonischen Besetzung, die Rückkehr zu Österreich und die Hoffnung, wieder eine freie, autonome Hafen- und Handelsstadt zu sein, wurde herb enttäuscht. Der zu Unrecht als „Der gute Kaiser Franz" in die Geschichte eingegangene Monarch – der sich selbst 1804 zum „Kaiser von Österreich" ernannt hatte – war in Wirklichkeit ein absolutistischer, kleinbürgerlicher Despot, welcher in seinem Reich einen gigantischen Spitzelapparat gegen die aufkeimenden demokratischen und separatistischen Bewegungen installierte, politische Gegner verfolgte oder gar hinrichten ließ. Seine Reformen zielten darauf ab, die Kronländer und Provinzen stärker an das Herrscherhaus zu binden und sein Reich zentralistisch und absolutistisch zu regieren.

Dies betraf auch die Bürger von Triest in einem von ihnen nicht erwarteten Ausmaß. Die Stadt wurde zusammen mit den Grafschaften von Görz und Gradisca, mit Grado, den Gebieten im Karst, samt Istrien und den dazugehörigen Inseln kurzerhand zur Provinz „Küstenland". Als Trost blieb nur, dass Triest nun eben die Hauptstadt dieses künstlichen politischen Gebildes wurde. Dieses aber – inhomogen in sich selbst – barg Sprengstoff für künftige Auseinandersetzungen.

Es handelte sich 1813 keineswegs um eine Rückkehr in den Schoss des Hauses Habsburg. Es war keine Heimkehr, sondern eine Rückeroberung. Die Verordungen Franz I. und des Militär-Kommandanten liessen keinen Zweifel daran. Recht und Gesetz wurden fortan in Wien geschrieben, nicht mehr am Fuße von San Giusto. Wieder einmal widerfuhr der Stadt und ihren Bürgern, wie schon in den vorangegangenen Jahrhunderten, ein Akt der Demütigung durch eine „fremde“ Macht.

Trotzdem folgte, bedingt durch die allgemeine politische, ökonomische und technische Entwicklung in Europa, ein enormer Aufschwung. Österreich war nach dem Wiener Kongress wieder eine Grossmacht, die Industrialisierung war dabei, ihren ersten Höhepunkt zu erreichen. So wurde die Ausbeutung von Ressourcen, der Handel mit diesen, und mit den daraus fabrizierten Produkten zu einem zentralen staatlichen Interesse. Für die effiziente kapitalistische Wirtschaft bedurfte es gesicherter Transportwege, eines gut ausgebauten Hafens und der entsprechenden Infrastruktur, welche innerhalb weniger Jahre realisiert werden sollten. So erlebte Triest einen Aufschwung wie nie zuvor.

Im Jahr 1818 wurde die erste regelmässige Dampfschiffahrts-Linie des adriatischen Meeres zwischen Triest und Venedig in Betrieb genommen. Die „Carolina“ war freilich noch ein Raddampfer. Die Schiffsschraube wurde erst ein paar Jahre später erfunden. Ihr Erfinder war Josef Ressel, dem Ursprung nach Böhme, also eine Landratte. Die ersten Experimente im Jahr 1827 brachten zunächst nicht die gewünschten Ergebnisse. Ressel wurde von der k.u.k.-Admiralität nicht ernst genommen und meldete sein Patent in Deutschland an, von wo es die österreichische Marine um teures Geld zurückkaufte. Wenig später, nach einigen Modifikationen, leitete diese Erfindung eine epochale Revolution im Schiffbau ein. Schon 1837 wurde die Dampfschiffahrts-Linie Triest–Konstantinopel in Betrieb genommen. Noch aber waren auch die Segelschiffe von eminenter Bedeutung, fuhren von hier aus in alle Welt, passierten Cap Horn und das Kap der Guten Hoffnung im Auftrag der örtlichen und internationalen Handelshäuser.

Diese Reisen waren freilich nicht ungefährlich. Die Navigationssysteme waren noch nicht ausgereift, die Schiffsbau-Techniken ebenfalls. An meteorologische Vorhersagen im heutigen Sinn war nicht zu denken. Jede Reise war ein enormes Risiko. Es ging schliesslich um Waren im Wert von zigtausend Gulden, Talern oder Zechinen. Nicht zuletzt war die Seeräuberei nach wie vor ein gravierendes Problem, nicht zuletzt deshalb, weil die Piraten meist mit der Protektion der konkurrierenden oder verfeindeten Mächte rechnen konnten. Der Welthandel verlangte also auch nach Sicherheiten. So wurde in Triest 1831 die Assicurazione Generali gegründet, wenig später, 1836 der Adriatische Lloyd unter dem Baron Karl Ludwig von Bruck, welcher wenige Jahre danach zu Minister-Ehren gelangte.

1838 folgte die Gründung der RAS (Riunione Adriatica di Sicurità). Es waren die goldenen Jahre Triests, welches 1849 zur reichsunmittelbaren Stadt erklärt wurde. Der Aufschwung zog Kaufleute ebenso an wie Abenteurer und Glücksritter. Tausende Arbeitskräfte wurden zu Lande und zu Wasser benötigt. So vervierfachte sich die Bevölkerungszahl von der Zeit der französischen Besetzung von 20 000 auf 80 000 Menschen im Jahr 1846. Darunter waren gut die Hälfte Italiener (46 000), 25 000 Slowenen, und tausende Juden, Griechen, Serben und Armenier. 8000 Bürger gaben Deutsch als Muttersprache an.

DER HAFEN VON TRIEST

Mitte des 19. Jahrhunderts

In Folge wurden auch die Verkehrsverbindungen entscheidend verbessert. Im Jahre 1857 wurde die Eisenbahnlinie Wien–Triest dem Verkehr übergeben, deren Herzstück, die Strecke über den Semmering, von Carl Ritter von Ghega konstruiert wurde. Diese ermöglichte den Transport von Waren und Passagieren innerhalb von 24 Stunden von und nach der Reichs-Hauptstadt. Davon profitierten nicht nur die Triestiner und ihr Hafen, sondern auch die Wirtschaft der längs dieser Linie liegenden Gemeinden, sowie auch das Wiener Bürgertum, das ab diesem Zeitpunkt prompt mit Kolonialwaren, Südfrüchten und Fisch versorgt werden konnte.

Ein Beispiel: die Gegend von Cormòns und Görz, also das Collio, war seinerzeit berühmt als Obst- und Gemüseanbaugebiet. Der Weinbau gelangte erst viel später – in den 80er Jahren des 19. Jahrhunderts – zu überregionaler Bedeutung, als der Conte di Latour hier begann, französische Rebsorten zu kultivieren: Merlot, Cabernet, Sauvignon, Chardonnay und andere mehr. Die Gemüse- und Obstbauern ernteten morgens die Früchte ihrer Arbeit und brachten diese zur nächstgelegenen Bahnstation. Diese Produkte gelangten so am Morgen des darauffolgenden Tages auf die Märkte Wiens, wo sie sich auf Grund ihrer Frische und Qualität äusserster Beliebtheit erfreuten. Diese Transporte wurden jeweils von Bauern und deren Frauen begleitet, welche diese überwachten und für sich und ihre Freunde, also für die Kooperative, in Wien die Geschäfte abwickelten, um schliesslich mit dem Erlös in die Heimat zurückzukehren, wo sie diesen gerecht verteilten. Nun geschah es ab und zu, dass eine schwangere Bäurin – sei's auch nur bedingt durch den damals nicht unerheblichen Reise-Stress – in der Hauptstadt ein Kind gebar. Nach der damaligen Gesetzeslage erhielt dieses alle Rechte und Pflichten der Bürgerschaft. Die

Familie erlangte in Konsequenz das Recht auf die Lizenz, auf einem der zahlreichen Märkte im Namen des Kindes ein Geschäft oder auch nur einen Stand zu eröffnen. Dies führte logischerweise dazu, dass immer öfter kluge Bauern aus der Region ihre hochschwangeren Frauen nach Wien schickten. Es dauerte nicht lange, bis diese Familien den Obst-, Gemüse- und Weinhandel in Österreich entscheidend mit bestimmten. Noch heute geben zahlreiche italienische Namen im Wiener Telefonbuch und Branchenverzeichnis Zeugnis von dieser Entwicklung.

Doch zurück nach Triest und dessen Aufschwung im 19. Jahrhundert. Im Jahre 1869 wurde der von Negrelli geplante und von Ferdinand von Lesseps verwirklichte Suez-Kanal eröffnet. Damit war der hiesige Hafen nicht mehr nur für Österreich-Ungarn von Bedeutung, sondern auch für den Asien- und Ostindienhandel der Nachbarstaaten, und wurde – nach Marseille – der zweitgrösste des Mittelmeers. Einer der Protagonisten dieses Projektes war ein Triestiner: der Bankier Pasquale Revoltella, welcher dessen Bedeutung rechtzeitig erkannte und auch der grösste private Aktionär der „Suez-Canal-Company" wurde. Dabei war er keineswegs ein klassischer Spekulant, sondern ein Mann der Visionen und der Kultur. Er hinterließ seiner Heimatstadt eine beachtliche Sammlung klassischer und zeitgenössischer Kunst, welche heute im nach ihm benannten „Museo Revoltella" zu besichtigen ist.

Dass das habsburgische Herrscherhaus diesen Entwicklungen, oder gar dem Fortschritt an sich, entweder gleichgültig oder zumindest skeptisch gegenüberstand, tat dem Aufschwung Triests keinen Abbruch. Neue Werften entstanden, und ein Schiff nach dem anderen wurde vom Stapel gelassen. Der Bruder des Kaisers und offizielle Statthalter der Provinz des „Küstenlandes", Erzherzog Maximilian, interessierte sich mehr für Botanik, Architektur und Ethnologie als für die Errungenschaften der industriellen und kommerziellen Revolution, und schon gar nicht für die damit aufkeimenden politischen Ideen von Demokratie und Föderalismus. Das sture Festhalten am feudalistischen Weltbild durch die beiden Brüder hatte nicht nur den persönlichen, physischen Ruin Maximilians zur Folge, sondern in Konsequenz auch das Ende des Vielvölkerstaates.

FRANZ JOSEPH UND DAS ENDE DER HABSBURGISCHEN PRÄSENZ

1848 folgte der gerade erst 18-jährige Franz-Joseph seinem Onkel Ferdinand auf den Thron nach. Ein Jahr später wurde Triest zur „reichsunmittelbaren Stadt" erklärt – ein weiterer Schritt Richtung Verlust der Autonomie, und zu unmittelbarer politischer Einflussnahme seitens Wien. Die Entmündigung der Stadt und ihrer Bürger, welche den Habsburgern trotz deren wirtschaftspolitischer Ignoranz grossen ungeheuren Reichtum beschert hatten, gipfelte im Jahr 1891 in der Aufhebung des Freihafen-Privilegiums. Dass viele Triestiner noch immer der Nostalgie frönen, ist vor diesem historischen Hintergrund eigentlich unverständlich.

Unter Franz Joseph nahm das Unheil seinen Lauf, welches in den „Letzen Tagen der Menschheit" seinen ersten tragischen Höhepunkt fand. Triest und seine Gesellschaft – welche die Strukturen des Vielvölkerstaates exakt repräsentierten – wurden zum Modell des Zerfalls und des Niedergangs Mitteleuropas. Seine Regentschaft ist ein Lehrstück, welches Unheil Imperialismus, Neo-Absolutismus und eine von wirtschaftlichen Hegemoniebestrebungen geleitete Politik anzurichten vermögen.

Als Franz Joseph den Thron bestieg, war er ein Knabe, der sich selbst als „ersten Soldaten" seines Reiches beschrieb. Er wuchs heran zu einem Autokraten, welcher glaubte, einen Vielvölkerstaat autoritär von seinem Schreibtisch aus regieren zu können. Im Grossen und Ganzen ungebildet und in seinen Entscheidungen oft präpotent, riskierte er in Solferino und Königgrätz das Leben zigtausender „Untertanen", die friedliche Koexistenz zwischen den Völkern und den Bestand seines Imperiums.

Darüber hinaus destabilisierte er das europäische Gleichgewicht auf das Empfindlichste. Nicht genug damit: im hohen Alter von 84 Jahren verbündete er sich mit den Feinden von einst. Gemeinsam mit Preußens Kaiser Wilhelm II. inszenierte er das bis dahin grösste Blutbad der Geschichte, welches der Anfang aller weiteren Katastrophen des 20. Jahrhunderts war. Franz Josephs Politik hat Hitlers Karriere möglich gemacht, und schuf in Konsequenz das akkurate Gegenteil der ursprünglichen Reichs-Idee: den Eisernen Vorhang und die Teilung Europas.

Von Anfang an: die Auswirkungen seiner Politik auf die sozio-kulturellen Strukturen Triests waren – vorsichtig formuliert – mehr als problematisch. Der Slalom des Kaisers zwischen Deutschnationalismus und Katholizismus musste gerade hier zu letztlich unlösbaren Konflikten führen. Man kann ihn getrost als Vater der Irredenta bezeichnen. Denn so gut wie alle Ethnien wurden durch seine Politik zutiefst verunsichert.

Die Slowenen hatten – wie die Tschechen – nach der Erteilung der Privilegien an Ungarn im Jahr 1867 auf die Anerkennung als autonome Volksgruppe gehofft. Doch das Haus Habsburg verweigerte diese. Mehr noch: ein Jahr später wurde dem Klerus die Kontrolle über das Schulwesen entzogen. Dieser aber war in der Region Triest traditionell slowenisch dominiert. Klarerweise fühlte sich dieser Teil der Bevölkerung diskriminiert. Die panslawistische Idee griff um sich, sehr zur Beunruhigung der Italiener, welche eine Slawisierung noch mehr fürchteten als die Germanisierung. Es kam zu ernsten, auch gewalttätigen und Opfer fordernden Auseinandersetzungen. Wiederum handelte es sich um die klassische Triestiner Schizophrenie: im Widerstand gegen die Habsburger verfeindeten sich die Ethnien untereinander. Ihre Motive waren zu unterschiedlich.

Die einen träumten von einem slawischen Staat, welcher Triest, Istrien, Kärnten, Krain und die Südsteiermark umfasste. Die anderen von einem Freistaat, einer Republik zwischen Italien und Österreich. Manche vom Anschluss an Italien. In der jüdischen Bevölkerung tendierte man zu letzterer Lösung. Der latente Anti-Semitismus und mitunter militante Katholizismus in Österreich versetzte sie in Angst – die, wie sich später herausstellte, durchaus begründet war – und ließ sie von einem Leben im liberalen Italien träumen, in welchem Freimaurer und Juden höchste Ämter bekleiden konnten. Eine Hoffnung, welche im Augenblick berechtigt erschien, die aber wenige Jahre danach vom Faschismus zunichte gemacht werden sollte. So stellte die Jüdische Gemeinde von Triest schon im Kampf um die italienische Einigung zahlreiche Freiwillige für Garibaldis Brigaden, und erst recht kämpften viele von ihnen im Ersten Weltkrieg auf Seiten Italiens.

Schliesslich waren da noch – quer durch alle Bevölkerungsgruppen – Sozialisten, welche, unter anderem inspiriert durch den Austro-Marxismus und die Ideen Karl Renners, von einem demokratischen Vielvölkerstaat der Donauländer in einem sozialistischen Europa träumten. Um bei dem – eingangs des Buches – gewählten Bild zu bleiben: auch der Irredentismus war vielschichtig wie ein Blätterteig, und ließ sich deshalb nie zu einer solidarischen, gemeinsamen Bewegung gestalten. Im Gegenteil: die unterschiedlichen Positionen verhärteten sich während der politischen Entwicklungen und Auseinandersetzungen der folgenden Jahrzehnte, und bilden noch heute schier unüberwindliche Barrieren.

Zu unterschiedlich waren auch von Anfang an die sozialen Interessen während der Jahre der wirtschaftlichen Blüte. So karikierte der republikanische Schriftsteller und Irredentist

Scipio Slataper den Irredentismus der Triestiner Bürger als einen der „Feigen und Rosinen“, womit er auf die monomanen pekuniären Interessen der Kaufleute anspielte, von denen der Unabhängigkeits-Gedanke getragen wurde. Schon zwei Generationen vor ihm hatte sein Schriftsteller-Kollege und seiner Zeit französische Konsul, Stendhal, etwas süffisant bemerkt, dass das politische Interesse der Triestiner Bourgeosie ausschliesslich den Börsenkursen gälte. Es blieb also bei singulären anti-österreichischen Kundgebungen oder republikanischen Aktionen, welche von der Polizei und den anderen Ordnungskräften relativ leicht und rasch zerstreut wurden. Als sich im Jahr 1882 Italien, Österreich und Deutschland zum Dreibund zusammenschlossen, fühlten sich die Irredentisten von allen verraten. Das Attentat Giulielmo Oberdans – der aus Protest gegen die Okkupation Bosnien-Herzegowinas vier Jahre zuvor aus der österreichischen Armee desertierte und zu den Italienern überlief – war nur ein hilfloser Protest dagegen. Er, so Glauco Arneri, wollte nur die Öffentlichkeit aufrütteln, indem er „seinen Kadaver zwischen Österreich und Italien warf.“ Sein Opfer war sinnlos. Der Irredentismus, ursprünglich eine vielschichtige, österreich-kritische und zum Teil auch eine anti-imperiale republikanische Bewegung der Triestiner Patrioten, verwandelte sich in eine italienisch-nationalistische und anti-slawische. Die Slowenen saßen somit zwischen allen Stühlen. Ihr dadurch virulent gewordenes Identitätsproblem spielte in der Folge – und auch heute noch – eine entscheidende politische Rolle. Ihr ursprüngliches Siedlungsgebiet war bis zu Maria Theresias Zeiten weiter im Landesinneren gelegen. Mit dem wirtschaftlichen Aufschwung im 18. und 19. Jahrhundert zogen die früheren „italienischen“ Bewohner des Umlandes in die Stadt, welche berufliche Chancen bot und Wohlstand verhieß. Das Land, das sie zurückließen, verkauften oder verpachteten sie an Slowenen, welche ihrerseits nach und nach auch in die Stadt abwanderten, meist auch sie auf der Suche nach Beschäftigung. Sie waren durchaus gefragte Hilfs- und Facharbeiter, vor allem geschickte Handwerker. Protegiert vom Klerus – in den Jahren von 1830 bis 1918 gab es nur einen einzigen Bischof, der nicht slowenischer Herkunft war – entwickelten sie demonstrativ ihre Kultur in einer Stadt, welche über Jahrhunderte alles andere als slawisch war. Ihre Präsenz war über kurz oder lang ebenso unübersehbar, wie Ende des 20. Jahrhunderts die der Türken in Wien oder Berlin. Schon damals evozierte der Nicht-Verzicht dieser Volksgruppe auf ihre autochtonen Bräuche in einer fremden Umwelt Xenophobie. Anfeindungen ausgesetzt, als „bruti s'ciavi", als miese Sklaven beschimpft, als Paria betrachtet und ausgebeutet, wurden sie in eine ständige Verteidigungs-Position gedrängt. Ihr Überleben war ohne demonstrativen Widerstand nicht denkbar. Das wohl grösste Problem in diesem Kampf um Selbstbestimmung aber war und ist die Uneinigkeit innerhalb dieser Volksgruppe. Nationalisten, Kommunisten und radikale Katholiken, samt aller dabei möglichen Mischformen, machten und machen einander das Leben schwer. Dass der Sieger in einem solcher Art geführten Kampf immer der Gegner ist, ist klar.

Im Triestiner Dialekt existiert ein Lehnwort aus dem Osterreichischen: „mishmash". Es gibt keinen treffenderen Topos für die mentale Befindlichkeit dieser Region. Vor dem Hintergrund ihrer Geschichte und der erzwungenen Koexistenz bleibt den Individuen keine andere Möglichkeit des Überlebens, als das persönliche und kollektive Mischmasch. Alle Versuche, auf dem Eigenen zu beharren, endeten in gewalttätigen Auseinandersetzungen. Zumindest diese Lehre hat man hier, freiwillig und unfreiwillig, bewußt oder unbewußt, aus dem Ersten Weltkrieg gezogen. Dieser und die daraus resultierenden Probleme wären nur durch eine weitblickende Integrationsfigur an der Spitze des Reiches zu verhindern gewesen. Franz Joseph war das Gegenteil: Er polarisierte die Gesellschaft des „mishmash“.

Die Kriegserklärung Franz Josephs beginnt mit der pathetischen, präpotenten und im historischen Kontext lächerlichen Phrase: „An meine Völker!“ Die Völker waren längst nicht mehr die seinen, waren zwar untereinander uneins, vor allem aber disparat und auch keineswegs so entschlossen zum Kampf für das Imperium, wie dessen oberster Feldherr es war. Gerade die Gesellschaft von Triest wurde – wieder einmal – zum Spiegelbild Kakaniens. Dem Beispiel Oberdans folgend, warfen viele – aus Stolz, aus Verzweiflung oder aus politischer Überzeugung – ihre Körper zwischen die Fronten. Über 1000 Freiwillige meldeten sich zum Kampf gegen Österreich; 184 von ihnen fielen für Italien. Vor allem Männer der gebildeten Schichten desertierten, liefen zu den Italiernern über. Zu ihnen zählte auch der junge, vielversprechende Schriftsteller und Journalist Scipio Slataper, der Autor des Buches „Il mio Carso“, welcher eben in diesem, von ihm so geliebten Karst im Dezember 1915 mit nur 28 Jahren sein Leben verlor.

Auch Biagio Marin, der Poet der Lagune von Grado, brach sein Studium in Wien ab. Claudio Magris erzählt in seinem Buch „Wer steht auf der anderen Seite?“ über diesen eine wunderschöne, signifikante Anekdote: Marin tat 1915 – als Irredentist – vor dem Rektor der Universität Wien kund, „Italien möge durch seinen Kriegseintritt zur Zerstörung des Habsburgerreiches beitragen“. Bald darauf aber, nachdem er sich freiwillig zur Italienischen Armee gemeldet hatte, protestierte er gegen das unverschämte Betragen eines Hauptmannes mit den Worten: „wir Österreicher“ seien einen solchen Stil nicht gewöhnt. Er überlebte den Krieg.

Die Situation während des „Grossen Krieges" war entlang der Isonzo-Front ebenso absurd wie grotesk: die Front war nicht nur eine geographische Linie, sondern auch und vor allem, eine mentale. Italiener fochten für die Österreicher gegen Italiener; Österreicher auf Seiten Italiens gegen Österreich. Slawen wurden von beiden Seiten als Kanonenfutter mißbraucht. Bauernsöhne aus Kalabrien metzelten Bauernsöhne aus Galizien nieder und umgekehrt. Bis zur Depersonalisation zu sinnloser Disziplin gedrillt und vollgepumpt mit billigem Alkohol, stürmten sie aus ihren primitiven, feuchten Löchern heraus. Im Hagel der Granaten schossen und stachen „Italiener" wie „Österreicher" und „Slawen" aufeinander ein. Irgendein Trompetensignal verkündete, wann es für's erste genug an Blutvergiessen gewesen war. Im Pulvergestank und unter dem fortwährenden Beschuss durch die jeweilige Gegenpartei schleppte man die Verletzten über unwirtliches Gelände zurück in die Stellungen: in, wie gesagt, primitive und feuchte Löcher, in Kavernen, wo die armen Seelen, wenn nicht an ihren Verletzungen, so doch an Wundfieber, Lungenentzündung oder sonstigen Infektionen starben. An die 300 000 Menschenleben wurden hier ausgelöscht, zwischen Tolmein und Duino. Die Generäle und ihr Stab aber saßen in requirierten Villen ausserhalb der Reichweite der Kanonen. Der Kaiser und der König liessen sich in Wien, beziehungsweise in Rom von ihren Bediensteten beruhigende Fußbäder bereiten. Ihre Untertanen lieferten sich eine Schlacht nach der anderen, Gemetzel, welche, selbst militärhistorisch betrachtet, für den Ausgang des Krieges keinerlei strategische Bedeutung hatten. Selten in der Geschichte hat eine kriegerische Auseinandersetzung dermassen viele sinnlose Opfer gefordert, wie hier, rechts und links des Isonzo.

Dass sich Kriegsherren über die Sinnhaftigkeit von Menschenopfern realtiv wenig Gedanken machen, ist von Pyrrhus bis Milosevic dokumentierbar, und bedarf keiner weitergehenden, tiefgründigen Reflexionen. Aber: waren sich eigentlich die heute noch gefeierten intellektuellen „Patrioten“ wie Slataper und Marin denn nicht darüber im Klaren, dass die von ihnen oder in ihrer Gegenwart abgefeuerten Kugeln, Schrapnelle und Granaten nicht dem politischen Feind, sondern Unschuldigen das Lebenslicht ausbliesen?

Besungen und gefeiert von diesen naiven „Patrioten“ diesseits und jenseits der Grenzen, begann damals, unter anderem hier am Isonzo, die europäische Tragödie des 20. Jahrhunderts. Nicht erst mit dem Marsch auf Rom oder am Nürnberger Parteitag. Für ihre unheilvolle Begeisterung wären auch diese „republikanischen Patrioten“ in Verantwortung zu nehmen, zumindest in der Form, dass man neben ihren Denkmälern Denkmäler für die Opfer errichtet, welche ihre Weltanschauung letztlich verursacht hat. Aber der Rauch aus den Schornsteinen von Auschwitz und Treblinka vernebelt uns den Blick auf das Davor, welches die Voraussetzungen dafür schuf.

Für den Irrsinn und die Schizophrenie gibt es ein einfaches Beispiel. Unter den Triestiner Irredentisten und Habsburg-Gegnern waren auch Sozialisten, welche sich auf den in seinen Anfängen vom Autro-Marxismus beeinflussten Politiker Karl Renner beriefen, jenen Karl Renner, der 1914 mit seiner Fraktion für den Krieg stimmte. So geschah es, dass bei Karfreit (später Caporetto, heute Kobarid), am Monte San Michele oder am Monte Hermada unter anderen Sozialisten auf Sozialisten schossen und einstachen.

Schon der I. Weltkrieg hat verheerende Opfer unter der europäischen Intellegenz gefordert. Dabei ist aber zu bedenken, dass viele, zuviele ihrer Vertreter – zumindest anfänglich – mit Begeisterung zum Stahlhelm griffen. Als sie sich mit der grässlichen Realität konfrontiert sahen und die letalen Konsequenzen des Patriotismus erkannten, war es für die meisten unter ihnen schon zu spät. Die wenigen, die aus dem Gemetzel zurückkehrten, litten zeitlebens unter den physischen und psychischen Wunden.

Haus an Haus, Haus gegen Haus, in den Häusern tobte der Kampf, Häuser, die durch nichts anderes gefährdet waren, als durch imperiale Begehrlichkeiten weit entfernter Potentaten, und die nun von ihren ahnungslosen Bewohnern zu verteidigen waren. Die Front, die Fronten, die Grenzen waren absolut fiktiv. Man fackelte einander auf höheren Befehl die Weingärten und Obstkulturen ab. Es gab nichts zu gewinnen und nichts zu verlieren. Man tat seine Pflicht. Man war Untertan. Der Sinn dieses grässlichen Krieges entzog sich dem Bewusstsein jener, welche ihn auszutragen hatten.

Der damalige Gefreite Adolf Hitler begründete wenige Jahre später seine erfolgreiche revanchistische Politik mit der These der angeblich schmachvollen Niederlage Deutschlands und Österreichs. Dass ein Sieg – egal wessen – in jedem Fall die Niederlage Europas zu bedeuten gehabt hätte, war ihm ebenso wenig bewußt wie den Herrschern in Rom, Wien, Paris, Berlin und anderswo. So zerstörte er Leben und Existenz der Überlebenden des Ersten Krieges auf's Neue. Es ist eigentlich ein Treppenwitz der Geschichte, dass ausgerechnet der ehemalige Sozialist Mussolini zu Hitlers Kumpan in jenem zweiten Krieg wurde. Er, der an der Spitze eines Staates stand, welcher sich 1915 anschickte, Südtirol und Triest den Klauen der deutsch-österreichischen Herrschaft zu entreissen, der Duce eines Volkes, dessen Söhne ihr Blut für Italien liessen, verbündete sich mit dem pangermanistischen Dämon. Eine Mesalliance, welche in Triest in Konsequenz weiteren Tausenden von Menschen das Leben kostete, welche wenige Jahre zuvor angetreten waren, um für den Anschluss an Italien zu kämpfen oder diesen zumindest herbeigesehnt hatten.

Es wäre naiv zu denken, dass die Betreiber einer bewaffneten Auseinandersetzung auch nur geringste Rücksicht auf die hehren Gefühle der Patrioten hüben und drüben nähmen. Diese dienen ihnen – ebenso wie ethnische oder religiöse Differenzen – nur als billige und prompte Rechtfertigung gegenüber jenen, die den wirtschaftlichen Interessen geopfert werden. Es ging im ersten grossen Krieg um die Ausdehnung der imperialistischen Interessen, um die gewaltsame Erweiterung der nationalen Märkte, um den Versuch, einander Ressourcen und Marktanteile abzujagen, aber auch darum, die aufkeimenden demokratischen und autonomistischen Bewegungen im Keim zu ersticken. Das Volk, die Völker waren mit ihrem Leid dermaßen beschäftigt, dass an organisierten Aufstand nicht mehr zu denken war. Es war in Wahrheit kein Krieg der Staaten, kein Krieg der Völker untereinander, sondern einer der Staaten gegen das Volk, die Völker.

Die Furie des Verschwindens jagte über das Land: Dörfer verschwanden im Hagel der Granaten, wurden evakuiert, entvölkert und zerstört. Wenn schon nichts zu gewinnen war, so sollte auch nichts erhalten bleiben. Zumindest sollte der Gegner nichts Brauchbares mehr vorfinden.

Auch dies ist vergessen, wie die Gräber der von fremden oder eigenen Truppen ermordeten armen Teufel in der Macchia, ebenso die Kavernen des grössten unterirdischen Feldlazaretts Europas im Felsen des Monte Hermada. Noch heute wird von manchem mit Stolz erzählt, dass der Grossvater hier für die eine oder andere Seite focht. Dieser Kampf hat den Menschen, den Triestinern – egal, auf welcher Seite sie standen – nichts gebracht. Im Gegenteil. Glauco Arneri hat das so formuliert: „Wenn auch die Vereinigung mit Italien aller Wahrscheinlichkeit nach die in Gefahr geratene Italianità gerettet hat, so kann man sagen, dass Triest seiner Rettung seinen Wohlstand und seine europäische Bedeutung geopfert hat.“.

PALAZZO DELLE ASSICURAZIONI GENERALI
– E. Geiringer 1880 –

Wer Siege feiert oder Niederlagen beklagt, Kränze niederlegt und die Toten Helden nennt, hat nichts von der Lehre der Geschichte verstanden. Am 9. und 10. August 1916 fand die Schlacht um Görz statt. Innerhalb von 48 Stunden starben circa 50 000 italienische Soldaten, dazu 1750 Offiziere. Auf österreichischer Seite kostete das Massaker 40 000 Mann und 862 Offizieren das Leben. Über die Anzahl jener, die als Krüppel heimkehrten, an den Spätfolgen krepierten oder wahnsinnig wurden, gibt es keine Angaben. Man kann also von mehr als 100 000 Opfern sprechen, welche eine Schlacht um eine strategisch letzendlich wertlose Stadt forderte. Diese Stadt wurde innerhalb zweier Tage zu zwei Dritteln dem Erdboden gleichgemacht, fiel wenige Monate später wieder an die Österreicher, und wurde ein paar Jahre später im Vertrag von Saint Germain Italien zugesprochen, welches sich nicht weiter um dieses Nest kümmerte. Alle Opfer waren umsonst.

Keine Staaten, keine politischen oder militärischen Instanzen wollen daran erinnert werden, dass sie gemordet haben. Also spricht man offiziell von den Gemordeten als Helden und Gefallenen. Dass diese – solange sie noch bei Bewusstsein waren – sich klar waren über die Erbärmlichkeit und Hoffnungslosigkeit ihrer Mission, drückt sich in einem berührenden Lied aus dem I. Weltkrieg aus. Ein „Volkslied“ im wahrsten Sinne des Wortes, das in mehreren Versionen existiert, und in seinem Ursprung mit der Exekution zweier italienischer Soldaten zu tun hat, die sich dem sinnlosen Morden verweigerten.

Im Auftakt erklingt – a capella – der Satz: „Coraggio, su gendarmi, sparate su di me!“. Zu deutsch: „Nur Mut, los, Gendarmen, schießt auf mich!“.

O GORIZIA TU SEI MALEDETTA!

La mattina del cinque di agosto
Si muevano le truppe italiane
Per Gorizia e le terre lontane
E dolente ogniun si partì.
Sotto l'acqua che cadeva al rovescio
Grandinavano le palle nemiche
Su quei monti gran valle e colline
Si morivan dicendo così.

Gorizia tu sei maledetta
Per ogni cuore che sente conscienza.
Dolorosa ci fu la partenza
E ritorno per molti non fu.
Voi chiamate il „campo d'onore"
Questa terra da là dai confini.
Qui si muore gridando: „assasini!"
Maledetti sarete un di.

Cara moglie che tu non mi senti
Raccomando ai compagni vicini
Di tenermi da conto ai bambini
Che io muio col suo nome nel cuor.
Maledetti signori ufficiali
Questa guerra lo avete avuto.
Schernitori di carne venduta
E rovina de la giovantù.

O Gorizia tu sei maledetta
Per ogni cuore che sente coscienza.
Dolorosa ci fu la partenza
E ritorno per tutti non fu.

O GÖRZ, DU BIST VERDAMMT

Am Morgen des fünften August
Bewegten sich die italienischen Truppen
Nach Görz und den fernen Landen.
Und schmerzlich trennte sich jeder.
Unter dem Wasser, das in Strömen fiel
Hagelte es feindliche Kugeln
Auf diese Berge, grosse Täler und Hügel.
Man starb, davon redend.

O Görz, du bist verflucht
Von jedem Herz, das Gewissen verspürt.
Schmerzvoll war uns der Abschied
Und für viele gab es keine Rückkehr.
Ihr nennt es „Das Feld der Ehre“,
dieses Land hier an den Grenzen.
Hier stirbt man, schreiend: „Mörder!“
Ihr werdet verflucht sein eines Tages.

Liebe Frau, die du mich nicht hörst:
Ich bitte die mir nahen Genossen
Die Kinder sorgsam zu hüten
Denn ich sterbe mit ihrem Namen im Herz.
Verfluchte Herren Offiziere
Ihr habt diesen Krieg gewollt
Ihr Verspotter des menschlichen Fleisches
Und Vernichter der Jugend!

O Görz, du bist verflucht
Von jedem Herz, das Gewissen verspürt.
Schmerzvoll war uns der Aufbruch.
Für alle gab es keine Rückkehr.

So sind innerhalb von zwei Tagen zigtausende Menschen von dieser Welt verschwunden, grosse und kleine, dumme und kluge, dicke und dünne, feine und grobe. Auf ein Kommando hin. Wer sich dem Befehl widersetzte, wurde – wieder auf ein Kommando hin – von den eigenen Kameraden oder der Feldgendarmerie füsiliert. Alle waren ausser sich. Vollgepumpt mit Propaganda und billigem Fusel. Pulverdampf und der Gestank verbrannten Fleisches überdeckten den Geruch von Kot, Urin und Blut.

Es ist eigentlich unverständlich, dass alljährlich in Redipuglia – vor der Kulisse des gigantomanischen, mussolinischen Denkmales – Gedenkfeiern abgehalten werden. An diesen nehmen auch Carabinieri teil, also die Nachfolger der Feldgendarmen, welche seinerzeit jene Kameraden erschossen, die sich weigerten, einen sinnlosen Tod zu sterben. Und der Lebenswille bedeutete erst recht den sicheren Tod. Dass an dieser Manifestation auch Abordnungen des österreichischen Kamaradschaftsbundes teilnehmen, macht die Sache nicht besser. Denn es wird nicht der Mörder gedacht, sondern noch immer gelogen, dass da Menschen ihr Leben für wie auch immer geartete Ideale gelassen hätten.

Die Schlacht von Solferino 1859 hatte wenigstens die Gründung des Internationalen Roten Kreuzes durch Henry Dunant zur Folge. Die Schlacht um Görz war in jeder Hinsicht sinnlos; jedes Opfer umsonst.

Das vorhin zitierte Lied ist bis heute noch stigmatisiert. Wer es singt, setzt sich dem Vorwurf aus, ein Kommunist zu sein, und wird von den – noch immer reichlich vorhandenen – Nationalisten beschimpft. Noch bis in die siebziger Jahre des 20. Jahrhundert – also gut fünfzig Jahre nach dem I. Weltkrieg – wurden Interpreten dieses Liedes von Neo- oder Noch-immer-Faschisten wegen Verächtlichmachung der Armee geklagt. Das ist so absurd, als würde in Deutschland jemand vor Gericht gestellt werden, weil er das „Buchenwald-Lied" von Hermann Leopoldi oder Jura Soyfers „Moorsoldaten" sänge.

Es ist schon erstaunlich, dass auf einem Kontinent, wo innerhalb zweier Generationen über 70 Millionen Menschen ihr Leben für den Krieg lassen mussten, „Pazifist" immer noch eine Art Schimpfwort darstellt, während „Offizier" nach wie vor ein durchaus angesehener Beruf ist. Die Gesellschaft hat sich offenbar mit dem Gedanken an Frieden noch nicht wirklich angefreundet.

NOTWENDIGE KORREKTUR DER NOSTALGIE

Manche ältere „triestini“ sprechen heute noch von Österreich als einem „paese ordinato“ und meinen, dass damals alles besser und einfacher gewesen sei, bevor sie ihr Glas erheben mit dem Trinkspruch: „Viva l’Austria con sette camini“. Dies bezieht sich auf die Anzahl der Kamine des vor 120 Jahren hier vom Stapel gelassenen Kriegsschiffes „Viribus Unitis“, welches tatsächlich nur vier Schornsteine hatte, aber für einen gewissen Zeitraum hunderte Arbeitsplätze schuf und viele Arbeiterfamilien ernährte.

Über der Nostalgie vergisst man zu leicht, dass die Arbeits- und Lebensbedingungen der Triestiner Hafenarbeiter im ausgehenden 19. und beginnenden 20. Jahrhundert um nichts besser waren, als jene der tschechischen Bergknappen oder die der entrechteten Wiener Hausangestellten. Die Stadt schwelgte zwar phasenweise in relativem Wohlstand, der aber hauptsächlich der Minderheit der privilegierten, und oft nicht einmal autochtonen Adels- und Bürgerfamilien zugute kam. Die Bevölkerung aber verfolgte von Anfang an sehr aufmerksam die politischen Entwicklungen jenseits des Isonzo, wo sich im „Risorgimento“ die Kräfte zur Gründung eines italienischen Nationalstaates formierten, was schliesslich zur „Irredenta“ führte. Die Urgrosseltern derjenigen, welche sich hier in den letzten Jahrzehnten wieder in imperialer Nostalgie üben, würden die durchaus romantisierende Einschätzung der sozialen Situation durch ihre Nachfahren wohl kaum geteilt haben.

Auch die Österreicher frönen mehrheitlich einem schrägen Triest-Bild. Dieses zurecht zu rücken, sollte man nicht müde werden. Zu wichtig ist diese Stadt auch heute noch und wieder für die Alpenrepublik, als dass man es sich leisten könnte und sollte, sie als historische Kulisse zu betrachten, und sie nur mit den Habsburgern, der „morbidezza" und dem Kitsch von Miramare zu assoziieren.

Die Präsenz der Habsburger war für Triest nicht nur segensreich; die Politik Franz Josephs im Küstenland war ein aktiver Beitrag zum Zerfall des Vielvölkerstaates.

Der Unsinn der Nostalgie wird dem historisch halbwegs Gebildeten deutlich, wenn er etwa in Gradisca – einem Städtchen auf halbem Weg zwischen Triest und Gorizia – aus dem Caffé „Vienna" auf die Strasse tritt, und sich in der „Via Cesare Battisti" wiederfindet. Drinnen im Lokal hängen Portraits und Postkarten mit dem Antlitz des Kaisers. Die Strasse davor aber ist nach dem italienischen Abgeordneten zum österreichischen Reichstag benannt – der, weil er militärische Dokumente an die Italiener weitergab, von den Österreichern nach damaligem Recht als Hochverräter betrachtet und zum Tode verurteilt worden ist. Der berüchtigte k.u.k. Scharfrichter Josef Lang hat ihn hingerichtet. Es gibt ein Foto von der Exekution. Dieses Lichtbild wurde auch als Feldpostkarte unter die Leute gebracht, und als solche von Karl Kraus in den „Letzten Tagen der Menschheit" mit dem Untertitel „Das österreichische Antlitz" wiedergegeben: in der Mitte hängt Battisti tot in der Schlinge des Richtpflockes, rechts und links lümmeln die beiden Henkersknechte, welche diesem das Genick gebrochen haben, und grinsen. Über dieser makabren Pietà thront der gelernte Metzger Josef Lang, sichtlich stolz auf das vollbrachte Werk. Cesare Battistis Gnadengesuch war von Kaiser Franz Joseph persönlich abgelehnt worden. Dass dies unter der italienischen Bevölkerung des Küstenlandes die anti-österreichische Stimmung nicht gerade zum Besseren wendete, ist mehr als verständlich.

Aber schon lange Jahre davor war das Verhältnis zwischen dem Herrscherhaus und den Menschen in diesem Teil des Reiches nicht annähernd so romantisch und herzlich, wie es heutzutage die zahlreichen Volksfeste rund um des Kaisers Geburtstag – wie etwa jenes von Giassìco – glaubhaft machen wollen. Franz Josephs jüngerer Bruder Maximilian sollte eigentlich nicht nur zu seinem Vergnügen hier leben, sondern bekleidete offiziell die Position des Statthalters der Provinz Küstenland. Politisch hat er hier wenig Spuren hinterlassen, sondern führte – bis er sich auf sein letales Abenteuer in Mexiko einliess – das Leben eines überaus reichen Privatgelehrten. Zahlreiche Forschungsreisen führten ihn in die Levante, von wo er neben archäologischen Souvenirs – begabter Maler, der er war – durchaus sehenswerte Aquarelle von Land und Leuten mitbrachte. Auch der Schiffsbau und die Seefahrt interessierten ihn über die Maßen; sein Schlafzimmer in Miramare ist seiner Kajüte in der Fregatte „Novarra" nachgebildet.

Seine eigentliche Leidenschaft gehörte aber der Botanik. Der Park von Miramare legt davon Zeugnis ab. Inwieweit Maximilians geradezu exzessive Beschäftigung mit seinen „Hobbies" mit seiner von Anfang an eher unglücklichen und trostlosen Ehe mit Charlotte von Belgien zusammenhing, darüber lässt sich heute nur spekulieren. Auch dürfte das nicht gerade spannungsfreie Verhältnis zu seinem älteren Bruder mit dazu geführt haben, dass er sich in seinen Triestiner Jahren 1851–64 lieber seinen Pflanzen hingab als einem politischen Engagement. Dabei waren dies sowohl für die politische Entwicklung in Italien als auch für den wirtschaftlichen und technischen Fortschritt entscheidende Jahre. Der Suez-Kanal – der für Triest lebenswichtige Bedeutung haben sollte – wurde geplant und gebaut. Cavour und Garibaldi waren dabei, aus Italien einen Nationalstaat zu formen, welcher 1861 ausgerufen wurde. Die Idee des „Risorgimento“ griff natürlich auch auf die italienische Bevölkerungsmehrheit im Küstenland zwischen Pola und Görz über. Hier wären gerade in Triest, der Hauptstadt, sensible politische Reflexe seitens der Habsburger erforderlich gewesen, welche sowohl der Kaiser als auch sein Bruder und Statthalter Maximilian vermissen liessen.

Die Bewertung der Person Maximilians und seiner Leistungen für das Volk drückte sich in dem Spitznamen aus, den man ihm verpasste. Sprach man von ihm, war von „610“, auf italienisch also von „seicentodieci“ die Rede, was auf den ersten Blick keinen Sinn zu ergeben scheint. Die Pointe offenbart sich erst, wenn man die Zahl Ziffer für Ziffer ausspricht: „Sei uno zero“, auf Deutsch: „Du bist eine Null“.

Man kann getrost behaupten, dass nicht die Italiener das Küstenland erobert haben, sondern die Habsburger es verloren. Wenn heute noch oder wieder einer von fünf Triestinern voll Stolz erzählt, dass sein Grossvater auf der Seite Österreichs gekämpft hätte, so hat dies nicht so sehr mit einer vernünftigen Einschätzung der Geschichte vor 1918 zu tun, als vielmehr mit Kompensation der politischen und wirschaftlichen Misere nach 1945 durch unkritische, unüberprüfbare Nostalgie. Denn in der Verklärung dessen, dass es einmal besser gewesen sei, keimt auch die Hoffnung, dass es wieder besser gehen könnte. Geben sich hingegen Österreicher beim Gedanken an Triest nostalgischen Gefühlen hin oder betrachten die Stadt gar als eine durch und durch alt-österreichische, so sind sie entweder unverbesserliche Monarchisten, oder haben keinen oder nur schlechten Geschichtsunterricht genossen. Denn zu oft in der Geschichte hat Österreich die Eigenständigkeit des Küstenlandes nicht respektiert und ist ihm auch in entscheidenden historischen Momenten nicht oder nur halbherzig beigestanden.

Triest ist – wie Umberto Saba es einmal in einem Gedicht formulierte – ein störrisches Kind. Und ein solches will geliebt werden, auch wenn es sich gegen Umarmungen sträubt. Die heutige austrophile Nostalgie hat geopsychologisch keine wesentlich anderen Motive als die „Irredenta" vor gut hundert Jahren. Ob man einst gegen österreichische Bürokratie auftrat oder nun die Zentralregierung in Rom verflucht: es ist eine Rebellion gegen Einmischung von aussen, gegen Bevormundung. Die Einflussnahme von aussen hat der Region nie Glück gebracht, sondern diese im Gegenteil allzuoft in Not gestürzt Vor allem hat sie zu massivem Unfrieden zwischen den Volksgruppen geführt, weil diese von den fremden Mächten gegeneinander ausgespielt worden sind.

In Folge dessen war und ist man hier meistens zu sehr, manchmal auch ausschliesslich mit den autochtonen Problemen beschäftigt, damit, das Zusammenleben innerhalb der so vielschichtigen Bevölkerung überhaupt erträglich zu gestalten. Jede Schicht hält sich für die einzig legitimen Bewohner des Mittelpunktes einer Welt, wo andere Volksgruppen bestenfalls als Zaungäste geduldet werden. Man neigt dazu, einander auszugrenzen.

Die Menschen hier – egal welcher Provenienz – haben sich immer wieder mit den Gegnern und Feinden ihrer jeweiligen Herrscher und Nachbarn zu – meist unglücklichen – Allianzen verbunden, in der Hoffnung, aus der Auseinandersetzung zwischen den Mächten mit gestärkter Autonomie hervorzugehen. Dieser Opportunismus war integraler Bestandteil des Kampfes um Selbstbestimmungsrechte in einem Vielvölkerstaat, welcher von vielen als „Vielvölker-Kerker" empfunden worden ist.

Erwin Ringel analysiert die damalige Situation in seinem Vortrag: „Die österreichische Seele: die Neurose als Lebensgefühl" 1991 so:

„Wir versuchen, diesen Staat, der ein Vielvölkerstaat war, so darzustellen, als hätten in ihm alle Völker wunderbar gelebt. Die Wahrheit ist vielmehr, dass sowohl die Österreicher als auch ab 1867 die Ungarn ein Herrscheregime führten, unter dem die anderen Völker eben nicht glücklich werden konnten. Es wurde damals mit aller Kunst die einmalige Chance, nämlich hier in Mitteleuropa, im Herzen der Welt, Vereinigte Staaten von Europa aufzubauen, mit Völkern, die gleichberechtigt waren, vertan. Dieser Staat Österreich-Ungarn war ja fast eine Lebensnotwenigkeit ... Er ist zerstört worden durch eigene Schuld und nicht durch die Schuld der bösen Italiener, der bösen Tschechen usw., Völker, die wir noch heute wegen des Verrats, den sie angeblich an uns begangen haben, verurteilen. Die Wahrheit ist sicher schwer zu ertragen, und die Lüge klingt viel besser und angenehmer, und so lügen wir uns bis zum heutigen Tage etwas vor."

Betrachtet man die Vergangenheit Triests, so ist Nostalgie keinesfalls ein sinnvoller Reflex zu deren Bewältigung. Denkt man an die Zukunft der Region, taugt sie erst recht nicht.

ITALIENISCHE PROVINZ IM FASCHISMUS 1918–1944

Der Erste Weltkrieg, den man hier heute noch häufig den „Grossen Krieg“ nennt, hat in dieser Region schwerste materielle und soziale Schäden hinterlassen. Die Ortschaften längs des Isonzo bis weit in den Triestiner Karst hinein waren weitgehend zerstört und entvölkert; Quadratkilometer fruchtbaren Landes versteppten durch den Einsatz von Giftgas. Noch fünfundachtzig Jahre später gibt es zwischen Görz und Malchina riesige Flächen, wo ausser dürrem Gras nichts wächst. Die Alten erzählten, dass man sie als Kinder in den zwanziger Jahren ausschickte, alles in der Macchia herumliegende Metall zu sammeln. In einer umgebundenen Schürze oder im Rucksack schleppten sie nach Hause, was sie so vorfanden: Granatsplitter, Patronenhülsen, Stahlhelme und sonstigen Kriegs-Müll. Das Fundgut wurde sortiert und gereinigt, und schliesslich zum Alteisenhändler in die Stadt gekarrt, welcher es abwog und nach Kilo bezahlte. Zwei, drei Lire bedeuteten ein Vermögen für die durch den Krieg verarmten Familien. Es waren Jahre der Verzweiflung, der Orientierungslosigkeit. Die alten Strukturen funktionierten nicht mehr; neue gab es noch nicht in lebensnotwendigem Mass. In diesem Vakuum etablierte sich der Faschismus.

Zwei Drittel der Häuser von Görz – nunmehr Gorizia – lagen in Schutt und Asche, ebenso jene von Monfalcone. Viele der ursprünglich österreichischen Familien gingen nach Wien, Graz oder sonstwohin. Andere, „österreichtreue“ Menschen, egal welcher Provenienz, sahen sich Verfolgungen durch Irredentisten ausgesetzt, fürchteten um ihre Existenz, und zogen die Konsequenzen daraus. Ebenso gerieten jene in Schwierigkeiten, welche aus unterschiedlichen Motiven einer Herrschaft Italiens über dieses Gebiet keinen rechten Geschmack abgewinnen konnten. Wer immer konnte, zog sein Kapital aus Triest ab.

Die Zahl der Emigranten ist kaum zu überprüfen. Man schätzt, dass die Stadt etwa ein Viertel ihrer Bevölkerung verlor. Die freigewordenen Häuser und Arbeitsplätze wurden von zugezogenen Italienern „besetzt“, sehr zum Missfallen der slawischen Bevölkerung, welche sich nun noch mehr in die Rolle einer Minderheit gedrängt fühlte. Die Italiener ihrerseits waren konfrontiert mit Misstrauen und Chauvinismus. Den Neuankömmlingen wurde die Integration oft schwer gemacht, welche ihrerseits darauf mit der Betonung ihrer Italianità antworteten. Sie nahmen die Pose der herrschenden Klasse an. Die Gesellschaft geriet von Neuem aus allen Fugen. Schon weinten die ersten Panslawisten, aber auch italienische Irredentisten dem Doppeladler nach und begannen der Nostalgie zu huldigen, schon übten sich manche Slowenen aus Opportunität in italienischem Nationalismus. Wieder einmal war die Versuchung gross, die eigene Identität durch deren Verrat zu definieren, um so zu einem modus vivendi zu finden.

Es gab eine neue Grenze, mit der es fertig zu werden galt. Diese – ersonnen am grünen Tisch in Saint Germain – nahm keinerlei Rücksicht auf die Jahrhunderte alte Kulturgeschichte. Sie verlief weit östlich des Isonzo, vom Wald von Ternova, quer durch den Karst und Istrien, bis hinunter hinter das ehemals ungarische Fiume. Adelsberg, Postojna war plötzlich italienisch geworden. Eine Welt wurde mit einem Federstrich neu aufgeteilt, die in ihr lebenden Menschen neuen Herren zugeordnet. Ein Limes wurde quer durch das ehemalige Hinterland gezogen und schnitt Triest von seinen traditionellen Handelspartnern Wien, Graz und Budapest ab. Für die verlorenen Märkte gab es keinen Ersatz. Denn hinter der Grenze gab es einen neuen Staat; erst die S.H.S.-Republik, aus der – welcher Anachronismus in diesem Jahrhundert – das „Königreich Jugoslawien“ wurde. Mit der Schaffung dieses künstlichen, wirtschaftlich kaum lebensfähigen politischen Gebildes durch die Siegermächte des I. Weltkrieges wurde die Balkanfrage nicht gelöst. Ganz im Gegenteil: die Spannungen und Probleme wurden zementiert; der Druck, der sich aufbaute, hat sich siebzig, achtzig Jahre später auf grauenhafte Weise entladen.

Für Triest bedeutete diese neue Nachbarschaft nicht nur eine Vertiefung der Spannungen zwischen den Bevölkerungsgruppen. Denn die Slowenen sahen in Jugoslawien eine potente Schutzmacht gegen den evidenten italienischen Nationalismus, während die Italiener ihre Ansprüche durch slawische Interessen gefährdet sahen. Für die Stadt und ihr schmal gewordenes Hinterland bestand nun aber auch die Notwendigkeit, die geopolitischen Interessen um 180° zu verlagern. Dabei sah man sich mit einer hier bis dahin unbekannten Konkurrenz-Situation konfrontiert. Eben noch der einzige Hafen für 35 Millionen Menschen und kosmopolitisches Zentrum eines Vielvölkerstaates, hatte die Stadt in Competition mit zahlreichen anderen nationalen Häfen wie Chioggia, Ancona oder Genua zu treten. Sie war nun eine von vielen italienischen Provinzstädten, welche James Joyce – der zehn Jahre hier gelebt hatte – im Jahr 1919 nochmals besuchte, und enttäuscht für immer verliess.

Auch die anderen Städte des Küstenlandes verloren in diesen Jahren vehement an Bedeutung. So zum Beispiel Gradicsa d’Isonzo, über Jahrhunderte Österreichische Garnisonsstadt, war von 1918–21 Freistadt unter Kontrolle der Siegermächte, ehe es endgültig Italien zugesprochen wurde. Hier spricht man noch heute in gewissen Kreisen von einer „Usurpation“ durch Italien. Eine alte Dame formulierte es so: „Sono nata in Austria e devo morire sotto l'Italia". Man beachte die Wortwahl: sie sei „in" Österreich geboren, und müsse „unter" Italien sterben.

Damals verlor auch Gradisca ein Gutteil seiner Identität. Heute ist die Stadt das Verwaltungs- und Handelszentrum eines prosperierenden Landwirtschafts- und Weinbaugebietes am Westufer des damals blutgetränkten Flusses.

Im wahrsten Sinn ist Gras über die Geschichte gewachsen. Am gegenüberliegenden Ufer, zwischen Savogna und Rupa befindet sich laut Erzählungen der Alten ein makabrer Friedhof. Hier ruhen die Gebeine der von den Carabinieri füsilierten Deserteure des Grossen Krieges. Nichts deutet darauf hin, dass hier angeblich an die 3000 meist junge Männer – Söhne und manchmal schon Väter auch sie – getötet worden sind, weil sie im Töten anderer keinen Sinn sahen, oder einfach Angst hatten, im Hagel der Granatsplitter über freies Gelände gegen die Stellungen der Österreicher anzurennen. Das Gelände der ehemaligen Hinrichtungsstätte befindet sich in den unwegsamen Isonzo-Auen, nahe der Mündung des Flusses Vipacco, slowenisch Vipava, an den Ausläufern des Karstes. Brennesseln. Dorniges Unterholz, bevölkert von Vipern und Ratten, von Zecken bewohnte Bäume und Sträucher bedecken es. Es gibt keine Gedenktafel. Sie würde auch das Geschichtsbild stören, welches den 3. November 1918 noch immer als Tag des glorreichen Sieges über Österreich zeichnet. Vergessen wird darüber auch, dass die italienischen Truppen zu diesem Zeitpunkt längst achtzig Kilometer weiter westlich, hinter dem Piave, Stellung bezogen hatten. Wieviele Opfer des Rückzugs wurden hier tatsächlich verscharrt? Nichts, was an den Horror erinnert, ist im Gestrüpp sichtbar.

Dies berührt das Thema der italienischen Vergangenheitsbewältigung im Allgemeinen. Dadurch, dass der Faschismus in diesem Staat zwanzig Jahre lang Zeit hatte, eine seit der Römerzeit nicht mehr existierende kollektive Geschichte der Apenninen-Halbinsel zu konstruieren und zu beschwören, wurde auch eine kollektive Verdrängung möglich. Da er sich auch nicht – wie der Nationalsozialismus – zu einer menschenverschlingenden Furie entwickelte, bestand in der Folge nach 1945 kein dringendes Bedürfnis, sich kollektiv zu schämen. Und schliesslich trug die zeitweise Besetzung Norditaliens durch die Deutsche Wehrmacht dazu bei, dass man sich als unbesiegtes Opfer fremder Mächte sah und sieht, nie aber als Täter oder zumindest Tatbeteiligter. So ist in Konsequenz auch die Erinnerung an den Ersten Weltkrieg nur in Form von farbenprächtigen Paraden der Alpini präsent, wenn diese in Redipuglia – wo Mussolini ein in seiner Gigantomanie geradezu unappetitliches Monument errichten ließ – vor den stets akkurat lackierten Kanonen und Granatwerfern defilieren. Dass es sich sowohl seitens Österreich-Ungarns als auch Italiens um einen Eroberungs-Krieg gehandelt hat – der in ersterem Fall scheiterte, in zweiterem erfolgreich endete – davon spricht man hier nicht. Auch nicht von den armen Teufeln, die zwischen Caporetto und dem Monte San Michele in nassen Kavernen, zwischen Läusen und sonstigem Ungeziefer, mit Wundfieber ihrem „Heldentod“ entgegendämmerten. Man müsste die Geschichtsbücher umschreiben. Zum Beispiel im Sinne des deutschen Schriftstellers Arnfried Astel, der einmal in einem Aphorismus vermerkte:

„Wenn ich einen Heldenfriedhof sehe
möchte ich wissen:
Wo ruhen die Feigen?“

Die Geschichtsbücher wurden damals, durch die Faschisten, neu geschrieben. Die Jahre nach dem Ersten Weltkrieg waren hier Jahre der Geschichtsklitterung und des Revisionismus. Die neuen Herren entfernten in der ganzen Region in Nacht- und Nebelaktionen, in einer Art Bildersturm die zahlreichen Denkmäler und Gedenktafeln, welche auf eine Österreich-Ungarische Provenienz hinwiesen. Nichts sollte mehr an den Doppeladler erinnern, vor allem nicht in Triest. Maximilian und Sisi wurden zerlegt und in Depots gelagert. Andere Denkmäler, wie jenes, das an die fünfhundertjährige Zugehörigkeit zum Habsburgischen Reich erinnern sollte, oder auch die Büste Kaiser Friedrichs III. wurden zerstört. Viele Strassen und Plätze wurden umbenannt, erhielten die Namen italienischer Fürsten und Feldherren. Auch den „Märtyrern der Freiheit“ wurden öffentliche Verkehrsflächen gewidmet, wie etwa dem schon erwähnten Cesare Battisti. Auch wurde ein Platz nach dem Studenten Guilielmo Oberdan benannt, der seiner Herkunft nach Slowene war und ursprünglich Oberdank hiess. Er – Gerüchten zur Folge Sohn eines Priesters – „konvertierte“ zum italienischen Nationalismus, und bereitete 1882 als „Freiheitskämpfer“ anlässlich eines Besuches von Kaiser Franz Joseph I. in Triest ein Bombenattentat vor, welches nicht zur Ausführung kam, weil es auf Grund der dilettantischen Planung schon im Vorfeld entdeckt wurde. Oberdank wurde verhaftet, verurteilt und hingerichtet. Die Faschisten machten ihn posthum zu dem, was er nie war: zu einem Helden und zu einem Italiener.

Kühne Theorien wurden in Folge in den Jahren nach dem I. Weltkrieg publiziert, wie etwa die, dass das Küstenland –

wie Indien für England – nur ein österreichisches Dominium, also eine Art Kolonie gewesen sei. Das alles hatte noch nicht unmittelbar mit Faschismus zu tun. Noch war es der Humus des Nationalismus, welcher diesen im Lauf der Jahre zur Hochblüte bringen sollte. Durch die Machtergreifung Mussolinis änderte sich die Situation dramatisch.

Die slowenische Bevölkerung verfolgte den Revisionismus von Anfang an mit grosser Sorge. Völlig zu Recht. Denn schon waren die Faschisten dabei, aus Triest und Görz italienische Städte zu machen, wobei eine öffentlich sichtbare Präsenz einer slawischen Identität empfindlich störte. Die ethnische Säuberung begann im kulturellen Bereich. Die slowenischen Schulen – mit Ausnahme einiger im Besitz der katholischen Kirche – wurden geschlossen, ebenso die deutschsprachigen. Die slowenische Presse wurde kurzerhand verboten. Die Kulturvereine wurden aufgelöst oder ausgesiedelt. So wurde zum Beispiel in Duino das slowenische Kulturzentrum „Jadro" geschlossen und das Gebäude von der „Lega Nazionale" beschlagnahmt und bezogen. Später wurden die Carabinieri hier untergebracht, die noch heute darin ihr örtliches Kommando haben.

Die Fälle der Gewalt gegen slowenische Einrichtungen häuften sich und gipfelten in der Zerstörung des „Hotel Balkan" in Triest, einem architektonischen Juwel, für welches Kolo Moser die Glastüren gestaltet hatte. Im Jahr 1904 war es nach den Plänen des Otto-Wagner-Schülers Max Fabiani als „Narodni dom" an der damaligen Piazza della Caserma, heute Piazza Dalmazia errichtet worden. Es war, ausser einem Hotel, „das grösste Kultur- und Künstlerhaus Sloweniens", wie die Journalistin Barbara Gruden es formulierte, „in der grössten slowenischen Stadt … das zum Symbol der slowenischen Präsenz in Triest wurde. Es beherbergte das Theater, eine Bibliothek, eine Turnhalle, ein Cafè, ein Restaurant, und slowenische Kultur- und Sportverbände. … Das fabianische Kulturhaus wurde aber auch zum Symbol der besonderen Triestiner multi-ethnischen Realität." Am

13. Juli des Jahres 1920 marschierten hier nationalistische, prä-faschistische Sturmtruppen auf, zerstörten das Gebäude und setzten es in Brand, während die Polizei untätig zusah. Es war eine Vorwegnahme der Reichskristallnacht. Eine kleine, leicht zu übersehende Gedenktafel erinnert heute noch an dieses Ereignis, welches aus dem Gedächtnis der Triestiner weitgehend verschwunden ist. Es fällt den Menschen hier offenbar schwer, sich daran zu erinnern, dass in der Generation der Grosseltern zwei Volksgruppen, zwei politische Lager – beide missbraucht von Ideologen diesseits und jenseits der Grenzen – sich anschickten, der jeweils anderen Ethnie das Recht auf Heimat abzuerkennen. Denn Triest war zu diesem Zeitpunkt von seiner Population her weder als italienische, noch als slawische Ansiedlung zu definieren, sondern eben ein „mishmash", welches nach Zerfall des Vielvölkerstaates Österreich-Ungarn aus politischen Konsequenzen Teil des italienischen Staates wurde. Weder die eine noch die andere Bevölkerungsgruppe war und ist berechtigt, exklusive Heimatrechte auszuüben. Den heute lebenden Enkeln und Urenkeln fiele das Zusammenleben leichter, wenn sie sich dieser Tatsache eingedenk wären.

Die monolithische Bewegung des Faschismus trug ein Weiteres zum Unglück dieser Stadt bei. Immer häufiger und massiver kam es zu physischen Übergriffen der neuen Machthaber gegen Andersdenkende, so zum Beispiel während des Generalstreiks im September 1920, der im „roten" San Giacomo bei Barrikadenkämpfen zwischen faschistischen Truppen und Ordnungskräften zahlreiche Opfer forderte. Ein Jahr später wurden der Sitz der Zeitung „Il Lavoratore" und auch die Arbeiterkammer zerstört.

Der Widerstand wuchs proportional zur neuen Gewalt und nahm militante Formen an. Der Staat reagierte: 1926 wurde die Todesstrafe wieder eingeführt und das „Tribunale speciale per la difesa dello stato“ ins Leben gerufen, welches bis 1943 „200 Urteile von insgesamt 2000 Jahren Gefängnisstrafen und über ein dutzend Mal die Todesstrafe verhängte“ (C. Arneri). Einen ersten traurigen Höhepunkt bildete im Jahre 1930 die Verurteilung und Hinrichtung von vier slowenischen Widerstandskämpfern in Basovizza – einem Ort oberhalb Triests, der nicht zufällig nach dem Sturz des Faschismus zum Schauplatz blutiger Rache werden sollte. In diesen Jahren wurde zwischen Istrien und Görz wieder einmal aus politischen Motiven das Klima zwischen den diversen Schichten der Bevölkerung vergiftet, wodurch es auf beiden Seiten zu einer politischen Radikalisierung kam. Die Spirale der Gewalt drehte sich unaufhaltsam weiter. Der italienische Chauvinismus trieb immer mehr Slowenen – auch katholische und nationalistische – ins linke, später kommunistische und titoistische Lager, während ihr Widerstand gegen die Italianisierung eben jenen faschistischen Chauvinismus und die Angst vor der Slawisierung Triests noch mehr entfachte.

Die Fronten verhärteten sich. In der Slowenischen Volksgruppe machte sich das Vorurteil breit, dass alle Italiener Faschisten seien – ein Präjudiz, das man noch heute vorfinden kann, und welches die Koexistenz immer wieder unnötig erschwert. Andererseits wurde die slawische Minderheit immer mehr in die Rolle der „brutti s’ciavi“, der hässlichen Sklaven, gedrängt, mit denen der anständige romanische Bürger nichts zu tun haben wollte. Es soll hier noch heute italienische Familien geben, denen es leichter fiele, die einzige Tochter mit einem Marokkaner zu verheiraten als mit einem Slowenen. Und umgekehrt. Es waren die Jahre vor dem Zweiten Weltkrieg, in welchen der rauhe Wind der Politik die Gesellschaft des Küstenlandes zerklüftete wie die Bora den Karst. und den Dialog für Jahrzehnte erschwerte oder sogar unmöglich machte. Dass sich diese Spannungen zwischen den Ethnien hier nie mit der Heftigkeit und Permanenz entluden wie etwa in Nordirland oder am Balkan ist mehr als ein Wunder. Dieses lässt sich nur dadurch erklären, dass die Risse quer durch die Häuser, quer durch die Familien ihrer Bewohner und sogar durch das Bewußtsein des Einzelnen verlaufen. Der Bürgerkrieg findet stellvertretend in den Seelen statt. Diesen Akt der Selbstzerfleischung kann man durchaus als ein Erbe der jahrhundertelangen Zugehörigkeit zu Österreich sehen.

Wer hier in diesem Amalgan der Mentalitäten sich angesiedelt hat oder ansiedeln wird, ist vorwiegend mit der Suche nach seiner Identität beschäftigt. Vor diesem Hintergrund ist auch „Zeno Cosini“ von Ettore Schmitz zu verstehen, dem Autor, der nicht nur aus biographischen Gründen das Pseudonym „Italo Svevo“ wählte. Die individuelle Disparation im Küstenland war immer stärker als die kollektive, also die politische. Und so haben auch die Suizide im 20. Jahrhundert sicherlich mehr Opfer gefordert als die sporadischen bürgerkriegsähnlichen Auseinandersetzungen. Die Schizophrenie wurde immer wieder zum Überlebensprinzip und ist es bis heute geblieben.

Jeder Anspruch – und vor allem ein Alleinvertretungs-Anspruch – der Italiener oder Slowenen auf das Territorium von Triest wird durch die Bedeutung und historische Präsenz der anderen Ethnien relativiert. Die jüdische Gemeinde hat das Bild der Stadt kulturell, ökonomisch und politisch entscheidend mit geprägt.

Dies bedingte ihr Ansehen und ihre Akzeptanz. Überhaupt war man in Italien selbst noch im beginnenden Faschismus gegenüber Juden wesentlich toleranter als etwa in Österreich, Deutschland oder Polen. Der Anti-Semitismus entwickelte sich erst später. Claudio Magris erzählt in seinem Buch „Wer steht auf der anderen Seite?“ eine wunderschöne, berührende – wenn auch im Spiegel der Shoa makabre – Geschichte:

Ein polnischer Kaufmann und orthodoxer Jude eröffnete Ende der zwanziger Jahre eine Filiale in Triest und sandte seine Familie hierher, welche sich rasch einlebte. Sein Sohn „war Balilla, das heisst Mitglied der faschistischen Jugendorganisation geworden und trug deren schwarze pseudomilitärische Uniform.

Einige Monate später kam der Vater in seinem Kaftan und mit seinen Pejes in Triest an und war ganz begeistert von den günstigen Umständen, in denen die Zugehörigkeit zum Judentum zum ersten Mal keine Probleme für seine Familie mit sich brachte. Auf Jiddisch, wie er mit Frau und Sohn sprach, sagte er immer wieder, dass dieser Mojschale oder Mussolini wirklich alles Mögliche zum Nutzen der Juden tue. Aber vor allem war er stolz darauf, dass sein Sohn in die Balilla aufgenommen worden war und diese Uniform tragen durfte – eine militärische Auszeichnung, die für einen jüdischen Knaben in der polnischen Kleinstadt, aus der sie kamen, völlig undenkbar gewesen wäre. So zwang der Vater im Kaftan den Knaben, immer die Balilla-Uniform zu tragen und mit ihm durch die Strassen Triests zu spazieren, wo sie hoffentlich irgendeinem faschistischen Parteigranden begegnen würden. Und wenn sie einem begegneten, forderte der Vater das Kind hastig zum faschistischen Gruss auf, indem er sagte: ‚Hejb die Hand, meschugge!'"

In diesem politischen Klima war es auch möglich, dass der Triestiner Hafen eine neue Bedeutung erhielt: er wurde zur „Porta di Sion", zum Tor Zions. Unterstützt von einem Komitee der Jüdischen Gemeinde Triests emigrierten von hier aus in den 20er und 30er Jahren an die 150 000 mittel- und osteuropäische Juden nach Palästina. Auch nach der Machtergreifung Hitlers, bis zum Kriegseintritt Italiens im Jahre 1940, kamen hier einmal pro Woche Züge mit Auswanderern an, wurden mit dem Notwendigsten versorgt, bis sie ein Schiff ins Gelobte Land brachte. In einem Haus in der Via del Monte, wo sich heute das überaus sehenswerte Jüdische Museum befindet, wurden die Menschen für ein paar Tage oder Wochen einquartiert und verköstigt. Noch bis 1943 war Triest ein offener Hafen für – wenn auch immer sporadischer – eintreffende jüdische Flüchtlinge, was sich allerdings schlagartig änderte, als nach dem Sturz Mussolinis die Deutsche Wehrmacht die Regentschaft in der Region „Adriatisches Küstenland" übernahm und hier das einzige KZ auf italienischem Boden errichtet wurde: die Risiera von San Saba. Wer nicht rechtzeitig flüchten konnte, wurde deportiert. Wenige kehrten zurück.

Aber schon mit den antisemitischen Gesetzen des Jahres 1938 wurde den jüdischen Familien und Unternehmern die Existenz erschwert. Ihre hochrangigen Vertreter in den Vorständen der Versicherungen, Reedereien und Banken wurden durch Italiener ersetzt. Der Herausgeber der grössten Tageszeitung der Stadt wurde gezwungen – weil Jude – sein Blatt an einen „römischen“ Mitarbeiter zu übergeben.

Heute zählt die jüdische Gemeinde – welche einst aus 6000 Menschen bestand, und über die Jahrhunderte wesentlichen Anteil an der Kultur und Prosperität Triests hatte – gerade noch 600 Seelen.

HOTEL DE LA VILLE
– G. Degasperi 1839 –

Noch eine Rückblende auf die Zeit nach dem I. Weltkrieg, welche auch deutlich macht, dass eine gewachsene Kulturlandschaft nicht willkürlich neu sortiert werden kann: die Grenze von 1918–44 ist heute unsichtbar. Die alte Grenze gibt es aber noch heute. Sie spiegelt sich in der Tradition der Buschenschänken, der „frasce“ oder „osmizze“. In einer Zeit der Missernten und des Hungers erließ Karl VI. – und nicht erst seine Tochter – das Gesetz, dass in seinem Reiche jeder Bauer einmal im Jahr acht Tage lang (und acht Tage bedeutet in Slowenisch: „osmica“) seine Produkte steuerfrei verkaufen dürfe, auf dass die aktuelle Not gelindert würde. Daraus entstand der Brauch, dem heute noch die Wiener Heurigen ihr Bestehen verdanken: „Ausg'steckt is!“ Wein wird ausgeschenkt, Speck und Salami aufgetischt. Zwischen Istrien und dem eigentlichen Friaul findet der Reisende auch heute noch entlang der Strassen und Wege Buschen aus Lorbeer oder sonstigem Grünzeug, (Buschen heisst auf Italienisch „frasca“), welche auf derartige gastliche Einrichtungen hinweisen, wo um wenig Geld tüchtig getrunken und getafelt wird.

Jenseits des Flusses Judrio, entlang welchem die Grenze zwischen Österreich und Italien verlief, sieht man keine „frasce“ mehr. So ist das heutige Friaul noch immer kulinarisch zweigeteilt. Der Versuch des Faschismus, im östlichen, ehemals österreichischen Teil, diese Tradition wieder abzuschaffen, scheiterte kläglich. Denn die Bevölkerung dieser Region wäre zwar nicht gegen das Regime, wohl aber für billigen Wein, Prosciutto, Salame und Maroni auf die Barrikaden gegangen. Und so überstand die „osmizza“, dieses Kind eines österreichischen Privilegs, alle Versuche der kulturellen Gleichschaltung und ethnischen Säuberung unter Italien. Noch heute sind sie die einzigen wahrhaft multi-kulturellen Einrichtungen.

WELTWIRTSCHAFTSKRISE UND BOOM IM IMPERIALISMUS

Triest selbst blieb in diesen Jahren – unter anderem bedingt durch die Weltwirtschaftskrise – eine unbedeutende Provinzstadt, die erst durch den mussolinischen Imperialismus wieder zu einer gewissen Blüte erwachte. Die kolonialistischen Interessen Italiens Richtung Balkan und Abessinien gaben dem Hafen eine neue Bedeutung. Die Werften von Triest und Monfalcone wurden zusammengelegt, zahlreiche Kriegs- und Handelsschiffe vom Stapel gelassen. Auch sonst setzte rege Bautätigkeit ein. Zahlreich sind die architektonischen Dokumente des Wohlstandes in den zwanziger und dreissiger Jahren, so zum Beispiel die Quästur gegenüber dem römischen Theater, welches damals freigelegt wurde. Dazwischen wurde – quer durch die Altstadt – eine nie vollendete Strasse angelegt, welcher die alte Synagoge aus dem 18. Jahrhundert weichen musste. Errichtet wurden weiters unter anderem die Stazione Maritima, welche heute ein Kongresszentrum beherbergt, und ein vor kurzem renoviertes Gebäude am Rande des Porto Vecchio, in welchem nun die Hafen-Kommandatur untergebracht ist: der Wasserflughafen. Vor ihm aus konnte man in den 30er Jahren nach Genua oder Süditalien fliegen.

Die Stadt war nicht nur – wie schon erwähnt – der Ausgangspunkt für auswanderungswillige Juden, sondern auch für Geschäfts- und Vergnügungsreisende. Wöchentlich verkehrten Schiffe nach New York. Die „Vulcania“ und die „Saturnia“ waren der Stolz des Lloyd Triestino, gewannen auch das „Blaue Band“ für die schnellste Atlantik-Überquerung. Weitere Linien führten nach Asien und Afrika.

1928 wurde die neue Küstenstrasse fertiggestellt, vorbei an Miramare bis hinauf in den Karst bei Sistiana, welche noch heute eine der wichtigsten Verkehrsadern der Region ist. Auch der neue Leuchtturm stammt aus dieser Zeit, ebenso der Justizpalast und die Universität.

Synchron zu diesem Aufschwung schwand die Bedeutung des alteingesessenen Triestiner Bürgertums. In der Weltwirtschaftskrise der Jahre 1928 und 29 brachen zahlreiche Familien-Imperien, Firmen und Gesellschaften zusammen, Banken gingen pleite. Es waren in den Folgejahren italienische Investoren, welche Kapital in die Stadt pumpten – und dieses später, nach dem nächsten Krieg, auch wieder abzogen, und somit die Stadt und ihre Ökonomie letztendlich in eine Krise stürzten, an welcher diese jahrzehntelang zu leiden hatte.

1940–1945: DER ZWEITE GROSSE KRIEG

Der nazifaschistsche Überfall auf Polen, und damit der Beginn des Zweiten Weltkrieges spielt in den Annalen Triests keine bedeutende Rolle. Zumindest bedeutete der 1. September 1939 hier kein einschneidendes Datum. Italien hatte wenige Monate vorher einen „Freundschafts- und Beistandspakt" mit Deutschland geschlossen, den so genannten „Stahlpakt", verhielt sich demgemäß zwar nicht neutral, erklärte sich aber als „nicht kriegsführend". Während die Weltpolitik bemüht war, auf Hitlers Expansionspolitik angemessen zu reagieren, anektierte Italien fast widerstandslos Albanien. Man könnte es so sagen: im Schatten des von Deutschland entzündeten Welt-Feuers blieben die Fackelzüge des faschistischen Imperialismus beinahe unbemerkt, und sind deshalb auch bis heute in Italien nie Gegenstand einer profunden Vergangenheits-Bewältigung geworden.

Wieder einmal profitierte der Hafen von Triest von Krieg und kolonialistischer Ausbeutung. Man saß in der Loge, studierte die Börsenkurse und wartete ab, wie sich die Tragödie entwickeln würde. Die italienischen Nationalisten waren – wie schon fünfundzwanzig Jahre davor – nicht unglücklich darüber, dass die slawische Welt eine weitere Demütigung erfahren sollte. Mancher, der mit den neuen totalitären Regimen weltanschaulich ganz und gar nicht einverstanden war, duldete oder unterstützte aus chauvinistischen oder anderen egomanen Interessen die Begehrlichkeiten der Achse Berlin–Rom in Richtung Südosteuropa. Das Deutsche Reich benötigte Bodenschätze und billige Arbeitskräfte, wollte obendrein die Südflanke für den Angriff auf die Sowjetunion sichern; Italien strebte die Hegemonie im adriatischen Raum an.

DIE BALKANISIERUNG DES KÜSTENLANDES

Die Kultur des Balkans war schon von den Habsburgern nicht respektiert worden, und erst recht nicht von den Faschisten. An der überheblichen Einschätzung, dass die Menschen zwischen Karlovac und dem Kosovo mediokre Geschöpfe seien, hat sich in den Hirnen vieler Bürger und der über sie Herrschenden über Jahrhunderte nichts geändert. Noch fünfzig Jahre nach dem II. Weltkrieg hat das vereinte Europa angesichts dieser Problematik erneut vollständig versagt, und damit weitere Tragödien ermöglicht. Dass damals, 1941, nach dem Einmarsch der Deutschen Wehrmacht in Jugoslawien, sich politischer und bewaffneter Widerstand seitens der slawischen Bevölkerung formieren musste, war vorhersehbar. Dies betraf natürlich auch die Randgebiete, wie etwa die Region von Triest, welches zu einer Drehscheibe der wirtschaftlichen und militärischen Expansionspolitik wurde.

Die slowenische Opposition wurde in den Untergrund gezwungen. Aus ihr erwuchs eine bewaffnete Widerstandsbewegung, auch wenn diese in sich nicht einig war. Zu vielfältig waren die Motive des Kampfes gegen den Faschismus, ebenso die politischen Visionen für die Zeit nach dem Krieg. Nicht einmal die slowenischen Kommunisten waren untereinander einig, ob man für ein sowjetisches Slowenien oder ein sozialistisches Jugoslawien kämpfte. Andere Nationalisten träumten von einem unabhängigen südslawischen Staat; wiederum andere dachten an eine autonome Region zwischen Italien und Österreich, oder gar einen Staat zwischen Maribor und Triest. Eine neue, diesmal slawische Irredenta entstand, welche Mussolini gewaltsam unterdrücken ließ.

Im Dezember 1941 fällte der Sondergerichtshof in Triest neun Todesurteile gegen slowenische Unabhängigkeitskämpfer, vier wurden in Haftstrafen umgewandelt, fünf – gegen die Kommunisten unter ihnen – wurden vollstreckt, „in der bleiernen und bitteren Atmosphäre einer vom Krieg gezeichneten Stadt, die dennoch in vielen ihrer Milieus noch exaltiert genug ist, eine exemplarische Bestrafung der Angeklagten zu fordern, um den alten wie den neuen slowenischen Untertanen zu demonstrieren, dass das Regime keine Form von Opposition dulde." So analysieren Angelo Ara und Claudio Magris die damalige Situation. Und weiter: „Es ist einer der Augenblicke, in denen die Italianità, die der Faschismus verteidigen zu wollen vorgab, ihre grösste moralische und politische Niederlage erfährt." Die Kluft vertieft sich, wird unüberbrückbar.

Selbst nichtkommunistische Slowenen radikalisieren sich zusehends. Eingekeilt zwischen Deutschland, Italien und dem faschistoiden Kroatien wird der Kampf um Unabhängigkeit immer massiver. Der Isonzo wird als die Grenze betrachtet, hinter die sich Italien bei Ende der Kampfhandlungen zurückzuziehen hätte.

Gleichzeitig formiert sich in dieser Region der italienische Widerstand, meist bestehend aus antifaschistischen, aber auch separatistischen Kräften. Auch sie sind nicht homogen, deshalb nicht immer effizient und deshalb korrumpierbar. Die Bandbreite reicht von Kommunisten über christliche Gruppen bis zu regionalen Autonomisten, wie etwa Friulanern, welche nicht nur gegen den Faschismus, sondern gegen Rom auf die Barrikaden gehen.

Es dürfte nicht einfach gewesen sein, das Vorgehen der zersplitterten slowenischen und italienischen Partisanengruppen zu koordinieren. Oft genug kam es zwischen ihnen zu – auch bewaffneten – Auseinandersetzungen um die Vorherrschaft im Kriegsgebiet. Im Gesamten gesehen erwiesen sich die slowenisch-kommunistischen Gruppierungen als am besten organisiert und bestimmten letztlich die Logistik des Grossteils der Partisanenverbände. Auch dies führte wiederum zu Spannungen, vor allem, wenn italienische Partisanen weit entfernt von ihrer Heimat, in Bosnien oder Serbien zu operieren hatten. Die politischen Hintergründe waren klar: die Titoisten legten ihre Hände über Triest, Istrien und Friaul, Landstriche, welche es für sie aus den Klauen von Deutschen und Italienern zu befreien galt, und hatten deshalb wenig Interesse an der Beteiligung von Italienern am Befreiungskampf in dieser Region, welche ihrem Konzept nach Jugoslawien zuzufallen hatte.

Der militärische Zusammenbruch Italiens und die diesem folgende Okkupation durch die deutschen Truppen am 8. September 1943 verschärft die Situation. Der zwischen den Alliierten und Italien ausgehandelte Waffenstillstand entwickelte sich – weil von der militärischen Führung des faschistischen Staates nicht allgemein und bedingungslos akzeptiert – zum Drama. Die Deutschen entwaffneten vorsichtshalber ihre ehemaligen Verbündeten und demütigten sie politisch und militärisch, mitunter mit letalen Folgen. Man denke nur an die Tragödie von Rhodos, wo über zweitausend Italiener ertranken, als ihre Boote und Schiffe, mit denen sie sich in Sicherheit zu bringen gedachten, von Wehrmacht und Marine beschossen worden sind.

Die in Friaul-Julisch Venetien verbliebenen Kräfte des politischen und bewaffneten Widerstandes wurden durch die Spannungen zwischen Deutschen und Italienern gestärkt. Sie standen allerdings schon grossteils unter jugoslawischem Kommando, oder waren zumindest in ihren Aktionen von dessen Ideologie abhängig, wenn nicht gar ihm ausgeliefert. Die Italiener waren für die slawische Bevölkerung – auch nach dem offiziellen Waffenstillstand – Kollaborateure des Nationalsozialismus, die es mit allen Mitteln zu bekämpfen galt. Man darf in diesem Zusammenhang auch nicht vergessen, dass bereits vier Monate vor der deutschen Besetzung, am 10. Mai 1943, die sogenannte Triestiner Reichskristallnacht stattgefunden hatte, in welcher jüdische und slawische Geschäfte und Einrichtungen zerstört worden waren.

Die neue Besatzungsmacht verhielt sich ausgesprochen geschickt. Hitler-Deutschland gaukelte den Triestinern,

Istrianern und Friulanern eine mitteleuropäische, quasi österreichische Lösung vor. Was lag näher, als die militärische und politische Führung der Operationszone „Adriatisches Küstenland“ vorrangig mit Österreichern zu besetzen. Eine Falle wurde gestellt, in welche der Grossteil der Bevölkerung tappte.

Der Gauleiter von Kärnten, Dr. Friedrich Rainer, wurde auf Befehl aus Berlin auch Statthalter dieser Region. Er, der über beste Kontakte zur SS verfügte, hatte in den Jahren 1939–41 Salzburg zu dem NS-Muster-Gau aufgebaut, und wurde höherer Weihen für würdig befunden. Sein Machtbereich dehnte sich durch den Kriegsverlauf von Kärnten über Nordslowenien und die jugoslawische Südsteiermark aus, bis er schließlich vom Tauern bis Istrien herrschte. Ein junger, ehrgeiziger Burschenschaftler und kompromissloser Nationalsozialist, dem seine persönliche Karriere stets wichtiger war als das Schicksal seiner „Untertanen“. Ihm zur Seite stand als Militärkommandant ein weiterer Österreicher: der General Odilo Globotschnik, Kärntner und gebürtiger Triestiner. Wie der Name verrät, gehörte er der slowenischen Volksgruppe an, welche er – wie viele Assimilanten – gnadenlos verfolgte, um sein Deutschtum weithin sichtbar zu demonstrieren, um der „bessere“ Deutsche zu sein. Er sollte sich als „einer der schlimmsten Bluthunde“ (Magris) erweisen, welcher maßgeblich am Aufbau des KZ in San Saba, der Juden-Deportation und der Verfolgung politisch Andersdenkender beteiligt war. Aber nach aussen hin heischte das NS-Regime nach der Sympathie der Bevölkerung, heuchelte einen Faschismus mit menschlichem Antlitz. Viele Exponenten der damals heranwachsenden Generation betrachten noch heute die Wehrmacht und SS als liebenswürdige Ernährer, welche die Kinder mit Brot und Schokolade versorgten. Und manche der damals jungen Slowenen, welche zum Arbeitseinsatz in das Altreich oder nach Österreich verbracht worden waren, erzählen heute davon, als habe es sich um eine Art von Kinder-Landverschickung gehandelt, in deren Rahmen man für Kost und Quartier habe arbeiten müssen.

Es schien auch manchen, dass die – von vielen als negativ empfundenen – Konsequenzen des Anschlusses an Italien 1918 wieder aufgehoben wären. „Österreicher wurden an die Spitze wichtiger Triestiner Finanzinstitute berufen. Der plurinationale Charakter des julischen Gebietes wird anerkannt, was im Sprach- und Schulbereich zu positiven Konsequenzen für die Slawen führt. Man betont die gemeinsamen wirtschaftlichen Interessen Triests und seines historischen Hinterlandes. Der Nationalsozialismus versucht sich in Triest als Nachfolger des österreichischen Kaiserreichs zu präsentieren." (Ara/Magris). Die Bereitschaft zur Kollaboration erstreckt sich auf weite Kreise, was letztlich vor der Geschichte als Mittäterschaft ausgelegt werden wird, und mit die Ursache für die schrecklichen 40 Tage nach dem Kriegsende sein sollte.

Die NS-Propaganda fünktionierte auch hier nahezu perfekt. Gauleiter Rainer empfing Soldaten und Offiziere des I. Weltkrieges, welche auf Seiten Österreich-Ungarns gekämpft hatten, und ehrte sie. Es gab ein eigenes, lokales Radioprogramm mit dem Titel: „Trieste saluta Vienna. Wien grüsst Triest", in welchem die Bürger der Region mit nostalgischen Geschichten, Walzer und Polka beglückt wurden. Auch wurde eine eigene „Zivil-Garde" geschaffen – welche selbstverständlich von Deutschen kontrolliert wurde. Durch diese Sonderstellung wurde Triest zusehends von Italien isoliert.

Ein weiterer Baustein zur kollektiven Schizophrenie wird gelegt. Unter den Kollaborateuren waren unbelehrbare

Monarchisten, anti-italienische Slawen, anti-slawische Italiener oder auch ehemalige Irredentisten, welche sich von den Italienern im Stich gelassen fühlten. So hatten die Nazis in Triest mit geringem Widerstand zu rechnen, welcher rasch zerschlagen wurde. Nur im Hinterland tobte der Kampf.

ACHTUNG! BANDITEN!

Noch heute ist diese Phrase in den Köpfen der älteren Menschen präsent. Tafeln mit dieser Aufschrift standen an den Ausfallstrassen Richtung Karst. Posten standen davor, kontrollierten die Passanten, oft auf entwürdigende Weise. Es kam zu Übergriffen, welche freilich nicht ohne Antwort bleiben konnten. Die Spirale der Gewalt begann sich immer schneller zu drehen. Sabotage-Akte, Überfälle auf öffentliche und militärische Einrichtungen, Liquidationen von Kollaborateuren und Militärstreifen, sowie Repressalien aller Art waren die Kampfmittel der Partisanen. Die Besatzungsmacht agierte mit Hausdurchsuchungen, Geiselnahmen, Deportationen, Verhaftungen, Hinrichtungen, Vergewaltigungen und sonstigem Terror.

So kam es 1944 zu einer Eskalation der Gewalt im Triestiner Karst. Beim Eisenbahn-Viadukt von Visogliano, welches an der Strasse liegt, die von Sistiana hinauf Richtung Monte Hermada und das slowenische Hinterland führt, wurden am hellichten Tag zwei deutsche Wachposten erschossen. Vom nahe gelegenen SS-Kommando Duino aus machte sich eine Strafexpedition auf, um in den als Versteck in Frage kommenden Dörfern nach den Tätern zu suchen, respektive deren Auslieferung zu verlangen. Ein 24-stündiges Ultimatum wurde gestellt. Als dieses ohne Ergebnis ablief, rückten SS- und Wehrmachtsverbände vor, besetzten die Ortschaften Malchina, Ceroglie und Medeazza. Es gab zahlreiche Tote. Alle aufgegriffenen Männer zwischen siebzehn und siebzig Jahren wurden verhaftet und in Lager oder zur Zwangsarbeit abtransportiert. Greise, Frauen und Kinder wurden auf Lastwagen verladen und hinunter nach Sistiana in ein eilends errichtetes Zeltlager gebracht. Dann wurden alle drei Dörfer angezunden und dem Erdboden gleichgemacht. Manchen der Gefangenen wurde der Prozess gemacht, Todesurteile wurden verhängt und teilweise auch vollstreckt. Heute findet man in diesen Ortschaften Tafeln mit der Inschrift in Italienisch und Slowenisch: „Dieses Dorf wurde von der nazifaschistischen Furie zerstört.“ Und jeden 1. Mai weht eine rote Fahne auf einem Baum über dem Partisanen-Denkmal mit den Namen derer, die im Kampf um die Verteidigung ihrer Heimat fielen.

Derartige „Strafexpeditionen“ zerstörten nicht nur viele Leben, sondern auch auf Jahre die Existenz-Grundlage der Überlebenden. Die bleibenden Schäden waren aber nicht nur materieller, sondern auch moralischer und sozialer Natur. So wurden in den Folgejahren von der jeweiligen Gesellschaft sowohl die Kollaborateure als auch die Partisanen zur Verantwortung gezogen. Erstere galten als Verräter, zweitere wurden beschuldigt, diese Katastrophe verursacht zu haben. Es kam zu Schuldzuweisungen, Denunziationen, gar zu Gewalttätigkeiten und zu Fällen der physischen, psychischen oder sozialen Ausgrenzung aus der Dorfgemeinschaft. Ein funktionierendes Zusammenleben in diesen Dörfern entwickelte sich erst langsam wieder, ein schmerzvoller Prozess, der von kollektivem Vergessen und Verdrängen gesteuert wurde.

Es gab freilich auch Fälle menschlichen Verhaltens, so etwa einen höheren SS-Chargen, der die in Sistiana internierten Bewohner der Karstdörfer mit Lebensmitteln, Spielzeug und Medikamenten zu versorgen trachtete. Auch gab es zum Beispiel in der Nähe des heutigen San Giovanni di Duino, slowenisch Stivan, eine Mühle, deren Besitzer – ein Slowene – tagsüber deutsche Soldaten mit Mehl und Brot versorgte, und in der Nacht die Partisanen beherbergte. Beide Gruppen wussten voneinander, schwiegen aber, um die eigene Existenzgrundlage nicht zu gefährden. Das System funktionierte, bis ein Nachbar aus Neid oder sonstigen niedrigen Motiven die Sache zu Anzeige brachte. Soldaten wie Partisanen wurden von ihresgleichen vor Gericht gestellt; die Familie wurde verhaftet, ihr Besitz von der SS in Brand gesteckt.

Die Geschichte des Küstenlandes ist in diesen Jahren reich an Beispielen für menschliche Grösse und menschliche Schwächen. Es dürften allerdings in diesem Überlebenskampf – wie meist und überall in Kriegs- und Krisenzeiten – die Schwächen überwogen haben. Alte Rechnungen wurden beglichen. Kurzsichtig und kurzfristig wurden Vorteile auf Kosten anderer erschlichen. Unter Androhung der Denunziation schloss man Kaufverträge ab und erweiterte so seinen Besitz. Einer der absurdesten Fälle – und dennoch so typisch für das Küstenland – ereignete sich in Duino. Ein Slowene, welcher – aus welchen Motiven auch immer – zum Faschismus konvertierte und für Mussolini in Afrika kämpfte, „erwarb" während der Deutschen Besatzung von einem Nachbarn, einem italienischen Sozialisten, dessen Haus um ein Butterbrot, weil dieser bei ihm angeblich Spielschulden hatte. Wahrscheinlich unterschrieb dieser „Italiener" den Vertrag aber um seine Familie zu schützen und selbst nicht als Widerstandskämpfer angezeigt zu werden. Da aber dieser „Verkauf" nach damaligen Gesetzen völlig legal über die Bühne ging, war auch später, in der Nachkriegszeit kein Einspruch mehr möglich. So machte – begünstigt durch die Zeitumstände, der slowenische Sklave den italienischen Nachbarn zu seinem persönlichen Sklaven, vielleicht gar nicht aus politischen Gründen, sondern lediglich um die Demütigungen zu rächen, die er als Slowene seitens der Italiener erfahren hatte. Will man Geschichte und Gegenwart der Region verstehen, so hat man immer wieder zu erkennen: die Grenzen verliefen – und verlaufen – nicht nur zwischen den Häusern, sondern quer durch die Leben und Hirne ihrer Bewohner, quer durch Familien und Personen. Und ungleich massiver als in anderen Grenz-Landschaften wurde und wird das Leben zwischen Istrien und dem Collio nicht von den Bewohnern, sondern stets von fremden „Mächten" bestimmt. Wer sich um des Überlebens willen mit diesen arrangiert oder arrangieren muss, wird an seinem eigenen Heimatort Bestandteil des Fremden, zum – im wahrsten Sinne des Wortes – Fremdkörper. Mehr noch: wer sich diesem Prozess verweigert und versucht, hier ein autochtones und authentisches Leben zu führen, wird der Entfremdung entfremdet, welche seine scheinbar einzig mögliche Heimat ist, der Humus seiner Identität. Die Existenz als zerrissener Mensch in einer zerrissenen Gesellschaft führt in Konsequenz zur Selbstverleugnung, wenn nicht gar Selbstzerstörung.

WIEDER AM ENDE

Im Mai 1945, als der eine Spuk vorüber war und der andere begann, gab es wenige Menschen, die einander in die Augen sehen konnten. Die Gesellschaft des Küstenlandes war fundamental dissoziiert. Es war wieder einmal alles verloren, nichts Neues in Sicht. Was sich übermächtig aufbauschte, wie Gewitterwolken über dem Karst, war dunkle Ungewissheit, Unheil verheissend, und existentielle Angst vor dem Morgen. Was am schwersten wog: es war kein Vertrauen und keine Solidarität mehr unter den Menschen.

Manche Familien hatten während der deutschen Okkupation jüdische Freunde im Hinterzimmer versteckt. Diese wenigen Überlebenden verließen nun ihre Kämmerchen. Nazis, denen man aus irgendwelchen Gründen zu Dank verpflichtet war, und welchen die Flucht nicht mehr gelungen war, zogen dort ein, wo die Juden gehaust hatten, und wurden vor den neuen Besatzungsmächten verborgen.

Triest wurde aber auch in manchen Fällen zum Refugium für Menschen aus dem Deutschen Reich. Die Achse Wien–Triest blieb angesichts der neuen Unsicherheit mental erhalten. Ein Beispiel: ein österreichischer Dirigent war auf Grund seiner Nazi-Vergangenheit in Deutschland eine Zeit lang persona non grata und arbeitslos. Um sich einem drohenden Prozess zu entziehen, der unangenehme Fragen aufgeworfen hätte, tauchte er in Triest bei alten Freunden unter. Der Baron von Banfield, der „Adler von Triest", beherbergte ihn bis 1947. Sein Name: Herbert von Karajan.

Wieder einmal sollte der Stadt und ihren Menschen ein Kriegsende keinen Frieden bringen, sondern, im Gegenteil, neue Verwirrungen. Stimmte der Satz: „Nur wer das Chaos in sich trägt, wird eines Tages einen güldenen Stern gebären.“, so müsste der Himmel von Triest voll von solchen güldenen Sternen sein. Vielleicht ist das auch der Grund, weshalb die Intellektuellen ihre Stadt über alle ökonomische und soziale Krisen hinweg als eine „literarische Hauptstadt in Mitteleuropa“ betrachten. Um sich in diesem Chaos zu orientieren, haben Slataper, Benco, Stuparich, Svevo, Tomizza, Magris und viele andere die diffizile geographische und psychologische Position zum Mittelpunkt einer Geistes-Welt gemacht, quasi zum Äquator zwischen drei Hemisphären.

Aber damals, im Mai 1945, spielten Literatur und Philosophie eine völlig untergeordnete Rolle. Angst, Panik, Verzweiflung, Wut und Resignation prägten die Stimmung; man wohnte einem Requiem bei. Es folgten die Tage der Rache und des Zornes.

40 Tage einer politischen Nacht brachen an. In den ersten Mai-Tagen 1945, als die Deutschen durch ihre Rückzug ein Vakuum hinterließen, setzte ein Wettrennen um den Besitz der Stadt ein, das vorerst die titoistischen, jugoslawischen Partisanen gewannen. Sie wurden von lokalen kommunistischen Gruppierungen unterstützt. Gemeinsam entwaffneten sie umgehend die italienischen Widerstandskämpfer. Die alliierten Truppen, vertreten durch ein Neuseeländisches Regiment, kamen einen Tag zu spät. Sie waren in diesen berüchtigten vierzig Tagen zwar präsent, aber den Geschehnissen gegenüber rat- und hilflos.

Zwischen dem 1. Mai und dem 12. Juni 1945 fegte die Furie der Rache durch die Stadt, eine unkontrollierbare politische Bora. An die 3000 Menschen verschwanden aus Triest. Sei's, dass sie in jugoslawische Gulags verschleppt, standrechtlich verurteilt und hingerichtet oder einfach verjagt wurden. Italienische Patrioten, Faschisten, Kollaborateure und Deutsch-Nationale fielen dem Pogrom zum Opfer. Eine bis heute unbekannte Zahl von Menschen wurde einfach in die Höhlen am Grunde der Dolinen, die sogenannten „foibe“ geworfen, wo sie qualvoll verhungerten und verdursteten. Ein Aufstand italienischer Jugendlicher am 5. Mai wurde blutig niedergeschlagen und forderte zahlreiche Opfer.

Freilich muss man feststellen, dass sich in diesen Tagen nicht nur politischer Furor entlud, sondern auch die ohnmächtige Wut vieler Menschen, welche durch Faschismus und Nationalsozialismus gedemütigt, bis auf's Blut gepeinigt, enteignet, vergewaltigt und täglich mit dem Verlust der Existenz bedroht worden waren. Freilich rechtfertigt dies alles keinen der Übergriffe auf Leib und Leben, welche in diesen 40 Tagen Alltag waren. Aber es ist vergleichbar mit dem, was an vielen Kriegsschauplätzen nach dem Ende des II. Weltkrieges geschah. Dass russische Soldaten, deren Schwestern und Mütter von SS-lern oder Wehrmachtsangehörigen vergewaltigt worden waren, relativ geringen Respekt vor deutschen Frauen hatten, ist nachvollziehbar, ebenso, dass tschechische Bauern, die von großdeutschen Despoten wie minderwertige Tiere behandelt worden waren, diese Grundbesitzer mit Gewalt vertrieben. Dass derartige Rache-Feldzüge in aller Regel auch unschuldige Opfer fordern, ist ein historischer fait fatal.

NIEMANDSLAND IN DEN HÄNDEN DREIER MÄCHTE

Mit jedem Tag der Besetzung driftete die Stadt und ihr Umland weiter weg vom Frieden. Erst, als die Alliierten fester Fuß gefasst hatten und die jugoslawische Regierung an den Verhandlungstisch zwangen, entspannte sich die Lage leidlich. Am 9. Juni 1945 wurde im Vertrag von Belgrad die jugoslawische Regierung verpflichtet, innerhalb von drei Tagen ihre Truppen aus der Stadt Triest und aus den besetzten Gebieten in der Region Friaul-Julisch Venetien abzuziehen. Dem wurde auch Folge geleistet. In diesen letzten Tagen kam es nochmals zu einer Welle der politischen und ethnischen Säuberung, ein brutaler Vorgang, der sich in den Wochen und Monaten danach seitens der italienischen Nationalisten reziprok wiederholen sollte.

Das „Operationsgebiet adriatisches Küstenland“ zwischen Duino und Cittanova wurde zweigeteilt. Der nördliche Teil, die Zona A, rings um die Stadt Triest wurde unter Militärverwaltung der anglo-amerikanischen Truppen gestellt, der südliche, istrische Teil, die Zone B, kam unter jugoslawische Verwaltung. Briefmarkensammler werden sich an eine bestimmte italienische Freimarkenserie erinnern, welche mit dem jeweiligen Buchstaben gestempelt wurde. Die Postverwaltungen reagieren in aller Regel am schnellsten auf politische oder wirtschaftliche Veränderungen. Oder, um es mit Walter Benjamin zu sagen: „Briefmarken sind die Visitenkarten, welche die Staaten in den Kinderzimmern abgeben.“ Aber noch schien diese Teilung des Landes nicht irreversibel zu sein. Noch hofften viele diesseits und jenseits der Demarkationslinie auf eine vernünftige Lösung, welche Familien, Felder und Äcker, aber auch Freundschaften und soziale

Strukturen wieder zusammenführen sollte. Diese Optimisten hatten allerdings nicht mit der Ignoranz der internationalen Macht-Politik gerechnet, welche erfahrungsgemäß die menschlichen Biotope und deren Ressourcen missachtet.

Um die Grenze zwischen den beiden Besatzungszonen festzulegen, wurden nicht etwa Historiker oder Vermessungstechniker beauftragt. Englische Hubschrauber und Flugzeuge wurden mit Sandsäcken beladen, und diese von Soldaten entlang einer am Grünen Tisch ausgehandelten Linie abgeworfen. Damit wurde der jeweilige politische und militärische Geltungs-Bereich festgelegt, ohne Rücksicht auf private Besitzverhältnisse und geosoziale Strukturen. Jahrelang mussten Bauern stundenlange Umwege in Kauf nehmen, um über den nächstgelegenen Grenzübergang zu ihren Latifundien auf der anderen Seite der künstlich gezogenen Grenze zu gelangen. Wer trotzig quer durch seinen Weingarten ins politische Jenseits schritt, um seine „ausländischen" Trauben zu ernten, riskierte zumindest seine Verhaftung. Wollte ein slowenisch-stämmiger Bürger aus Ceroglie, welches in der Zone A lag, seinen Schwager im drei Kilometer weiter entfernten Brestovizza in der Zone B besuchen, so fuhr er mit dem Fahrrad zwanzig Kilometer weit zu einem Kontrollpunkt, und auf der anderen Seite ebensoweit wieder zurück. Ein Besuch unter Nachbarn, die in Sicht- oder gar Rufweite wohnten, konnte zur Tagesreise werden. Es dauerte einige Jahre, bis sich die Politiker auf beiden Seiten entschlossen, den Anrainern dieser künstlichen Grenze eigene Ausweise auszustellen, welche diese zum jederzeitigen Grenzübertritt auf eigens dafür geschaffenen Kontrollstellen berechtigten. Dass es dennoch beiderseits – je nach politischer Grosswetterlage – immer wieder seitens der Polizei und den Finanz-Beamten zu Schikanen oder gar Übergriffen kam, ist klar.

Aber wieder war die Kluft zwischen den Menschen nicht nur eine geopolitische, sondern eine geopsychologische, welche sowohl die sozialen Gruppen als auch die Individuen disparat machte. Ein Beispiel: italienische Kommunisten, die eben noch als Partisanen zusammen mit jugoslawischen Genossen gegen Faschismus und Nazismus gekämpft hatten, solidarisierten sich nun mit der Sowjetunion gegen Tito, um die Unabhängigkeit des Triestiner Territoriums zu erkämpfen. Diesen Kampf führten sie teilweise gemeinsam mit den nicht-titoistischen Slowenen, denen es auch um die Unabhängigkeit sowohl von Jugoslawien als auch von Italien ging. Dahinter stand die – auch von alliierter Seite unterstützte – Idee der Errichtung eines Freistaates Triest, welche am 10. Februar 1947 im Vertrag von Paris zwischen den beteiligten Mächten entworfen, allerdings nie verwirklicht worden ist. Der Traum, welcher sich auf den Inhalt dieses nie widerrufenen Vertrags bezieht, führte in den sechziger Jahren zur Gründung des im Kern revisionistischen und reaktionären „Movimento mitteleuropeo", und lebt noch heute in den Hirnen mancher Menschen. Man muss von Glück sprechen, dass es sich dabei um eine unbedeutende Minderheit von Separatisten handelt, welche in sich uneins ist. Die Gefahr der Balkanisierung Triests ist augenblicklich gering.

Mit dem Vertrag von Paris wurde die Aufteilung der Region in Zone A und B bestätigt, auch wenn damit die politische Zukunft dieser Gebiete ungeklärt blieb. Die Befreier wurden von der Mehrheit der Bevölkerung da wie dort als Besatzer empfunden, deren jeweilige Ordungskräfte als Schergen der Unterdrücker.

Zur Illustration der Absurdität der Situation sei eine Geschichte aus dem Leben eines Mannes namens Pino erzählt: in diesen Jahren tat er, ein italienisch-stämmiger Istrianer aus der Gegend von Buije, Dienst als Hilfspolizist in Triest. Seine Familie – der Vater war Eisenbahner und Anti-Faschist – war schon in den dreissiger Jahren hierher übersiedelt. In dieser Stadt wuchs der 1929 geborene Pino auf, ging zur Schule, welche er vorzeitig abbrechen musste, um nach dem frühen Tod des Vaters im Alter von 13 Jahren das Amt des Ernährers der Familie zu übernehmen. Mit Schwarzhandel und kleinen Gaunereien sorgte er – wie viele seiner Gleichaltrigen – dafür, dass die Familie das Notwendigste erhielt. Er erlebte und überlebte so den Krieg. Er fühlte sich als Triestiner. Als solcher meldete er sich 1947 freiwillig zum Dienst. Die Aufgabe der Hilfspolizei bestand unter anderem darin, bei Demonstrationen und gewalttätigen Auseinandersetzungen der politischen und ethnischen Gruppierungen einzuschreiten. Solche waren in diesen Jahren relativ häufig. Pino erzählte, wenn sie oben, im Stadtteil San Giacomo – einem Arbeiter-Bezirk, welcher mit gutem Grund im Volksmund „Stalingrado" hiess, weil er die kommunistische Hochburg war – einzuschreiten hatten, wurden sie von der Menschenmenge als Faschistenknechte oder brutale Büttel des Kapitalismus beschimpft. Galt es hingegen unten im gutbürgerlichen Borgo Teresiano gegen randalierende italienische Nationalisten oder Plünderer vorzugehen, wurden ein und dieselben Polizisten als Kommunisten und Sklaven Titos beschimpft.

Die Stadt und ihr Umland kamen nicht zur Ruhe. 1945 begann Jugoslawien mit der politischen und ethnischen Säuberung Istriens, jener Halbinsel, auf der Slowenen, Kroaten, Venezianer, Italiener und andere Volksgruppen über die Jahrhunderte mehr oder weniger friedlich zusammengelebt hatten. „Ich und Kardelj“ schrieb der damals zweitmächtigste Mann Jugoslawiens und spätere Dissident Milovan Djilas in seinen Memoiren, „wurden von Tito nach Istrien gesandt. Unsere Aufgabe bestand darin, die Italiener zu veranlassen fortzugehen, wenn nötig, auch unter Anwendung von Pressionen. Und so wurde es durchgeführt“. Aber nicht nur der Druck von aussen, auch dumpfe Angst vor einer ungewissen Zukunft unter dem Kommunismus, vor Enteignung, Entmündigung, und was man sonst gemeinhin mit dieser Ideologie assoziierte, vielleicht auch in manchen Fällen die nicht unberechtigte Furcht vor den Konsequenzen der eigenen antislawischen Kollaboration mit Faschisten und Nazis, führte zu einem Massen-Exodus der Istrianer, der sogenannten „esuli“. Und nicht nur Italiener flohen, auch Slowenen und Kroaten. Pola, das heutige Pula zum Beispiel, war so gut wie entvölkert, als 1947 die jugoslawischen Truppen einrückten.

Die nächste soziale Katastrophe Triests bahnte sich an, welche über Generationen hin das Schicksal der Stadt mit bestimmen sollte. Zigtausende Menschen, noch heute „esuli“ genannt, kamen von einer Misere in die andere, fielen angeblich anderen Menschen zur Last. Sie waren im Triest der Zone A nicht wirklich willkommen. Denn die unter alliierter Verwaltung stehende Region stand vor dem wirtschaftlichen Zusammenbruch.

Wie schon 1918 prägte nun bis in die fünfziger Jahre hinein fortwährendes Kommen und Gehen das Leben der Stadt. Während die Esuli – mit massiver wirtschaftlicher Unterstützung seitens der italienischen Regierung – quasi als menschliches anti-slawisches und anti-kommunistisches Bollwerk zwischen Muggia und Görz angesiedelt wurden, kam es gleichzeitig zu einem Exodus der Menschen und des Kapitals. Aus Angst vor der ungewissen Zukunft und vor der evidenten Umklammerung durch den sogenannten Ostblock übersiedelten Werften, Schiffahrtsunternehmen und Versicherungen nach Monfalcone – welches so eine neue Blüte erlebte – nach Chioggia, Venedig oder Genua. Die Folgen waren klar: der Hafen verödete; Massenarbeitslosigkeit und Not machten sich breit. Die alteingesessenen Triestiner waren verbittert über die bevorzugte Behandlung der zugezogenen Flüchtlinge, welche von ihnen nie als Italiener, sondern stets als „Istriani“, als Fremd-Körper empfunden wurden. Die Slowenen ihrerseits empfanden die Esuli als Italiener und wurden so moralisch aufgerieben zwischen der Angst vor dem panslawistischen Titoismus einerseits und der Italianisierung andererseits, und fürchteten, in dieser Situation ihre autochtone Identität zu verlieren.

Aus wirtschaftlichen und politischen Gründen wanderten zigtausende Menschen aus: nach Amerika, Australien oder ins italienische Kernland. Sie gingen in Bitternis, haderten mit einer Stadt, welche ihnen keine Heimat zu geben vermochte. „Es war das erste Mal, dass Triestiner gezwungen waren zu emigrieren, um Arbeit zu finden.“, so Clauco Arneri. Die genaue Zahl der Emigranten konnte nie ermittelt werden. Man schätzt sie auf etwa 30 000. Sicher ist nur, dass sich die Bevölkerungsstruktur komplett veränderte. Bei den Wahlen 1952 stimmten 40 % für anti-italienische Parteien. Der relativ knappe Erfolg der pro-italienischen Gruppierungen, welche sich vor allem um die Democrazia Cristiana gesammelt hatten, beruhte auf den 30 000 Stimmen der zugewanderten „esuli“, welche dadurch – obwohl hier ungeliebt – Triest zum Verbleib bei Italien verhalfen. Aber die Geschichte kennt keine Dankbarkeit. Ähnlich wie in Kärnten, wo die Mehrheit der Slowenen 1921 für den Verbleib bei Österreich optierte, wurden auch die Esuli für ihren „Patriotismus“ nicht belohnt.

Die Spannungen zwischen den Bevölkerungsgruppen blieben, verschärften sich sogar nochmals. Beunruhigt sahen die Slowenen, dass die Alliierten einseitig der italienischen Regierung immer mehr Mitspracherecht in der Verwaltung des „Freistaates“ der Zone A zubilligten. Die Italiener und Independisten sahen ihre Hoffnungen nicht hinreichend erfüllt. Es kam wiederholt zu Unruhen, schon vor den Wahlen 1952, und schliesslich zu blutigen Auseinandersetzungen im Herbst 1953, die von der anglo-amerikanischen Besatzungsmacht brutal und unangemessen unterdrückt wurden.

Die regionale und internationale Situation verlangte nach einer Lösung. Triest war für die Alliierten nur noch ein Klotz am Bein, eine politische und militärische Verpflichtung, deren Sinn spätestens dann strategisch zweifelhaft wurde, als Jugoslawien 1953 sich den Blockfreien Staaten anschloss und der Eiserne Vorhang woanders niederging. Auch Italien drängte auf eine Lösung des Problems. Im Mai 1954 begannen in London die trilateralen Verhandlungen zwischen den Anglo-Amerikanern, Jugoslawien und Italien. Diese endeten nach mehreren Gesprächsrunden am 26. Oktober des selben Jahres – exakt ein Jahr vor der Wirksamkeit des Österreichischen Staatsvertrages – mit der Unterzeichnung des Londoner Memorandums, welches unter geringfügigen territorialen Korrekturen, endgültig die Zone A der italienischen und die Zone B der jugoslawischen Verwaltung überantwortete. Damit war aber keineswegs eine völkerrechtliche Gewissheit geschaffen. Beide Gebiete waren de jure nach wie vor nur Verwaltungsgebiete. Die Unsicherheit blieb. Die Menschen da wie dort waren nicht ruhig, sondern irritiert. Bestandteile der jeweiligen Staaten wurden die Territorien de facto erst am 10. November 1975 durch den Vertrag von Osimo. Die durch diese politische Ungewissheit verursachten wirtschaftlichen und sozialen Schwierigkeiten nahmen kein Ende, und deshalb auch nicht der dadurch bedingte Exodus. Den dunklen Jahren folgte unmittelbar kein Morgen, sondern eine endlose Zeit der lähmenden Dämmerung.

Sie sind übrig geblieben. Sie haben ihre Männer, Brüder und Söhne im ersten oder zweiten grossen Krieg verloren. Oder diese Männer, Brüder und Söhne haben sie zurückgelassen, um anderswo ihr Glück zu versuchen und Geld zu verdienen und die Familie aus der Ferne zu ernähren. Oder diese Männer haben vielleicht bloß die politische Malaise als willkommenen Anlass gesehen, sich ihrer Frauen, Schwestern und Kinder mit gutem und glaubhaftem Grund zu entledigen, und sind nie wieder zurückgekehrt. Für diese Frauen und ihr Überleben spielte es irgendwann keine entscheidende Rolle mehr, aus welchen Gründen sie übrig geblieben sind oder weshalb man sie zurückgelassen hatte. Und es war egal, ob sie slawischer, italienischer, alt-österreichischer oder sonstiger Herkunft waren. Aber sie prägen das Strassenbild Triests seit Jahrzehnten: die alten Weiber.

In Altbauwohnungen hausend, welche längst nicht mehr dem zeitgemässen Standard entsprachen, mit Klo und Wasser am Flur, oder als Sozialfälle in kleine Appartements gezwängt, fristen sie ihr Dasein, gehen drei Mal am Tag einkaufen, um den Vorwand zu haben, unter Menschen zu sein. Sie kaufen morgens eine Zeitung, vormittags einen Salat, und nachmittags, nach dem Mittagsschläfchen ein paar Strümpfe. Jede dieser Besorgungen ist von endlosen Diskussionen mit dem jeweiligen Personal begleitet. Es geht ihnen nicht um den Erwerb der Dinge, sondern um einen sinnvollen Vorwand zur Kommunikation. Sie reden von den Männern, die ihnen so oder so verloren gegangen sind, von den Zeiten, als man als Mädchen noch unbehelligt auf die Strasse gehen konnte. Damals, als Franz Joseph, Mussolini und DeGespari noch gelebt haben.

Sie können beruhigt sein. Keiner lauert ihnen mehr auf. Ihre verschlissenen Kostüme, bei welchen das aufgedoppelte Futter durch den Stoff scheint, würden selbst den hungrigsten Räuber abschrecken. Ihnen gegenüber empfindet selbst ein Brigant nichts weiter als Mitleid. Da sitzen sie im Caffè, rühren andächtig das Sacharin in den entkoffeinierten Capo „in b", also einem Cappucino im Glas, blättern nebenbei – als wollten sie sich selbst demütigen – in einem Modejournal, in welchem 17-jährige Modells mit 48 Kilo, verteilt auf 182 Zentimeter für Konfektionsgrösse 34 werben, oder in einem Magazin der „Yellow Press", welches ihnen auf vier Seiten berichtet, dass Avvocato Agnelli auf einer Yacht mit Berlusconi gefrühstückt hat.

Und dann gehen sie nach Hause, schlurfen über schlecht asphaltiertes Trottoir, bringen sich im letzten Augenblick auf eine Verkehrsinsel in Sicherheit vor den jugendlichen Kamikaze-Piloten, diesen postmodernen Rittern, welche auf ihren Vespas und Motoguzzis zur Jagd auf Fussgänger blasen. Zuhause blättern sie in den spärlichen Photo-Alben, in welchen manche Ansicht daran erinnert, dass Triest einen Hafen und sie einen Mann hatten.

Diese Frauen prägen seit der Nachkriegszeit das Strassenbild. Ihr Leben ist vergilbt wie die Photos von damals. Gebeugt, enttäuscht von der privaten und politischen Geschichte, sind sie ein Symbol dieser Stadt. Triest wurde – wie sie – im 20. Jahrhundert immer wieder gedemütigt. Als Heimat ist Triest ein Nest zwischen den Fetzen und Trümmern geworden, welche die Mächte hinterlassen haben. Das macht seine Armut aus, eröffnet aber auch unendliche Möglichkeiten.

Die Verdrängung wurde wieder einmal zum Prinzip der Koexistenz. Die ethnischen und weltanschaulichen Positionen hatten jahrzehntelanges Unglück über die Region gebracht. Wie Knaben, die erst dann aufhören, miteinander zu ringen und einander zu prügeln, wenn sie müde und erschöpft sind, zogen sich die Triestiner wieder in ihre vier Wände zurück und leckten ihre Wunden. Dies war die Stunde der Wiedergeburt der Nostalgie.

Man einigte sich insgeheim darauf, erst einmal nicht mehr von der Gegenwart oder der Zukunft, schon gar nicht von der unmittelbaren Vergangenheit zu sprechen, sondern von der Epoche davor. Dass die im Rückblick als glorreich erachteten Jahre geprägt waren von eben jenen Querelen, welche die aktuelle Misere verursacht hatten, das übersah man geflissentlich. Irredentismus und Nationalismus waren in diesem Augenblick kein Thema. Man pflegte die Opferrolle im Kollektiv. Schliesslich waren die Lebensbedingungen für alle gleich schlecht.

Triest war ein politischer Blinddarm, der in den Ostblock hineinragte, ein für die westliche Welt scheinbar nutzloses Organ, dessen Entfernung man sich nur aus Prinzip widersetzte. Der Kalte Krieg tobte; die Grenzregionen wurden vom Kapital gemieden. Die Suez-Kanal-Krise im Jahre 1956 tat ein Übriges. Durch sie wurde der Hafen für Italien völlig uninteressant. Denn im ganzen Adriaraum und im östlichen Mittelmeer gab es aktuell keine potentiellen Handelspartner; für alle anderen Desitinationen existierten strategisch günstiger gelegene Häfen. Die Triestiner – egal ob Slowenen, Italiener oder sonstiger Provenienz – begannen wieder, Briscola miteinander zu spielen, „Crafen“, salame und sardoni zu essen und über den neuen Wein zu diskutieren. Die alten Photographien von Franz-Joseph wurden vom Dachboden geholt, entstaubt, neu gerahmt und in der guten Stube aufgehängt. Auch die ersten Mussolini-Portraits tauchten wieder aus der Versenkung auf. Die Slowenischen Chöre begannen wieder zaghaft, Volks- oder gar Partisanenlieder zu singen, was aber zu keinen öffentlichen Auseinandersetzungen führte, weil kein Italiener deren wieder eröffnete Kulturzentren betrat. Man lebte wieder wie ehedem: nebeneinander am selben Schauplatz. Und wieder bildete sich keine homogene Gesellschaft, sondern eine – von vielen noch immer als unzumutbar empfundene – Notgemeinschaft unterschiedlicher Ethnien.

Es konnte in diesen Jahren zu keinen gravierenden Konflikten kommen, denn es fehlte allen Beteiligten das dafür notwendige Motiv: Neid. Es war niemand mehr zu beneiden: Keine Volksgruppe, ja nicht einmal die verbliebenen Kapitalisten.

Alle waren in die Position von Bittstellern gedrängt. Die Slowenen pilgerten hilfesuchend nach Belgrad und Laibach, die Italiener nach Rom, wobei man ersteren klarerweise aus ideologischen Gründen noch mehr Gehör schenkte. Slowenische Kulturvereine und politische Aktivitäten wurden von Jugoslawien finanziell und moralisch unterstützt. Der italienische – zentralistisch gesinnte – Staat hingegen setzte sich aus Angst vor den im Ansatz durchaus vorhandenen autonomistischen, föderalistischen oder gar seperatistischen Bewegungen über die Köpfe der regionalen Bevölkerung hinweg. In geheimen Verhandlungen wurde das einstige Provisorium der Teilung der Region zementiert. Man wollte in Rom kein zweites Südtirol und stellte die Menschen hier vor vollendete Tatsachen.

Im Jahre 1964 wurde die „Autonome Region Friuli-Venezia-Giulia“ begründet, ein historisch durch nichts zu begründendes künstliches politisches Verwaltungsgebiet. Triest wurde zu dessen Hauptstadt erklärt – ein staats- und völkerrechtlich bedenkliches va-banque-Spiel, da die Stadt zu diesem Zeitpunkt de jure zwar unter italienischer Verwaltung stand, aber noch nicht dem italienischen Staatsgebiet angehörte. Es war dies ein weithin hörbarer Schlag auf den Tisch, mit welchem Rom zeigen wollte, wer der Herr im Hause sei.

Dies hatte freilich zweierlei zur Folge: die Slowenen fühlten sich düpiert, als Minderheit in einem romanischen Nationalstaat an den Eisernen Vorhang gedrückt, und organisierten sich neuerlich in deklariert anti-italienischen Gruppierungen unterschiedlicher politischer Ausrichtung. Die alteingesessenen, konservativen und bourgeoisen Triestiner hingegen sahen ihre regionalen und historischen Interessen verraten und gründeten die „Lista per Trieste", welche gleichermaßen anti-römisch und anti-slawisch war. Diese zwei Bewegungen – untereinander spinnefeind – waren sich dennoch einig in ihrem Kampf gegen Rom. Die dortige Regierung reagierte kühl und hungerte die Stadt politisch aus.

Als am 10. November 1975 der Vertrag von Osimo unterzeichnet wurde, welcher den status quo bestätigte, war Triest eine Stadt ohne Perspektiven, scheinbar nur notgedrungen akzepiert als Teil des italienischen Staates. Ein ungeliebtes Kind.

Man fügte sich wieder einmal in ein oktroyiertes Schicksal. Der Gegensatz zwischen eingebildeter und tatsächlicher Realität führte zu einem neuerlichen Schub von Schizophrenie. Das Leben verharrte im Dämmerlicht der „botteghe", verborgen hinter dem abblätternden Putz der Fassaden aus grosser Zeit. Und wieder war Triest keine Heimat, sondern nur ein von den Zurückgebliebenen wenig geliebter Wohnort.

Politisches Tauwetter kündigte sich an. Mitte der 70er Jahre – nach dem Scheitern des amerikanischen Abenteuers in Vietnam – stabilisierte sich das Gleichgewicht zwischen Ost und West. Die westliche Linke gewann an Terrain und trug zum Dialog mit dem Osten entscheidend bei. In Italien feierten die Kommunisten bei den Regionalwahlen einen grossen Sieg; demokratische Bewegungen erschütterten die rechten Dikaturen Westeuropas in Spanien, Portugal, Spanien, Griechenland und der Türkei. Titos Jugoslawien ging den dritten Weg und öffnete sich immer mehr – freilich vorwiegend aus wirtschaftlichen Gründen, und um den Tourismus anzukurbeln. Auch Rom erinnerte sich nach dem Vertrag von Osimo wieder daran, dass Triest zu Italien gehörte. Es wurde hier wieder investiert, wenn auch in bescheidenem Ausmass. Die Beruhigung der Lage im Mittleren und Nahen Osten nach dem Sechs-Tage-Krieg erhöhte wieder die Bedeutung des Hafens.

Für Triest aber war vor allem von Bedeutung, dass Jugoslawien die Ausreisebedingungen liberalisierte. So wurde die Stadt zum Bazar des Balkan. Jeden Tag ausser Sonntag kamen Dutzende Autobusse aus Slowenien, Kroatien, Dalmatien, ja sogar aus Belgrad an, voll besetzt mit konsumwütigen Menschen, die ihre Devisen – meist Deutsch-Mark – in Güter aller Art investierten, an welchen im Ostblock Mangel herrschte. Vor allem Jeans, Schuhe, Bohrmaschinen, Haushaltsgeräte und Kaffee waren gefragt. Im Viertel zwischen dem Bahnhof und Ponte Rosso florierten die „magazzini“, in welchen vor allem Ware angeboten wurde, welche schon drei Sommer-Schluss-Verkäufe überdauert hatte. Slowenisch-sprachige VerkäuferInnen waren plötzlich wieder gefragt. An jeder Hausecke etablierten sich Wechselstuben, auf der Piazza della Libertà wurde fast ausschliesslich Serbo-Kroatisch gesprochen.

Die kleinen Triestiner Kaufleute begannen wieder Geld zu zählen. Wenn sie damit fertig waren, gingen sie in ihre „botega", um sich dort lautstark über die Invasion aus dem Osten zu beschweren, über die „brutti s'ciavi", welche mit ihren alten Diesel-Autobussen die Luft verstinken und allabendlich tonnenweise Plastiksäcke, Kot und Uringestank hinterlassen. Dies lag allerdings daran, dass die Stadtverwaltung keine wie auch immer gearteten Infrastrukturen für den Einkaufstourismus einrichtete. Um seine Notdurft zu verrichten, musste man ein Caffè oder eine Bar aufsuchen, wo einem der Schlüssel für die Toilette nur bei entsprechender Konsumation ausgehändigt wurde. Was dies für eine kinderreiche Familie bedeutete, muss nicht erwähnt werden.

Die „Jugos" wurden trotz ihrer nicht unbeträchtlichen Kaufkraft als Menschen zweiter Klasse behandelt, ungeliebte Geld-Überbringer, welche nach dem Inkasso-Vorgang schleunigst Geschäft und Stadt zu verlassen hatten. Diese Überheblichkeit rächte sich wenige Jahre später, nach dem Zerfall Jugoslawiens und der Gründung der selbständigen Staaten. Bedingt durch die verbesserte Versorgungslage in den eigenen Ländern, sahen sich Slowenen, Kroaten, Bosnier und Serben zunehmend weniger genötigt, Triest als Einkaufszentrum zu betrachten. In den Magazinen und Geschäften rings um den Canale Grande findet man kaum noch italienische oder Triestiner Geschäftsleute. Die Chinesen handeln dort seit den 90er Jahren mit Waren aller Art. Das Erstaunliche an dieser Population – die circa 3000 Seelen zählt – ist eines: in über zehn Jahren wurde aus ihren Reihen kein einziger Todesfall bei den Behörden gemeldet. Sie scheinen von ewigem Leben gesegnet zu sein. Mitunter vermeint man ein neues Gesicht gesehen zu haben. Aber offiziell sind diese Menschen seit Jahren mit gültigen Dokumenten im Lande. Es dürfte sich um eine Art illegaler Seelenwanderung handeln, welche sich der Kontrolle durch die staatlichen italienischen Organe offenbar komplett entzieht.

Triest blieb weiterhin eine Stadt am Rande Europas. Der Fall der Mauer und die Öffnung des Ostens hatten zunächst zum Ergebnis, dass Waffen-, Drogen- und schliesslich auch der Menschenhandel an diesem dafür strategisch optimalen Ort zu blühen begannen, was wiederum für dessen Reputation nicht gerade positive Auswirkungen hatte. In Folge dieser Entwicklung reagierte der italienische Staat mit verstärkten Kontrollen, sowohl an den Grenzen, als auch im Binnenland. Österreich war noch nicht Mitglied der Europäischen Union. Oft standen Urlauberfamilien stundenlang im überhitzten Auto an der Grenze, weil die Behörden „Aktion scharf" gegen die grenzüberschreitenden kriminellen Aktivitäten ausgerufen hatten. An den internationalen Übergängen zwischen Slowenien und Italien war die Situation noch prekärer. Dazu kam eine – selbst für Italien ungewöhnliche – optische Präsenz von Carabinieri, Polizia und Guardia di Finanza in den grenznahen Gebieten. Alle diese Faktoren waren insgedamt nicht förderlich für den sich nach langen Jahren wieder zaghaft entwickelnden Tourismus in der Region.

Nicht zu vergessen ist, dass gerade in den 70er und 80er Jahren die Umweltprobleme in der oberen Adria ihren Höhepunkt erreichten, und die Urlauber andere Destinationen – etwa zwischen Piran und Split – wählten, weil sie davon ausgingen, dass das Wasser dort sauberer sei. Als aber der Krieg am Balkan begann, mieden die Österreicher und Deutschen auch diese Reiseziele. In Folge dessen verlor die

Provinz von Triest obendrein den ohnehin dürftigen Durchzugs-Tourismus. Ebenso brach der Handel mit dem Balkan zusammen. Die Import-Export-Kaufleute aus Ost und West, welche eben noch die Restaurants und Trattorias der Region bevölkert hatten, blieben aus.

In all diesen Jahren prägte sich in den Hirnen der Österreicher das Bild ein, Triest sei eine graue, schmutzige, entvölkerte und marode Stadt, deren einziges Kapital die von Patina überzogene Nostalgie sei. Dies stimmte zum Teil. Die Menschen hier hatten sich wieder einmal aufgegeben.

Zu ungewiss waren die Entwicklungen am Balkan. Auch die Präsenz der amerikanischen Navy im Hafen vermittelte keine Geborgenheit. Im Gegenteil. Die Flugzeugträger und Schlachtschiffe machten klar, dass vor der Haustüre schon wieder ein Krieg stattfand. Ein Übriges tat dann der nächtliche Klangteppich, welchen die B-52 Bomber und die Geschwader der Kampfflugzeuge auf dem Weg von der NATO-Basis Aviano nach Bosnien und Serbien über den Golf von Triest legten. Es war keine Zeit, um an die Zukunft zu denken. Also dachte man an die eingebildete glorreiche Vergangenheit. Es ist vielleicht so: die geopolitischen Umstände haben den Triestinern ohnehin selten genug Hoffnungen gestattet. Und wenn sie sich davon verführen ließen, wurden sie flugs von den fremden Mächten um diese geprellt. Was liegt also näher, als erst gar keine Hoffnungen mehr aufkeimen zu lassen, jeder Vision mit Achselzucken zu begegnen, nicht über die politische Realität zu reden und die Träume in möglichst billigem Wein zu ersäufen. Zu diesen geopsychologischen Ritualen gehört auch ständiges Essen. „Mai si manga sul stomigo vodo!". „Man isst nicht auf leeren Magen!" lautet ein Sprichwort. Ein voller Bauch studiert nicht gerne. Wer ständig satt ist, hat wenig Willen zum Denken.

Die Jahre nach Osimo waren für Triest eigentlich keine schlechten Jahre, auch wenn der Aufschwung zaghaft und unbemerkt von den meisten der hier ansässigen Menschen vor sich ging. Aber es stellte sich ein neues Identitäts-Problem: man hatte sich endlich daran gewöhnt, ein Opfer zu sein – und plötzlich war dazu kein Anlass mehr. Denn der zeitgeschichtliche Augenblick verlangte nach Emanzipation. Die dramatische Entwicklung im Balkan lenkte aber davon ab.

Opfer, das waren jetzt die von jenseits der Grenze. Mit der ersten Flüchtlingswelle aus dem Balkan wurden die Triestiner auch von den Erinnerungen an ihre jüngere Vergangenheit überschwemmt. Plötzlich standen wieder Menschen mit ihren Habseligkeiten in Schachteln und billigen Koffern in den Strassen, im Hafen, wie eine Generation davor die Esuli, oder wie die Auswanderer der 50er Jahre, wie die Juden im Faschismus. Panzer patrouillierten, Hubschrauber kreisten. Die Bora schien den Kriegslärm bis an die Küste zu wehen. Der Schock war gross; verdrängte Ängste wurden wieder wach. Der positive Aspekt bestand darin, dass man nach langer Zeit wieder über die eigene Geschichte zu diskutieren begann, sich der genuinen ethnischen und politischen Konflikte erinnerte. Es war das erste Mal, dass man in Triest so etwas wie Vergangenheits-Bewältigung betrieb. Die Balkan-Kriege lösten eine Katharsis aus. Die Menschen von jenseits der künstlichen, erzwungenen Grenze wurden plötzlich nicht mehr als kommunistisches Sklavenvolk betrachtet, sondern als – wenn auch entfernte – Verwandte, denen ein bitteres Schicksal widerfuhr.

Die slowenische Minderheit freilich verlor in dieser Zeit die traditionelle Rückendeckung durch Jugoslawien. Schon waren für die neue Regierung in Lubljana Brüssel und Rom näher als Belgrad.

In diesen Jahren wuchs in Triest das Bedürfnis nach einer neuen Identität.

CAFFÉ TOMMASEO
– A. Buttazzoni 1824 –

BORSA VECCHIA
– A. Mollari 1800 –

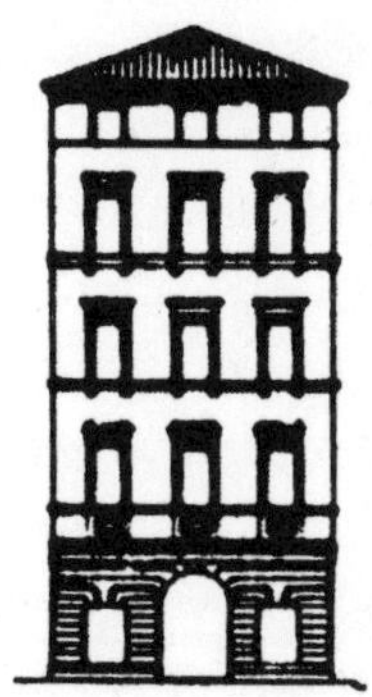

– A. M. Rusca 1839 –

Man sollte als Demokrat äussert vorsichtig damit sein, entscheidende gesellschaftspolitische Entwicklungen mit Einzelpersonen zu verknüpfen. Im Fall Triest ist man aber geneigt, für den Zeitraum von 1993–2001 von einer „Ära Illy" zu sprechen.

Selbst mit einer konsequenten republikanischen Gesinnung behaftet, muss man konzedieren, dass mitunter entscheidende politische Weichenstellungen – zum Postitiven wie zum Negativen – erst kraft einer Schlüsselperson geschehen. Natürlich reifen auch diese Persönlichkeiten vor dem Hintergrund von Tagespolitik und Zeitgeschichte. Begünstigt durch bestimmte politische Umstände und biographische Prädispositionen gelingt es bestimmten Menschen, verkrustete gesellschaftliche Strukturen aufzubrechen, Apparate zu überlisten, neue Konstellationen zu ermöglichen und dem Lauf der Geschichte eine unerwartete Wendung zu geben. Man schreibt ihnen Charisma zu. Aber sie müssen auch über Chuzpe verfügen.

Riccardo Illy ist einer dieser Menschen. Als er die politische Arena betrat, war er – im Gegensatz zu seinen Mitbewerbern – weder weltanschaulich, wirtschaftlich noch aus Gründen der Eitelkeit auf Erfolg angewiesen. Er, der sich selbst als Liberalen bezeichnet, hatte nichts weiter im Sinn, als die Lebensbedingungen in seiner Heimatstadt zu verbessern. Sein dialektischer Denkansatz entstammt der Firmen-Philosophie: nur wenn es den Mitarbeitern gut geht, floriert das Unternehmen. Und umgekehrt. Die Familie entwickelte in nur zwei Generationen die grosselterliche Kaffeerösterei von regionaler Bedeutung zu einem internationalen Konzern. Illy-Caffé wird heute zwischen Neapel und Brooklyn in über 30 000 Bars und Restaurants genossen. Dieser Erfolg lässt sich nicht allein durch Tüchtigkeit und kaufmännische Raffinesse erklären. Er beruht sowohl auf der gleichbleibenden Qualität des einzigen Produktes und dessen Mythos, als auch auf dem Engagement, mit welchem man sich gleichermassen um die Arbeitsbedingungen der Plantagenarbeiter und um die kultivierte Zubereitung und Präsentation des schwarzen Getränkes kümmert, welches der Gastrosoph Rudolph Habs vor gut hundert Jahren den „Wein der Denker" nannte.

Illys politisches Engagement geht auf seine Erfahrungen als Unternehmer zurück. Im Triest der 70er und 80er Jahre schien es selbst Insidern undenkbar, von hier aus ein derartiges Imperium aufzubauen. Es schien auch unmöglich, diese Metropole der Morbidezza und den Leichnam des Hafens wieder zum Leben zu erwecken. Eine Allianz von Menschen formierte sich, welche die schwierigen äusseren Bedingungen nicht länger leidend hinnahm, und die der Arbeitslosigkeit, dem wirtschaftlichen Abstieg und der Resignation entgegen steuern wollte.

Ein Wahlbündnis aus der „Lista per Trieste" – eine im Ansatz durchaus campanilistische Initiative – aus enttäuschten Christ-Demokraten, anderen Konservativen, aber auch ehemaligen Sozialisten und Grünen Aktivisten formierte sich: ein merkwürdiges Konglomerat, typisch für die Vielschichtigkeit der Interessen der Bevölkerung dieser Stadt. Illy wurde ihr Spitzenkandidat. So kam es zu der – gerade in Italien eigentlich völlig absurden – Situation, dass Arbeiter sich gut beraten fühlten, einen Unternehmer zum Bürgermeister zu wählen.

AUSSEN- UND INNENPOLITISCHE VORAUSSETZUNGEN

Riccardo Illy hat als Bürgermeister in zwei Amtsperioden seit 1993 das Gesicht der Stadt wesentlich verändert. Freilich waren in diesen Jahren die geopolitischen Umstände äusserst günstig für die Hafenstadt. Auch sind diese Entwicklungen nicht ausschliesslich von ihm ausgegangen. Trotzdem kann man behaupten, dass er kraft seines politischen Instinktes, seiner diplomatischen Begabung und – was gerade für diese Stadt so entscheidend ist – mit seinen kaufmännischen Visionen einen sozialen und ökonomischen Prozess in Gang gesetzt hat, der die Erinnerung an die grosse Vergangenheit wieder aufleben ließ. Dabei begünstigten ihn eine Reihe von Faktoren. Seine Familie pflegt seit Generationen gute Kontakte zu den politisch einflussreichen Kreisen in Rom, wo in diesen Jahren Föderalismus und Regionalismus durchaus wieder zu wichtigen Themen wurden. Die Europäische Union stellte für diesen Zweck Förderungsmittel bereit. Die Osterweiterung zeichnete sich ab und Triest sollte dafür das Basislager Italiens sein.

Triest ist in diesen Jahren als Standort für Unternehmen aller Grössenordnungen sowie für wissenschaftliche Institutionen wieder attraktiv geworden, aber auch für Investoren. Die Bevölkerung nahm – nach den langen Jahren der Abwanderung und Überalterung – wieder zu. Ein paar Tausend neue Arbeitsplätze wurden geschaffen. Auch siedelten sich vermehrt Firmen und Geschäftsleute aus Russland, der Ukraine und den Balkanstaaten an, um sich rechtzeitig ein Standbein im Westen zu sichern. Qualifizierte Arbeitskräfte aus dem Südosten Europas sind im Hinblick auf die aktuelle politische Entwicklung in Triest gefragt.

In wie weit sich die Träume einer neuen „Gründerzeit“ verwirklichen lassen werden, hängt von den nationalen und internationalen politischen Entwicklungen ab.

Nach italienischem Wahlrecht konnte Illy kein drittes Mal Bürgermeister werden. Er blieb aber in der Politik. Als Abgeordneter vertritt er im Parlament in Rom die Interessen seiner Heimatstadt und der Region Friuli-Venezia-Giulia, welcher er seine dritte politische Karriere widmen will. Er kandidiere aus Sorge, dass der Beitritt Sloweniens zur EU durch eine Mitte-Rechts Regierung verzögert werden könnte, wie es schon 1994 geschehen ist, sagte er in einem Interview mit der Zeitung „La Repubblica“. Eine Besorgnis, welche nicht zu Unrecht besteht, da, trotz eindeutiger Vertragslage, die Stimmen der Revisionisten auch hier nicht verstummen wollen. Noch immer träumen manche von einer autonomen Region Triest-Venezia-Giulia, andere von der Rückgabe der ehemaligen Besitzungen in Slowenien und Kroatien, welche sie als als „condicio sine qua non“ einer eventuellen Ost-Erweiterung sehen. So, wie in Österreich von bestimmen Kreisen die Rücknahme der Benes-Dekrete zum Bestandteil der Beitrittsverhandlungen gemacht werden, ebenso diskutiert man hier wieder einmal die Revision der Verträge von London und Osimo.

Es kommt keine Hochzeit zustande, wenn einer den anderen zwingen will, die eigene, erlebte Vergangenheit zu anullieren und zu widerufen. Keine Ehe kann funktionieren, wenn man von Anfang an im Partner einen potentiellen Feind sieht.

Für Illy – den Unternehmer und politischen Menschen – war und ist klar, dass die wirtschaftliche und soziale Zukunft seiner Stadt von ihrer neu zu definierenden Position in einem vereinten Europa abhängt. Gelingt es nicht, die Grenzen auch in den Köpfen zu öffnen, wird Triest ein weiteres

Mal in seiner langen Geschichte seine Existenzgrundlage und Identität verlieren.

Die Stadt war und ist kein „melting pot“ wie New York. Sie ist und bleibt eine Stadt zwischen den Welten. Das ist ihr Problem. Aber das ist auch ihre Chance.

DAS LAND OHNE GEDÄCHTNIS

PERSONEN-WAGGON
der k. k. Staatsbahnen
auf der Linie Triest–Görz, um 1900

VERGESSEN IST NICHT GLEICH VERGEBEN

Vom Philosophen George Santayana stammt der Satz: „Wer sich an die Vergangenheit nicht erinnern kann, ist dazu verdammt, sie zu wiederholen.". Die Menschen der Region zwischen Istrien und dem Collio beidseits der Grenzen leben nun seit Generationen in einer Art stillschweigendem Unfrieden. Ihre Koexistenz ist täglich auf's Neue gefährdet und aktuell zu verhandeln, weil sie sich ihrer Geschichte nicht bewußt sind, ja mehr noch, weil sie ihre gemeinsame Geschichte radikal verdrängen. Nicht nur die beiden verheerenden Kriege des 20. Jahrhunderts, der Kalte Krieg, die imperiale und imperialistische Politik der Habsburger, der Faschismus und der Titoismus, nicht nur die geschichts- und menschenverachtende Aussenpolitik Englands und Amerikas, oder die regionale Interessen so oft verletzende Zentralregierung in Rom haben diesem Landstrich schwere Schäden zugefügt. Die Bevölkerung hat selbst immer wieder durch konsequente Verdrängung der Geschichte die Grundlagen ihrer eigenen Existenz gefährdet. Man scheint das heimliche Abkommen getroffen zu haben, sich nur dann zu erinnern, wenn es gilt, dem Nachbarn, der einem das Leben schwer macht, das Leben zu erschweren.

„No se pol". „Das ist nicht möglich, das kann man nicht." Mit dieser Metapher wird jede Vision, jedes Projekt, jegliches aufkeimende Bewußtsein zerstört. Der Satz blockiert alle Versuche einer grossen oder kleinen Veränderung, hallt ihnen nach wie das Echo im Steinbruch, bis der, welcher etwas in Angriff nehmen wollte, endlich die Hände davon lässt, und selbst achselzuckend dasteht, während er lächelnd sagt: „No se pol!"

Das hat mit kollektiver Angst zu tun, mit einer philogenetischen Neurose. Denn jede Veränderung macht nicht nur Neues sichtbar, sondern zwingt zum Vergleich mit dem Gewesenen, zum Blick auf's Einst. Deshalb lebt man hier vorsichtshalber in den Tag hinein, berührt weder Zukunft noch Vergangenheit, um sicher zu gehen, keine Tabus zu verletzen. Nichts und niemand soll sich verändern.

Der Boden der Geschichte ist hier nicht tief. Es existiert kein Weingarten, kein Kartoffelacker und kein Kräuterbeet in der Gegend, in dessen Erde nicht ein Stück Vergangenheit begraben wäre. Eggte man die ohnehin dünne Humusschicht um, es käme alles wieder zu Tage, was hier verscharrt wurde oder verloren ging: Waffen, Stahlhelme, private Schätze, Beutegut, korrumpierende Dokumente sowie die Kadaver von Irredentisten, österreichisch-ungarischen Soldaten, Partisanen, Wehrmachtsangehörigen, missliebigen Zeitgenossen, Kommunisten und Kollaborateuren. Es ist hier immer wieder die Rede von den „foibe", den Dolinen des Karstes, in denen politische Gegner in den wirren Jahren des zu Ende gehenden II. Weltkrieges „entsorgt" worden sind. Es ist zu konstatieren, dass es in diesem Landstrich ein ganze Reihe von mentalen „foibe" gibt, in welche man – unauffindbar für die Nachwelt – Geschichte und Identitäten versenkt hat.

Nichts soll mehr ans Tageslicht gelangen, was an die an Verletzungen, Demütigungen, Not und Elend so reiche Geschichte zu erinnern vermag. Die Wunden brächen wieder auf, entzweiten Familien, Dörfer und Kommunen. Der Karst zwischen Istrien und Gorizia ist ein kleiner Balkan. Das friedliche Zusammenleben war und ist nur durch Vergessen und Verschweigen möglich. Die historische Demenz wird durch kollektive Überbewertung epikuräischer Genüsse kompensiert. Wird nicht gerade gemeinsam gegessen und getrunken, so wird über Essen und Trinken geredet.

SPAZIERGANG DURCH GÖRZ

Begeben wir uns auf eine Wanderung durch das Land ohne Gedächtnis, in dem kaum eine Gedenktafel an die eigentliche Geschichte erinnert. Beginnen wir in Görz, der letzten geteilten Stadt Europas, von manchen auch „Klein Berlin“ genannt. Hier gibt es eine wunderschöne Synagoge, die sich perfekt renoviert präsentiert, und auch einen Verein, welcher sich um deren Erhaltung kümmert und sich „Associazione d‘Amici d’Israele“ nennt. Makaber daran ist nur: seit Herbst 1944, seit der letzte Transport von Juden – organisiert von der schon auf Rückzug befindlichen Deutschen Wehrmacht – den Bahnhof des „Österreichischen Nizza“ verließ, gibt hier es keine jüdische Gemeinde mehr. Keiner kehrte zurück, auch nicht jene, denen es gelungen war, vor den Deportationen via Triest nach Amerika oder Palästina zu emigrieren. So ist dieses Gotteshaus heute nichts weiter als ein prächtiges Monument einer ausradierten Geschichte, eine perfekte Hülle für eine Kultur, eine Religion, die hier nicht mehr existiert. Insofern erinnert der Name des Pflegevereins eher an einen Club zur Rettung aussterbender Tierarten, denn an das Grauen der Shoa, welche nicht annähernd so unterhaltsam sich gestaltete, wie uns Beninis‘ Film „La vita è bella“ weismachen will.

Die Erinnerung hier präsentiert sich unblutig. Auf dem Weg zur Burg hinauf findet man im „Borgo“ eine kleine Bar. Im Hinterzimmer werden dem Touristen Weine zum Verkauf angeboten. Es sind schlichte, vom önologischen Standpunkt her unbedeutende Weine. Bedeutend sind nur die Etiketten auf den Flaschen. Es gibt eine Art Kaiserwein mit dem Portrait Franz Josephs, wobei man zwischen Jugend- und Altersbildnis wählen kann. Natürlich gibt es auch einen

„Sissi-Wein". Sogar Napoleon reitet auf einem Etikett zur Attacke. Und daneben sieht man Mussolini und Hitler nebeneinander stehen. Darunter steht nicht etwa die Rebsorte, die Gradation, die Herkunft, sondern schlicht: „Übereinkommen". Es gibt auch jeden der beiden Diktatoren alleine zu kaufen, in verschiedenen Posen, entweder die Hand zum faschistischen Gruss erhoben oder schlicht grimmig und entschlossen blickend. Das Getränk heisst dann „Führer-Wein" oder „Il Duce". Niemand nimmt Anstoss daran, im Gegenteil. Die Produkte sind sowohl beim regionalen als auch internationalen Publikum äusserst beliebt, finden laut Auskunft des Wirtes beträchtlichen Absatz. Hergestellt wird der Wein in der Nähe von Aquileia, in der sogenannten „bassa pianura" des Isonzo, wo der Rebensaft auf Grund des wässrigen Terrains und ausgeschwemmter Erde sowieso keine bemerksenswerten Resultate zeitigt. Ein findiger Produzent kam darauf, die mediokre Qualität mittels dieser „spektakulären" Etiketten zu vermarkten. Eine Idee, die aufging. Die innerlich wie äusserlich ekelhaften Produkte zieren mittlerweile tausende Hausbars und Wohnzimmerschränke zwischen Rom und Hamburg. Es handelt sich dabei um eine Art kulinarisch getarnter Wiederbetätigung – gegen die es in Italien sowieso keinen Paragraphen gibt – an welcher niemand Anstoss zu nehmen scheint.

Niemand scheint es als Ungeheuerlichkeit zu empfinden, dass in einer Stadt, die ihrer einst kulturell so wichtigen und reichen jüdischen Gemeinde restlos entblößt worden ist, die Portraits ihrer Mörder zum kommerziellen Gag geworden sind. Niemand scheint sich dafür zu schämen, dass diese Produkte in einem Haus feilgeboten werden, welches an ein Museum grenzt, in dem der Irrsinn der Isonzo-Schlachten unparteisch und unbarmherzig dokumentiert wird. Es war das Blut dieser Gemetzel 1915–1916, das Blut hunderttausender Söhne, Väter und Brüder, das, sinnlos vergossen, die Erde fruchtbar machte für jene blutbefleckten Diktatoren, welche heute lässig als Werbeträger dienen. Freilich, diese Etiketten sind nichts weiter als grober Unfug. Aber sie sind auch das Dokument des moralischen Versagens der Menschen vor ihrer Geschichte.

Verlässt man diese Weihestätte geschmackloser Dummheit und begibt sich hinauf zum Castello, so wird man gleich an dessen Eingang von einem weiteren nationalistischen Monument überrascht. Über dem Tor thront der Löwe von San Marco, Symbol der Serenissima. Den historisch gebildeten Menschen erstaunt dessen Präsenz hierorts. Görz war nie im Besitz der Venezianer. Seit dem Jahre 1001 war es eine reichsunmittelbare Grafschaft, politisch und familiär eng mit Tirol verbunden. Nach dem Erlöschen des Geschlechtes der Grafen von Görz im Jahre 1500 kam die Stadt und ihre Provinz auf Grund eines Erbvertrages an die Habsburger unter Maximilian I. Nur einmal, im Jahre 1508 – während der Venezianischen Kriege – fiel die Stadt nach einem dreitägigen Bombardement an die Truppen des Dogen. Eine historische Episode, welche exakt 13 Monate dauerte. Abgesehen davon und von einer kurzfristigen Besetzung durch italienisches Militär während der Isonzo-Schlachten im Jahre 1916 war Görz 418 Jahre in habsburgischem Besitz. Was hat nun also der Markus-Löwe auf dem Gemäuer einer seit jeher österreichischen Festung zu suchen?

Am 25. April 1919 versammelten sich im Hofe des Rathauses von Görz italienische Nationalisten, welche einen geflügelten König der Tiere aus Marmor organisiert hatten, und zogen in festlichem Marsch hinauf zur Burg, um dort das Symbol der Serenissima und Italianità einzubetonieren. Damals war das Bauwerk eine zerbombte Ruine. Weshalb man das Monument bei den aufwendigen und sorgfältigen Renovierungsarbeiten in den 80er Jahren des 20. Jahrhunderts an diesem Ort belassen hat, ist ein Rätsel. Es lässt sich nur dadurch erklären, dass die zuständigen Denkmalpfleger und Planungsbeamten der faschistischen Geschichtsklitterung auf den Leim gegangen sind, welche bis heute in vielen Fällen nicht revidiert worden ist. So ist noch im Buch „La Fine degli Asburgo a Gorizia“, welches 1992 erschienen ist, die Rede davon, dass 1919 der Löwe von San Marco auf die Burg „zurückgekehrt“ sei.

Die aktuellen Probleme der Stadt sind allerdings so gravierend, dass man jeden Bürger verstehen kann, welcher sich in die Nostalgie – egal ob altösterreichischer oder faschistischer Provenienz – zurückzieht. Görz ist, darin stimmen so extrem unterschiedliche Charaktere wie der Graf Leonardo Formentini und der engagierte Journalist Tomino Barba überein, eine tote Stadt. Die jungen Menschen gehen nach vollendeter Ausbildung von hier weg, weil es an qualitativ höherwertigen Arbeitsplätzen mangelt. Das hat sich auch nicht geändert, nachdem man hier eine Filiale der Universität Triest eingerichtet hat. Etwa 1000 Studenten gibt es hier, dazu das entsprechende Lehrpersonal. Ihre Anwesenheit hat zunächst nur bewirkt, dass das Leben teurer geworden ist. Vor allem ist es äusserst schwierig, dem heutigen Standard angemessenen Wohnraum zu vernünftigen Preisen zu finden. Zu lange verrottete die wertvolle Bausubstanz. Noch heute stehen viele Gründerzeitbauten leer, welche wohl beide Weltkriege, nicht aber die Ignoranz überlebt haben, und verfallen als Spekulationsobjekte, bis sie eines Tages einem Stahlbeton-Neubau zu weichen haben.

Die geteilte Stadt an der Grenze war in den langen Jahren des Kalten Krieges ein Stiefkind der italienischen Politik, vielleicht mehr noch als Triest. Solange Jugoslawien bestand, waren die Gewölbe der Altstadt gefüllt mit billigem Ramsch zu Schleuderpreisen.

Gefragt waren auch technische Geräte und Haushaltsartikel, ebenfalls durchwegs Auslaufmodelle des europäischen Marktes. Eine Generation von Geschäftsleuten in dieser Stadt lebte davon, dass das, was durch die Raster des kapitalistischen Konsums gefallen war, an dafür dankbare „Jugos“

verscherbelt werden konnte. Das änderte sich freilich schlagartig mit dem Zerfall des Nachbarstaates. Mit der Selbstständigkeit Sloweniens und Kroatiens bauten sich dort Märkte auf, welche mit dem Angebot in den Fussgängerzonen von Mailand oder Stuttgart durchaus konkurrenzfähig waren. Diese Entwicklung veränderte in den 90er Jahren das Stadtbild von Görz massiv. Die Billig-Läden sind weitgehend verschwunden, auch wenn der eine oder andere noch dank der dürftigen Kauftkraft der eher armen bäuerlichen Bevölkerung des Umlandes zu überleben vermag. An ihre Stelle sind nun chice Boutiquen und Geschäfte des gehobenen Bedarfs getreten, vor welchen grossvolumige Limousinen deutscher Produktion mit slowenischem Kennzeichen halten. Slowenisch – noch vor wenigen Jahren als Dialekt im Umgang mit der Paria gebraucht – ist plötzlich zu einer Hochsprache geworden, deren sich Verkäufer wie Geschäftsinhaber wieder erinnern und befleissigen.

Die Verhältnisse diesseits und jenseits der Grenze haben sich in den letzten zehn Jahren entscheidend verändert, ja geradezu verkehrt. Während dem italienischen Gorizia noch immer der Geruch eines friulanischen Provinzstädtchens an der Grenze zum Balkan anhaftet, hat sich die Schwestergemeinde Nova Gorica zu einem respektablen Wirtschafts- und Handelszentrum entwickelt, zu einem Tor Sloweniens. Vor allem aber hat sich hier eine Art kleines Las Vegas etabliert, welches der Gemeinde im Verhältnis zu ihrer Grösse stattlichen Reichtum beschert.

An den Wochenenden bilden sich auf italienischer Seite oft kilometerlange Staus, sowohl auf der Autobahn als auch an den normalen Strassenübergängen. Man fährt hinüber, um günstig einzukaufen, um verhältnismässig billig essen zu gehen, den duty-free-shop (den es demnächst nicht mehr geben wird) zu plündern, und, um den Tag mit einem Vergnügen zu beschliessen, welches in Italien auf Grund der Gesetzeslage nur an ganz wenigen, exklusiven Orten möglich ist: sein Glück an einem Spieltisch eines Casinos herauszufordern. Tausende Spielautomaten rattern rund um die Uhr, an den Roulette-Tischen herrscht ein Gedränge wie nicht einmal in Monte Carlo. Zu den Friulani, Triestini und Veneziani gesellen sich Spediteure, Kaufleute und Fernfahrer aus aller Herren Länder, welche hier an den Wochenden Geiseln der behördlichen Dienstzeiten sind, und sich beim Glücksspiel oder in einem der zahlreichen Night-clubs die Zeit vertreiben.

Die ganze Provinz lebt mehr oder weniger von einer Art „Grenz-Industrie“. Dies wird sich mit dem Beitritt Slowenien zur Europäischen Union schlagartig ändern. Denn dann werden nicht nur tausende Arbeitsplätze verloren gehen, welche dem Import und Export, dem Handel und dessen Kontrolle, sowie der Sicherung der EU-Aussengrenze dienen, sondern auch jene, welche diese Tausendschaft mit dem Lebensnotwendigen und mit Vergnügen versorgen.

Dies wird auch zur Frage der Identität der hier Beschäftigten werden. Denn die Aufhebung der Grenze wird die ökonomischen, sozialen und kulturellen Barrieren radikal in Frage stellen, welche – hausgemacht und polemisch kultiviert – hier seit Generationen alles Leben bestimmen. Menschen, die geschult wurden, sich abzugrenzen, deren Daseins-Inhalt in Ausgrenzung bestanden hat, werden sich in Integration und Assimilation üben müssen.

EINE WIEDERVEREINIGUNG DER ANDEREN ART

Die Politiker sehen das ethno-psychologisch nicht unbrisante Problem freilich pragmatisch und locker, vertrauen auf die Macht des einst geschmähten Zentralismus, welcher dieses Mal seinen Sitz nicht in Rom und Belgrad, sondern in Brüssel hat.

Gewitzigt durch die nicht nur positiven Erfahrungen im Raum Tarvis nach dem Fall der Grenze zwischen Italien und Österreich, ist man hier einen gemeinsamen Weg gegangen. Die Bürgermeister von Gorizia und Nova Gorica haben sich zusammengetan, um die Probleme die sich am „day after" ergeben werden, schon jetzt zu klären. Gemeinsam sind sie nach Brüssel gepilgert, um dort die besondere Situation ihrer beider Gemeinden und des Hinterlandes zu erörten. Dabei haben sie reiche Erfahrungen gesammelt, was ein „Europa der zwei Geschwindigkeiten" bedeutet. Die beiden Gemeindeväter dürfen ihre gemeinsamen Pläne nicht gemeinsam einreichen. Es müssen für ein und dasselbe Projekt zwei Anträge eingereicht werden. Deren Behandlung erfolgt durch verschiedene Gremien und damit unterschiedlich schnell. So drohte zum Beispiel der Plan eines Radweges „senza confini", welcher die Stadt-Teile verbinden sollte, an bürokratischen Hürden zu scheitern.

Immerhin ist es den beiden Gemeinden nach jahrelangem Kampf endlich gelungen, von Brüssel Förderungsmittel zur Errichtung einer gemeinsamen Kläranlage zu erhalten, welche nicht nur den 180 000 Einwohnern der beiden Städte und der Umlandgemeinden zu Gute kommt, sondern auch die Wasserqualität des Isonzo verbessern wird, und damit die ökologische Situation der oberen Adria.

Ein gemeinsames Nahverkehrsnetz hingegen gehört einstweilen noch ins Reich der Utopie.

VIEH-TRANSPORT-WAGGON
der k. k. Staatsbahnen
auf der Südbahn, um 1900

Die Initiativen zur Überwindung der Grenzen schon im Vorfeld der Osterweiterung der Eurpoäischen Union sind zahlreich und durchaus verdienstvoll, so sie von Erfolg gekrönt werden. Aber noch läuten die Glocken des Campanilismus in diesem sich vereinen wollenden Europa oft lauter als jene von Notre Dame de la Chapelle. Ein Beispiel: vor nicht allzulanger Zeit kam es zwischen der Familie der Grafen von Formentini – welche oberhalb von Görz neben Restaurant und Golf-Club ein Hotel betreibt – und dem „neuen", slowenisch-stämmigen Pfarrer der unmittelbar danebenliegenden Kirche zu einem kuriosen Rechtsstreit, welcher Jahre dauerte. Der Gottesmann berief sich auf den alten Brauch, dass die Kirchenglocken jede Viertelstunde zu erklingen hätten. Und so ertönten diese jede Viertelstunde, auch während der Nacht, was nachvollziehbarerweise weder Hotelgäste noch deren Gastgeber sonderlich begeisterte. Nachdem über die Jahre diverse Rechtsanwälte mehr verdienten als die Hotelbetreiber, respektive mehr Honorare kassierten, als die Kirchengemeinde an Beiträgen einnahm, entschied der oberste Gerichtshof in Rom endlich, dass in dieser speziellen Situation vom Läuten der Glocken zwischen Mitternacht und der Morgenmesse Abstand zu nehmen sei. So amüsant solche Geschichten auch klingen – sie sind der bitterböse Ausdruck des latenten Chauvinismus, mit dem hier die Volksgruppen einander das Leben erschweren, ohne Rücksicht darauf, dass ihr eigenes ebenfalls darunter leidet.

Ebenso kurios ist der auf der Ebene des Europäischen Gerichtshofes ausgetragene Streit um den Begriff „Tocai" für das Elaborat einer bestimmten Rebsorte. Die Ungarn behaupteten, dass ihr König Bela IV. im 13. Jahrhundert dem Patriarchen von Aquileia Rebstöcke dieses Namens hätte zukommen lassen. Umgekehrt wird behauptet, dass der Kirchenfürst derartige Gewächse dem Magyaren-Fürsten zur Hochzeit von dessen Tochter geschenkt hätte. Andere Quellen wiederum berichten, dass der Tocai erst im Jahre 1632 nach Ungarn gekommen sei, und zwar in Form von 300 Pflänzchen, welche Teil der Mitgift der Baronessa Aurora von Formentini waren, die einen Grafen namens Adam Batthyány ehelichte. Für diese Theorie spricht auch, dass der Wein da wie dort den volkstümlichen Namen „Furmint“ trägt.

Dass der ungarische Tokaji und der Tocai Friulano allein auf Grund ihrer unterschiedlichen Kelterung keinesfalls zu geschmacklichen Verwechslungen führen können, störte die beiden Streitparteien in ihrer Auseinandersetzung keineswegs. Es ging um zweierlei: einerseits um das „Urheberrecht“ für den Namen, andererseits, dass man sich in Brüssel offenbar nicht vorstellen konnte, dass zwei so unterschiedliche Produkte denselben Namen tragen. So wurde schliesslich ausjudiziert, dass die Friulaner Weinbauern ab 2007 den Namen exklusiv ihren ungarischen Kollegen zu überlassen haben. Ein Erkenntnis, welches nun wieder in Frage gestellt ist, weil neu aufgetauchte alte Dokumente die Urheberrechte für den Namen „Tocai“ eher den Italienern zuordnen. Dergestalt ist hier in dieser Region der europäische Einigungsprozess einer Art Weinprobe unterworfen, begleitet vom campanilistischen Klang der Kirchenglocken von San Floriano.

Die Menschen hingegen, welche sich ihrer Geschichte und deren Konsequenzen entsinnen, fürchten, wieder einmal dem Vergessen anheim zu fallen. Zum dritten Mal innerhalb eines Jahrhunderts. Denn schliesslich kann die Südosterweiterung der Europäischen Union auch den Effekt haben, dass das wiedervereinte Görz und seine Provinz zu einem bedeutungslosen Schauplatz am Rande des Balkans werden, an dem alle vorbei fahren, mit Ausnahme derer, denen der Weg in das Casino nach Velden oder Venedig einfach zu weit ist.

Vergessen ist auch das Castello von Rubbia, ein von Efeu, Misteln und Dornen umwuchertes Ruinengeviert, in welchem ein paar gutgenährte, grosse Hunde den Ton angeben. Die Menschen, die in den Überresten des Gebäudes leben, haben nichts mit Schlossherren zu tun, sondern sind hier gestrandet. Ein Turm steht noch, ein anderer liegt, in Trümmern, verborgen im Gestrüpp. Ein Trakt des einst herrschaftlichen Ansitzes ist noch bewohnbar, wenn auch mit bescheidenen Ansprüchen. Die Anlage wurde im Ersten Weltkrieg zerbombt. Die österreichischen Erben hatten hier unter der italienischen Herrschaft nichts mehr verloren und liessen das für sie unbrauchbare Besitztum verrotten. An den Glanz dieser adeligen Familie erinnert noch die feudale Gruft am nahe gelegenen Friedhof.

Ein italienischer Nationalist, den ich danach fragte, wie es denn möglich sei, dass in der Region derartige Kulturgüter verfielen, antwortete mir trocken, dass es in dieser Gegend – wie überhaupt in Italien – zuviele Kulturdenkmäler gäbe. Es fehle einfach an Geld, um diesen unermesslichen Reichtum zu erhalten. Ausserdem: er brauche keine perfekt renovierten historischen Gebäude, denn seine Italianità trage er in sich.

Nicht weit von hier, zwei, drei Kilometer aufwärts des Vipacco, liegt das Dorf Rupa. Auch hier, wie in der nahe Görz gelegenen Ortschaft Merna, zieht sich die Grenze von 1954 quer durch den Ort. Der Altar der Kirche steht auf ehemals jugoslawischem, heute slowenischem Territorium, der Beichtstuhl in Italien. Auf dem Friedhof ruhen Tote, die für fünfzig Jahre ihr Haupt im Ostblock und ihre Gebeine im freien Westen gebettet hatten. Der europäische Einigungsprozess kann ihnen wohl mittlerweile herzlich egal sein, wird aber den Angehörigen die Grabpflege in jeder Hinsicht erleichtern, weil sie nun nicht mehr unter den Augen bewaffneter Uniformierter die Blumen giessen müssen.

Die Menschen, die hier ruhen, waren zu ihren Lebzeiten nie dieser verrückten Zerissenheit ausgesetzt. Wohl aber die Lebenden der zwei nachfolgenden Generationen. Es konnte vorkommen, dass ein slawischer Grenzsoldat penibel darauf achtete, dass ein slawisch-stämmiger Dorfbewohner nicht die Grenze in Richtung Jugoslawien überschritt. Ebenso achteten die italienischen Wachmannschaften darüber, dass kein jugoslawischer Staatsbürger – auch wenn dieser einer italienisch-sprachigen Familie entstammte – westliches Territorium betrat. Für die Kinder dieser Gegend bedeutete die Teilung Europas, beim sommerlichen Badevergnügen in dem kleinen Grenzfluss zwischen zwei Welten zu schwimmen. Eine nicht ungefährliche Angelegenheit. Soziale Kontakte durch den Eisernen Vorhang waren bis in die fünfziger Jahre kaum möglich und bis in die 70er noch immer mühsam und aufwendig.

Ein Freund aus dem italienischen Rupa erzählte mir noch zu Beginn der 90er Jahre, dass der kleine Grenzverkehr nicht einfach sei. Er, einer alten slowenischen Familie entstammend, würde hier, diesseits der Grenze, noch immer als „brutto s'ciavo" bezeichnet. Jenseits aber, wenn er mit seinem Auto mit italienischem Kennzeichen unterwegs sei, könne es schon vorkommen, dass ihn jemand als „Scheiss-Italiener" beschimpfe. Um in Ruhe leben zu können – fügte er bitter hinzu – wäre es für ihn wohl am klügsten, ein Zelt auf dem Grab seines Grossvaters aufzuschlagen, welcher im Niemandsland beerdigt sei.

Richtung Südwesten, gegen das alte Venetien hin, erstreckt sich eine Landschaft, welche weder mit Slowenien, Triest, noch mit Italien zu tun hat. Die Welt des Friaul ist ein eigener Kontinent mit eigener Sprache, eigenen Menschen. Hier sagt man nicht „ciao!“ sondern „mandi!“. Woher dieses Wort kommt, darüber gibt es ein Dutzend Theorien. Keine hält einer semantischen Überprüfung stand.

Inmitten des fruchtbaren Landes erstrecken sich Ortschaften, welche ausgestorben zu sein scheinen. Hier wird nicht auf der Piazza flaniert, keine von sangesfreudigen Slowenen bevölkerten „Osmizze“ prägen das Ortsbild. Ein fleissiges Volk, unsichtbar für den Reisenden, produziert Möbel, Wein, Gemüse und Prosciutto in Unmengen, vor allem für den Export. Gigantische Supermärkte und Produktionshallen verstellen den Blick auf das tägliche Leben. An den Wochenenden nimmt man nur mittels der vor chicen Bungalows geparkten, frisch gewaschenen Autos der gehobenen Klasse zur Kenntnis, dass in dieser Gegend auch Menschen leben – und wahrscheinlich gut. Hier wäre es deplaciert, wie ein Triestiner lautstark auf seine Existenz aufmerksam zu machen. Die Friulaner sind ein Volk, das ausser Maschinenlärm alle Geräusche vermeidet. Sie sind quasi die Angel-Sachsen Italiens. Wenn einer von ihnen an einen kurzen, trockenen und informativen Satz oder an eine Begrüssung die Phrase anhängt: „Dio buono!“ so ist dies bereits als vehementer Gefühlsausbruch zu betrachten.

Den Friulani sind Identitätsprobleme, wie sie die Goriziani und Triestini haben, völlig fremd. Ihre Welt ist quadratisch wie ihre Felder, Weingärten und Bauwerke. Italiener sind hier Italiener, die Slowenen Slowenen und die Österreicher Klienten. Hier leben die Urenkel der Kelten und Langobarden, welche vor Jahrhunderten das Land in Besitz genommen haben, das Kriege führen den anderen überlassen, und deren Seele aus fruchtbarer, fetter Erde geformt ist. Die Augen auf die Ackerfurche gerichtet, hat man den Blickkontakt mit den Soldaten der durchziehenden Armeen ebenso vermieden wie den mit den Touristen.

Nur die Teile des Friaul, welche bis 1918 dem Kaiserreich angehörten, sind von einer anderen Mentalität geprägt: die Gegend um Cormòns und das Collio waren über Jahrhunderte der Wein- und Gemüsegarten der Österreicher. Noch heute hört man hier zu Ostern, Pfingsten oder den sonstigen Feiertagen mehr Wienerisch, Kärntnerisch oder Steirisch als Italienisch oder gar „Furlan“.

Am Kaiserhof in Wien trank man über die Jahrhunderte den von hier stammenden, berühmten „Picolit“, welcher auch von den Erzbischöfen von Salzburg sehr geschätzt wurde, und den man schon im Mittelalter in kleinen Fässern den Maultieren um den Leib schnürte, und diese tagelang über Pässe und Saumpfade trieb, damit sich die vornehmen Gesellschaften der Eminenzen und Exzellenzen an dieser Kreszenz erfreuen konnten. Der Picolit wächst nur hier und wird aus Trauben gewonnen, welche wenige und kleine Beeren tragen. Der Ertrag ist gering. Nicht allein das macht ihn kostbar und teuer, sondern auch die Tatsache, dass er den Duft und Geschmack der ihn umgebenden Vegetation transportiert. So kann es geschehen, dass der eine Picolit nach Akazien duftet, der andere nach Pfirsich, obwohl sie wenige hundert Meter entfernt am selben Weinberg gewachsen sind. Es handelt sich quasi um ein önologisches Chamäleon. Der Wein ist süss, aber nicht so wie ein ungarischer Tokajer oder eine burgenländische Spätlese, sondern fruchtig und fröhlich. Am ehesten wäre er mit einem Sauternes zu vergleichen, und eignet sich wie dieser optimal als Aperitivo, zu einer Gänseleberpastete à la bonheur, aber auch zu pikanten Käsesorten. Dass er von Erzbischöfen und Kaisern als simpler Tafelwein benutzt wurde, lässt an deren Weinkennerschaft und Kultur zweifeln.

Die Österreicher fühlen sich heute noch wohl in dieser Region, welche sie als eine Art kulinarische Kolonie betrachten. Die landschaftlichen Strukturen sind ihnen nicht fremd, die Mentalität scheint ihnen vertraut, weil sie hier nicht als Ausländer behandelt werden, und sich auch nicht als solche fühlen, weil in jeder zweiten Gaststube ein Portrait Franz Josephs hängt. Dennoch geniessen sie das Gefühl, in Italien zu sein, obwohl sie meilenweit von jenem Land entfernt sind, in dem angeblich die Zitronen blühen. Wer in dieser Gegend Pizza, Chianti und zum Nachtisch Käse bestellt, outet sich als Banause. Blècs, frico, sopressa und rape isst man hier, trinkt sclopèpt oder malvasia dazu. Den meisten Touristen entgehen durch diesen Irrtum die Köstlichkeiten, welche die lokale Natur bietet.

Das östliche Friaul ist wohl – neben Kalifornien – die reichste Gegend dieser Welt. Kein Obst, kein Gemüse, welches hier nicht wüchse und zu grösster Qualität heranreifte. Keine Rebsorte, die hier nicht optimale Ergebnisse zeitigte. Die Fische schwimmen quasi bis ans Gestade der Weingärten, und die Pilze schmecken so intensiv wie nirgendwo sonst. Das Land ist verzaubert; seine Menschen vermögen gut ohne den Rest dieses Planeten und den darauf verbreiteten Problemen zu leben. Deshalb sind die Friulaner auch ein friedliches Volk. Nur, wenn ihr beschauliches Leben durch äussere Mächte bedroht wird – sei's kriegerisch, sei's wirtschaftlich – werden sie störrisch.

Ich möchte an dieser Stelle einem Mann namens Egidio ein kleines Denkmal setzen, den man „ribèl“ nannte, weil er – wie schon sein Vater und Grossvater – rebellisch war, und sich jeder Einmischung von aussen heftig widersetzte. In dessen Leben und Familien-Biographie spiegelt sich die Zeitgeschichte dieses Mikro-Kosmos. Seine Vorfahren waren irgendwann im 19. Jahrhundert aus der Slowakei eingewandert. Arme Leute, die sich zunächst als Tagelöhner in den Weinbergen verdingten, und schliesslich soviel erarbeitet hatten, dass sie ein kleines Gut pachten konnten, eine Landwirtschaft, gerade gross genug, um die Familie halbwegs zu ernähren, zu klein, um damit Geld zu verdienen. Die Steuerlast war drückend, die Vorschriften der imperialen Bürokratie unmenschlich. So wurde bereits der Vater zum Rebell, der um's Überleben kämpfte. Er, ein slowakischer Untertan der Habsburger, wurde zum italienischen Nationalisten und Irredentisten. Aber nach dem I. Weltkrieg und dem vermeintlichen Sieg verbesserten sich die Lebensbedingungen keineswegs. Wieder fühlte man sich von der weit entfernten und doch omnipräsenten Staatsmacht verfolgt und gequält. So wurden er und sein heranwachsender Sohn kurzerhand Anti-Faschisten und Kommunisten und hassten die Italiener nun ebenso wie seinerzeit die Österreicher. Sie igelten sich ein. Noch heute lautet der Hausname „riccio", also „Igel".

Als der II. Weltkrieg wie eine Furie auch über das Friaul hinwegfegte, die Soldateska gerade bei den Kleinen requirierte und plünderte, schloss sich Egidio den Partisanen an. Sein Kampf war weit weniger romantisch, als er zunächst glaubte. Er stand nicht den verhassten römischen Faschisten gegenüber. Sein Kommandant schickte ihn auf den Balkan, wo er bei einem Kampf gegen die Wehrmacht in Bosnien zwei Finger seiner rechten Hand durch eine Schussverletzung verlor. Er kämpfte weiter und kehrte auf Umwegen spät in sein Heimatdorf zurück, wo die anderen – Friulani,

Italiener und Slowenen, die sich mit Faschisten und Nazis arrangiert hatten – längst schon wieder zu braven demokratischen Italienern geworden waren. So blieb er auch nach dem Krieg, in dem er für die Freiheit gekämpft hatte, ein Aussenseiter in der „neuen" Freiheit. Man hänselte ihn wegen seiner politischen Vergangenheit. Da er aber, beharrlich wie er war, trotz seines Handicaps seine Weinberge gut bestellte, wuchs dort ein redlicher, kräftiger Wein, der auch seinen Feinden von einst vortrefflich mundete. Und so kam es, dass in seiner „frasca", die er jedes Jahr zweimal aufsperrte, ehemalige Faschisten und Kommunisten Schulter an Schulter zechten, und wieder zu jenen Freunden wurden, welche sie waren, ehe der politische Terror die Gesellschaft zerriss.

Seine Frau, Jelka, war eine gebürtige Slowenin aus der Gegend von Görz. Sie stand ihm in seinen Kämpfen bei, ertrug die Launen und den Jähzorn des „ribèl", der dazu geworden war, weil er – wie ein biblischer Partiarch – neben sich auf dieser Welt keine andere Macht duldete. Beide leben nicht mehr. Ihrer beider Sohn hat die Widerspenstigkeit zwar geerbt, seine Stacheln aber kultiviert, und produziert heute Weine, welche – glaubt man den Sommeliers und dem eigenen Geschmack – zu den besten Italiens zählen.

Das fruchtbare Land an den Füssen der Hügel des Collio, entlang des linken Ufers des Isonzo, über die Jahrhunderte heiss umkämpft, gehörte und gehört nur den wenigen, die hier leben und seine Felder bestellen. Aber es haben mittlerweile auch viele Friulaner vergessen, dass sie in einem Paradies leben.

VON GÖRZ NACH MONFALCONE

Von Görz fährt man durch das „vallone“, das grosse Tal, Richtung Monfalcone. Es ist eine merkwürdig trostlose, ja deprimierende Gegend. Das liegt nicht daran, dass es ihr an landschaftlichen Reizen fehlte. Es scheint, dass die Geschichte des 20. Jahrhunderts hier, entlang einer heute unsichtbaren Frontlinie, das Unglück in den Boden eingebrannt hat, das seither alles Leben abstösst. Auf der einen Seite verläuft die Staatsgrenze entlang der Strasse. Die Älteren erinnern sich noch gut an die Wachtürme und die ständig präsenten Militärstreifen. Auf der anderen Seite, hin zum Isonzo, erstreckt sich der „Carso Isontino“, jene blutgetränkte, von Granaten zerschrundete und bis heute kaum zivilisierte Hügellandschaft zwischen San Martino und Monfalcone. Die Besiedlung ist dünn. Man sieht viele verlassene Gehöfte. Es ist verständlich, dass keiner hier gerne wohnen will. Die Zeit ist stehengeblieben und hat keine Wunden geheilt.

Die einzige grössere zivilisatorische Veränderung, welche in diesem Landstrich in den letzten Jahrzehnten geschah, kam – verständlicher Weise – von aussen. Oberhalb von Sagrado, auf den Hügeln Richtung San Martino, entstand eines der grössten Weingüter des Friaul, namens „Castelvecchio“. Eine italienische Aktiengesellschaft kaufte das riesige, heruntergekommene Areal, erneuerte die Rebstöcke, renovierte die Betriebsgebäude, und erweiterte die Anbaufläche um ein Vielfaches. Auch diese Unternehmer und Önologen waren anfangs mit Argwohn, Spott und dem „No se pol!“ konfrontiert. Die Mehrheit der Bevölkerung hielt eine derartige Initiative an diesem Ort für schwachsinnig und undurchführbar. Heute werden hier international anerkannte Spitzenweine produziert.

Die grösste und belebteste Ansiedlung im Isontinischen Karst ist Doberdò del Lago. Noch vor hundert Jahren lebten hier fast ausschliesslich Slowenen. Wie hoch ihr Anteil an der Bevölkerung heute ist, läßt sich nur schätzen. Denn auch hier ist seit langem Italienisch die Umgangssprache; viele junge Leute pendeln auf der Suche nach Arbeit aus nach Monfalcone oder ins reiche Friaul. Denn hier ist die Erde karg. Wenn der Besitz gross genug ist, so reicht es zu Weinbau und Schweinezucht, was zusammen immerhin die Basis dafür ist, eine „osmizza" betreiben zu können und so die Haushaltskasse mit „pancetta" ein wenig aufzufetten. Es gibt fast ein Dutzend dieser Gaststätten im Ort, welche abwechselnd und vorzüglich zwischen Oktober und Juni stets nur für wenige Wochen geöffnet sind. In ihnen trifft man – im Gegensatz zu den „frasce" im südöstlichen Teil des Karstes – kaum Triestiner und wenige Monfalconeser. Touristen so gut wie nie. Das Publikum setzt sich aus den Bewohnern des Umlandes zusammen. Man kennt einander, ist unter sich, wenn man – und „man" kann man in diesem Fall durchaus mit zwei „n" schreiben – mit einer Karaffe Wein in der milden Herbst- oder Frühjahressonne sitzt, scherzt und Karten spielt. Wird es kalt, übersiedelt man ins „Gastzimmer", meist eine umgebaute Garage oder Remise. Aber auch vor Doberdò macht die Globalisierung nicht halt. Noch vor zwanzig Jahren waren die „osmizze" durchwegs höchst schlichte Einrichtungen. Man saß im Hof zwischen Traktoren und Güllewagen, oder in der Garage, die mehr nach Diesel als nach Wein roch, rings um einen qualmenden Ofen, auf dem man Kastanien röstete. Kein Stuhl glich dem anderen. Die wackeligen Tische waren mit Tischtüchern aus kariertem Plastik überzogen. Heute verwandeln sich diese Lokale mehr und mehr in chice rustikale Treffpunkte, die man „agroturismo" nennt. Die Inneneinrichtung besteht nun meist aus schweren, polierten Möbeln aus knorrigem, dunklen Holz. In einem nachträglich eingebauten, makellos designten „fogolar“, also einem offenen Kamin, auf welchem einst in einem Kupfer- oder Eisenkessel die „jota“ brodelte, glosen ein paar Scheite Holz vor sich hin. Seine Funktion ist rein dekorativer Natur, ebenso die der alten Holztram aus Abbruchhäusern, die man am Plafond appliziert hat. Obendrein werden Wagenräder an die Wand genagelt, und alte Pflugscharen hängen wie das Schwert des Damokles über nutzlos gewordenen Weinpressen. Im Ganzen sieht das so aus, als ob ein Mailänder Gastronom einen bayerischen Innenarchitekten beauftragt hätte, ein typisches, rustikales Wirtshaus für die Stuttgarter Fussgängerzone zu entwerfen, in dem es aussieht wie bei Garibaldi zuhause.

Ein „agroturismo“ darf – im Gegensatz zu einer „osmizza“, auch Produkte zukaufen. Und so leidet in einem solchen oft nicht nur das Auge des Ästheten, sondern auch der Gaumen des Feinschmeckers, der eigentlich ausgezogen ist, um ein paar Scheiben „prosciutto“ zu geniessen, wie man ihn seinerzeit nur im Karst finden konnte: dunkel, fast violettbraun, dem leichten Duft nach Knoblauch, Wacholder und Pinienholz, dessen üppiger Fettrand auf der Zunge wie Butter zerging. Das Wissen um die Kunst zur Herstellung dieser Köstlichkeit geht mit den Generationen ebenso verloren wie der kollektive Geschmackssinn. Denn auch kulinarisch ist in dieser Region eine Art Gedächtnisschwund feststellbar. Man gewöhnt sich selbst an den Aussengrenzen der Europäischen Union an die internationalen Standards präfabrizierter Gerichte, welche zwischen Syrakus und Helsinki nicht nur gleich aussehen, sondern auch gleich schmecken. Die wenigen autochtonen und luftgetrockneten Schweinehintern stammen von jenseits der Grenze. Was der Beitritt

Sloweniens zur EU für den „prosciutto carsico“ bedeuteten wird, lässt sich schon ahnen. So wichtig der Einigungsprozess ist: die durch ihn mögliche Ausrottung des Spezifischen ist zu bedauern.

DER VERSUNKENE SEE

Doberdò del Lago ist eine zivilisatorische Insel im Karst. Wo aber – so fragt sich zumindest der, welcher zum ersten Mal hier weilt – ist der See, von dem im Ortsnamen die Rede ist. Auch dieser fällt dem Vergessen anheim. Gut zwei Kilometer unterhalb des Dorfes wäre er zu finden. Eine kurvenreiche, schlecht asphaltierte Strasse führt zu ihm, genau gesagt, an ihm vorbei, dem unsichtbaren Naturwunder. Keine markierten, oder gar gepflegten Wanderwege sind ausgeschildert. Wer nicht weiss, wo der See ist, findet ihn nicht. Ein Schranke versperrt die Zufahrt zu einer Art Trattoria, welche seit Jahrzehnten vor sich hin vergammelt, die, meist geschlossen, auch in geöffnetem Zustand wenig einladend ist: ein barackenähnliches Gebäude aus Wellblech und Zement, welches man eher in der Industriezone von Seveso denn in einem Naturschutzgebiet vermuten würde.

Von hier aus führt ein Weg rings um den Lago di Doberdò, den man guten Gewissens nur Menschen empfehlen kann, welche mit dornenfesten Jeans und wasserdichten Stiefeln ausgestattet sind. Wer die Expedition wagt, wird mit nachhaltigen Eindrücken belohnt. Eine eigene Welt, ein von den Menschen der Umgebung vergessenes Biotop von knapp einem Quadratkilometer erschliesst sich dem Wanderer. Den See sucht er oft vergeblich, etwa wenn es eine Periode der Trockenheit gegeben hat. In diesem Becken des Karstes, zwischen den gut 200 Meter hohen Hügeln aus Kalkgestein, sammelt sich im Frühjahr nach der Schneeschmelze oder nach längeren Regenperioden smaragdgrünes Wasser, von dem keiner weiss, wo es herkommt und welches wieder verschwindet, obwohl der See keinen sichtbaren oder nachweisbaren Abfluss hat. Alle Versuche, dieses

Geheimnis zu ergründen, schlugen fehl. Manchmal ist das Areal des Sees bloß ein Sumpf, dessen Ufer bei längerer Trockheit beinahe versteppt. Bei entsprechender Feuchtigkeit entwickelt sich hier aber eine Vegetation, welche in ihrer Üppigkeit für den Karst unvorstellbar ist. Hier wachsen im Mai kniehohe Schneeglöckchen, während nur wenige Höhenmeter darüber die Pflanzen verdorren. Man wähnt sich hier in einer Senke, einer Doline des Karst-Plateaus. Dabei liegt der Wasserspiegel nur sechs Meter über dem Meer, exakt so hoch wie Monfalcone.

Niemand scheint sich um den Lago und seine Umgebung und seine ökologische Situation zu kümmern oder gar diesen zu einer Attraktion für Naturfreunde und Touristen zu gestalten. Die Zivilisation macht sich dennoch penetrant bemerkbar: entweder in Form von Müll oder durch Polizisten, welche die Libido der wenigen hier herumstreunenden Liebespaare mittels einer Ausweiskontrolle wie das Wasser des Sees versickern lassen. Auch dieser Ort ist ein verlorenes Paradies in diesem Land ohne Gedächtnis.

Fährt man von Monfalcone auf der Staatsstrasse Richtung Triest, so passiert man zunächst eine nach architektonischen und ästhetischen Kriterien ziemlich scheusslich zu nennende Zone. Supermärkte, Kleinindustrie und Diskotheken säumen den Weg. Zum Meer hin dominiert der gigantische Gebäudekomplex der Werft das Panorama. Sie ist der wichtigste Arbeitgeber der Region. Hier werden neben Frachtern, Tankern oder sonstigen für den Handel zur See nützlichen Schiffen vor allem Luxus-Liner für Kreuzfahrten produziert, welche nach ihrer Fertigstellung – nach einer Ehrenrunde durch den Golf von Triest – in die Karibik abdampfen. In diesen „Fincantieri" werken tausende einheimische Fach- und Hilfsarbeiter neben englischen Ingenieuren und philippinischen Elektrikern. Dies hat zur Folge, dass das Leben in der Kleinstadt relativ teuer ist und halbswegs taugliche Behausungen ein Vermögen kosten, so sie überhaupt zu finden sind.

An der Flanke dieses Industrie-Komplexes hat man vor etlichen Jahren ein ebenso gigantisches kalorisches Kraftwerk errichtet, welches die Werft und deren Zulieferbetriebe mit der nötigen Energie zu versorgen hat. Da hilft es ökologisch wenig, dass auf den Ortstafeln von Monfalcone geschrieben steht: „Comune Denuclearezata", dass also die Gemeinde den Verzicht auf Atom-Strom deklariert. Wer hier in der Gegend wohnt, hängt seine frisch gewaschene Wäsche nicht auf den Balkon. Dennoch werden gerade hier in dieser Gegend alte Industrie-Anlagen demoliert, und auf deren Terrain chice Wohnanlagen errichtet. Die neuen Gebäude stehen halb leer; allerorten prangen Schilder „Vendesi" oder „Affitasi" samt Namen und Telefonnummer diverser Immobilien-Agenturen an den Fassaden oder in den Schaufenstern. Es ist einfach so: Geld ist vorhanden und will investiert werden. Die italienische Zinspolitik ist aber seit langen Jahren dergestalt, dass Abschreibung von „Investitionen" lukrativer ist als Anlagen in bankmässig gebundenem Kapital. Die Kapitalflucht der Italiener Richtung Schweiz und Österreich hat nicht nur mafiöse, sondern auch handfeste ökonomische Motive zur Ursache.

Knapp einen Kilometer weiter erhebt sich ein anderer Industrie-Komplex: die Papierfabrik „Burgo". Auch sie ist einer der wesentlichsten Arbeitgeber der Provinz. Selbst Arbeiter aus dem zwanzig Kilometer entfernten Triest pendeln hier ein. Die Buslinie der Städtischen Verkehrsbetriebe wurde erst vor wenigen Jahren bis hierhin verlängert. Gedämpft von Filteranlagen schmauchen die Kamine vor sich hin. Das zur Produktion nötige Wasser ist hier reichlich vorhanden. Holz wird angekarrt; das Endprodukt verlässt hauptsächlich per Sattelschlepper das Areal dieser nach aussen hin komplett abgeschotteten Welt: Megatonnen von hochwertigem Papier, welche darauf harren, mit Europas Mode-, Sex- und sonstigen Idolen bedruckt werden. Deren Glanz aber hinterlässt hier in der Gegend keine Spuren. Die Menschen, die an den Maschinen stehen, arbeiten für's nackte Überleben und lesen weder Vogue, Penthouse noch den Espresso, sondern höchstens die – dem Industriellenverband gehörende – lokale Zeitung, in der auf schlechtem Papier vermerkt wird, dass sie, die Arbeiter, übermorgen durch einen zweistündigen Streik die italienische Wirtschaft in eine abgrundtiefe Krise stürzen werden, weil sie die Anpassung ihrer Löhne an die Inflationsrate fordern.

Hinter Papierfabrik, Kraftwerk und Werft, unauffindbar und eigentlich unzugänglich für den normalen Reisenden, einbetoniert zwischen Kleinindustrie und Grosshandel, finden sich die Reste der „Terme Romane“. An die zweitausend Jahre, von der Römerzeit bis in die 30er Jahre des 20. Jahrhunderts konnten sich hier, wo Wasser, gefiltert durch Karstgestein, wieder als erwärmtes „Mineralwasser“ an die Oberfläche sprudelt, Menschen von diversen Leiden kurieren lassen. Von den durchaus mondän zu nennenden Anlagen der Jahrhundertwende ist so gut wie nichts mehr sichtbar. Vor ein paar Jahren gab es eine Initiative zur Renovierung und Wiederbelebung der Thermen, welche aber mangels öffentlichem Interesse und Finanzen wieder einschlief. Es ist auch die Frage, wer hier, wie einst die Urgrosseltern, auf einer Terrasse zum Meer hin, heute Capuccino oder Prosecco schlürfen würde, mit einem kalorischen Kraftwerk im Rücken und einem Kohle-Schlepper vor dem Sonnenuntergang. Und wer ginge gar hier schwimmen, wo sich die Abwässer der Papierfabrik mit den Ölschlieren und dem Schwemmgut des Hafens vermengen? Es ist in manchen Fällen schön, in Nostalgie zu schwelgen; im Fall der „Terme Romane“ wäre es jedoch töricht, ernsthaft an deren Wiederbelebung zu denken.

Wenige hundert Meter weiter Richtung Triest, wo die Gewässer aus dem Vallone eine kleine Lagune bilden, kurz vor der Einfahrt zur Papierfabrik, verläuft heute die Grenze zwischen den Provinzen von Görz und Triest. Nach dem Zweiten Weltkrieg, bis 1954, war hier die Demarkationslinie zwischen der autonomen Region Triest, Zone A, und dem Italienischen Staatsgebiet. Militär, Zollwache und Polizei kontrollierten Menschen und Fahrzeuge. Wenige Meter in ein und derselben Landschaft trennten Welten.

Wo eben noch die Wachtposten standen, ließ sich wenig später ein Obst- und Gemüsehändler aus Süditalien nieder, wies eine Lizenz vor, und errichtete mit geringem Aufwand ein barackenähnliches Gebäude aus Wellblech und Plexi-

Glas. Er begann, den Sommer über, direkt an der Strasse Melonen, Pfirsiche und Kokosnüsse zu verkaufen. Sein Laden erfreute sich alsbald äusserster Beliebtheit, war es doch bequem, nach dem Badeausflug nach Grado oder auf dem Weg ins Friaul, einfach das Auto anzuhalten, den Kindern eine Erfrischung zu gönnen und mit dem Salat für's Abendessen sich wieder auf die Piste zu machen. Auch Amtsorgane legten hier gerne eine Pause ein; Carabinieri delektierten sich an Zuckermelonen, Finanzbeamte erfreuten sich an den ersten Kirschen. Jahre später stellte sich heraus, dass der Besitzer des Kiosks keine regionalen Steuern bezahlte. Sowohl die Provinz von Triest, als auch jene von Gorizia, erhoben nun Anspruch darauf, und auch auf eine deftige Nachzahlung. Ein jahrelanger Rechtsstreit began, in dessen Verlaufe sich herausstellte, dass bei der Landvermessung 1954 ein Irrtum passiert war. Man hatte sich um ein paar Meter vermessen, und so stand der Laden bis in die 80er Jahre im steuerfreien Niemandsland. Der Besitzer bekam Recht vom Obersten Gerichtshof und durfte sein Gewerbe fortsetzen, der Staat musste erneut Geometer aussenden. Die Baracke gibt es heute noch, und die Berge von Melonen türmen sich appetitlich auf Triestiner Territorium.

DAS VERGESSENE HEILIGTUM AM UNSICHTBAREN FLUSS

Fährt man auf der Staatsstrasse weiter, so passiert man eine Art Auwald, in welchem, dem hastigen Blick verborgen, sich linker Hand, zum Karst hin, die triestiner Wasserwerke befinden, welche ein architektonisches Kleinod darstellen, die aber leider nicht öffentlich zugänglich sind. Kurz danach zweigt hier die Strasse nach Görz ab. Rechter Hand ist ein Denkmal zu sehen. Auf einem kleinen Felsenmassiv stehen in Bronze gegossen die toskanischen Wölfe, die „Lupi Toscani“, Symbol einer gleichnamigen Eliteeinheit aus dem Ersten Weltkrieg. Sie markieren den Punkt am Fusse des Monte Ermada, bis zu welchem die italienischen Truppen 1917 vorgestossen sind. Abgelenkt von diesen martialischen Tieren nimmt der Vorbeifahrende nicht wahr, welches beeindruckende Naturschauspiel sich hinter ihnen verbirgt: die „Foce del Timavo“, Quelle und gleichzeitig Mündung des sagenumwobenen Flusses. Der römische Dichter Vergil vermutete hier den Eingang zur Unterwelt.

Kein Schild. Keine Hinweistafel, welche auf eine etwaige Sehenswürdigkeit hinwiese. Man parkt also sein Auto irgendwo am staubigen Strassenrand, und nimmt sich am besten die in üppigem Grün kaum sichtbare, alte Kirche zum Ziel. Sie steht leer; kein Altar oder sonstige rituelle Objekte befinden sich darin, ist aber auch von aussen durchaus sehenswert. An ein romanisches Langhaus schliesst sich eine gotische Apsis an. Nur manchmal, im Sommer, ist sie abends geöffnet, wenn hier Konzerte stattfinden. Dieses alte Gotteshaus von San Giovanni di Duino, slowenisch Stivan, fiel der Säkularisierung zum Opfer, nachdem es im I. Weltkrieg bombardiert worden ist. Hier stand schon in der vorchristlichen Zeit ein römischer Tempel und vor ihm noch eine keltische Weihestätte. Im vierten Jahrhundert soll hier die erste Kirche Norditaliens errichtet worden sein. Man betritt jedenfalls magischen Boden. Üppige Vegetation wuchert hier, Platanen und Zypressen, gut dreissig, vierzig Meter hoch, überragen den Campanile, dazwischen wuchern blühende, duftende, auch dornige Sträucher, und genug wilder Lorbeer, um alle Poeten des Römischen Reiches zu bekränzen.

Soweit es der Lärm der nahen Strasse erlaubt, vernimmt man das Rauschen von Wasser schon auf dem kleinen, von Grabsteinen umrahmten Platz vor der Kirche. Denn nur wenige Meter hinter der Kirche entspringt der sagenumwobene Timavo aus hunderten unterirdischen Quellen, dringt aus Felsritzen und Moos an die Oberfläche. Das smaragdgrün schimmernde Wasser ist so klar, dass man metertief bis zum Grund sieht; nur dort, wo Strudel die Oberfläche erreichen, ist der Durchblick getrübt. Das Gewässer bildet zunächst zwei Arme, welche sich wenige Meter unterhalb, Richtung Meer, zu einem Fluss verbinden, der nur knapp einen Kilometer lang ist, bevor er sich in die Adria ergiesst.

Sicher ist nur, dass hier Oberflächengewässer aus dem Karstplateau wieder zutage treten. Woher sie kommen, weiss keiner. Es gibt viele Vermutungen. So wird unter anderem behauptet, dass der Timavo die Mündung der Reka sei, welche fünfzig Kilometer weiter südöstlich im heutigen Kroatien entspringt und irgendwo, unweit von Lipizza, in einer Höhle verschwindet. Aber alle wissenschaftlichen Versuche mit Farbstoffen und Chemikalien brachten kein befriedigendes Ergebnis. Interessant ist allerdings, dass hier, wo sich kein oberirdischer Zufluss von Süsswasser findet, Forellen gefangen worden sind; und das nicht nur im kurzen Flusslauf, sondern auch im Meer.

Die Sage berichtet, dass es einst eine Verbindung zwischen Donau und Adria gegeben hätte. Ihr nach wären Jason und seine Argonauten nach dem Raub des Goldenen Vlieses mit ihrem Schiff von einem unterirdischen Fluss fortgerissen, und hier bei Duino wieder ans Gestade des Meeres gespült worden. Selbst dem Rationalisten, der sich weigert, derlei märchenhaften Spekulationen zu folgen, drängen sich an diesem Ort mythologische Assoziationen auf. Man steht am Ufer, starrt ins Wasser und wartet darauf, dass aus einem der Strudel plötzlich Charon an die Erdoberfläche geschleudert wird. Und dass knapp oberhalb dieser Quellen vor über dreitausend Jahren ein Tempel für Gott Mithras errichtet worden ist, dürfte ebenfalls kein Zufall sein. Die noch existierenden Reste dieses Tempels sind in der Macchia des Karstes so gut wie unauffindbar, was aber nicht weiter stört, weil sie ohnehin nicht zu besichtigen sind, sondern hinter einem verrosteten Eisengitter verrotten. Vielleicht hat jemand diese – wenn auch weit zurückliegende – Geschichte aus politischer Raison hinter Schloss und Riegel gesetzt, um nicht daran erinnert zu werden, dass er kein Nachfahre der Römer, sondern der Kelten oder Illyrer ist.

Unweit von hier hat man vor ein paar Jahren das Skelett eines Sauriers gefunden, der in einer Zeit lebte, da Nationalismus noch keine Rolle gespielt haben dürfte. Deshalb wird auch das Projekt eines Saurier-Erlebnis-Parks von Italienern und Slowenen gleichermassen favorisiert. Dass neben den perfekt präparierten prähistorischen Knochen Dokumente und Monumente der abendländischen Kultur verfallen und dem Vergessen preisgegeben werden, scheint zur politischen Strategie im Land ohne Gedächtnis zu gehören, zumindest wird es stillschweigend gebilligt.

DIE GEISTER VON DUINO

Als die Römer den Illyrern das adriatische Küstenland streitig machten und schliesslich in Besitz nahmen, liess Kaiser Diokletian auf dem Felsen von Duino einen Wach- und Wehrturm errichten, dessen Fundamente heute noch existieren. Diese bilden die Basis für den Burgfried des heutigen Schlosses, welches, derzeit für die Öffentlichkeit unzugänglich, vom Dorf aus nicht einmal sichtbar ist.

So kennen die meisten Triestiner und Touristen das Schloss Duino einerseits von Ansichtskarten, andererseits von literarischen Legenden, welche sich um die Entstehung von Rilkes „Duineser Elegien" ranken. Erstere geben eine herrschaftliche Idylle wieder, welche in dieser Form nicht mehr existiert, zweitere sind ebenso wahr wie das Gerücht, dass Mozart arm gewesen sei. Rilke war nur wenige Wochen hier zu Gast; seine „Duineser Elegien" schrieb und vollendete er zehn Jahre später in der Schweiz. Er mag, glaubt man den Aufzeichnungen seiner Gastgeberin, der Fürstin Marie von Thurn und Taxis – Hohenlohe, hier am 21. Januar 1912 die entscheidende Inspiration für dieses metaphorische Werk empfangen haben. Er habe, schreibt sie, „im Brausen des Sturms eine Stimme gehört", welche ihm zurief: „Wer, wenn ich schriee, hörte mich denn aus der Engel Ordnungen?" Auch habe er angeblich noch am nämlichen Tag die erste Elegie vollendet. Tatsächlich aber beschwerte sich Rilke in Briefen an seine Freundin Lou Andreas-Salome – die Alma Mahler der Nihilisten und Depressiven – dass ihm weder das Haus (also das Schloss), noch das Klima angenehm wären. Bora und Scirocco täten ihm ganz und gar nicht gut, und das Meer ließe ihn gleichgültig.

Auch die Beziehung zwischen der Fürstin, „seiner Fürstin“, deren Mann und Rilke dürfte nicht einfach gewesen sein. Zu unterschiedlich waren die Interessen dieser drei Menschen aneinander. Vielleicht mag auch dies zur Entstehung der „Elegien“ beigetragen haben. Überliefert ist, dass der Dichter sein relativ kurzes Gastspiel eher fluchtartig beendete. Was blieb, war Korrespondenz, die „Elegien“ und die Legende.

Nichts in Duino erinnert mehr an Rilke. Dies liegt nicht nur daran, dass das Zimmer, in dem er damals wohnte – eines der vielen Gästezimmer des Schlosses – sich in jenem Trakt des Gebäudes befand, welcher im I. Weltkrieg durch italienische Bombardements bis auf die Grundmauern zerstört worden ist. Es liegt vor allem daran, dass auch in Duino die Furie des Vergessens spukt.

Über Jahrhunderte beherbergte das Schloss derer von „Torre e Valsassina“, später von den Habsburgern so genannten Fürsten von „Thurn und Taxis“ und seit der Italianisierung als „Principi della Torre e Tasso“ bekannten Familie herausragende Persönlichkeiten des kulturellen Lebens. Schon Dante Alighieri weilte angeblich hier – der eine der beiden Felsen in der Bucht am Fuße des Schlosses ist nach ihm benannt; der zweite Fels fiel den Kanonaden des „Grossen Krieges“ zum Opfer. Verbürgt ist, dass Ende des 19. und Anfang des 20. Jahrhunderts Franz Liszt, Johann Strauß, Hermann Bahr, Hugo von Hofmannsthal, Mark Twain, Paul Valery und Gabriele D'Annunzio hier zu Gast waren. Auch der deutsche Künstler und spätere Baumeister Carl Friedrich Schinkel weilte und zeichnete hier. Und Erzherzog Franz Ferdinand hat einen seiner letzten Tage auf der unglückseligen Reise nach Sarajewo in diesem Schloss verbracht.

Nichts erinnert an diese Persönlichkeiten. Auch nichts an den Physiker Ludwig Boltzmann, welcher sich hier, in einem nur einen Steinwurf vom Schloss entfernten Hotel am 5. September 1906 im Alter von 62 Jahren das Leben nahm. Keine Gedenktafeln, kein Heimat-Museum berichten davon. Es ist, als hätten die Bürger Duinos irgendwann kollektiv beschlossen, dass es besser sei, keine Geschichte zu haben.

Zum ersten Mal kam ich Ende Oktober 1976 in dieses Dorf. Nach einer stundenlangen, abenteuerlichen Reise mit öffentlichen Verkehrsmitteln, also mittels ratternder, hustender und röchelnder grün-gestrichener Autobusse von Muggia über Triest, Santa Croce und Aurisina erreichte ich Duino, wo ich Spuren von Rilke zu finden hoffte, oder zumindest eine Erinnerung an ihn, welche meine damals überaus romantischen Vorstellungen vom Dasein eines Lyrikers hätte befriedigen können. Was ich vorfand, als ich auf der „piazza“ dem motorisierten Ungetüm entstieg, war das absolute Gegenteil von Poesie. Ein provinzieller Lebensmittel-Laden, eine Bar, ein Gemüsegeschäft, ein kleines und billiges Hotel, in welchem seinerzeit auch noch eine Trattoria in Betrieb war, sowie ein ungepflegtes Denkmal für die antifaschistischen Kämpfer: das war alles. Daran hat sich bis heute wenig geändert. Das Gemüsegeschäft gibt es nicht mehr. Dafür aber zwei Bars, das Hotel, keine Trattoria mehr, und keinen Hinweis darauf, dass hier ein Schloss steht. Auch das Meer scheint meilenweit entfernt zu sein. Wer hier ankommt, wähnt sich im Nichts, fühlt sich von einem berühmten Namen betrogen, und fährt weiter.

Nur wer sich entgegen des ersten Eindruckes der Mühe unterzieht, die durchaus schwierige Spurensuche fortzusetzen, wird eine Ahnung vom Zauber und der Schönheit des Ortes erfahren. Hinter einem von Schlingpflanzen überwucherten turmähnlichen Gebäude verbirgt sich die Zufahrt zum Schloss, angeblich das älteste ständig bewohnte Europas. Es wird derzeit revoviert. Um seiner ansichtig zu werden, gibt es nur zwei Möglichkeiten: entweder fährt man mit dem eigenen Schiff hinaus – Boote kann man hier weit und breit keine mieten – oder man begibt sich auf den „Sentiero Rilke", also den Rilke-Spaziergang, welcher am Ende des Dorfes Richtung Triest beginnt und entlang der Steilküste bis ins ungefähr zwei Kilometer entfernte Sistiana führt.

Genau genommen gibt es zwei Schlösser in Duino. Das eine, eine Ruine, liegt auf einem Felsen etwas unterhalb, nordwestlich des „neuen" Schlosses, versteckt hinter dem „Park-Hotel". Dieses alte Schloss fiel im 12. Jahrhundert einem durch kriegerische Einflüsse verursachten Brand zum Opfer. Hier soll die legendäre „Weisse Dame", die „Dama Bianca" gelebt haben, Gemahlin eines Ritters, welcher auszog, entweder den Arabern oder den Türken christliche Mores zu lehren. Sie aber – der langen Abwesenheit ihres Gatten überdrüssig – verliebte sich in einen jungen, hübschen Fischer. Nun gibt es zwei Legenden: der einen nach soll der Mann überraschend aus dem Krieg zurückgekehrt sein. Er ließ den Nebenbuhler einmauern, welcher noch neun Tage und Nächte an die Mauern seines Verlieses klopfte und trommelte, schrie und röchelte. Nach einem ergebnislosen Befreiungsversuch und dem Tod des Geliebten soll sich die Dame vom Felsen ins Meer gestürzt haben. Die andere Überlieferung besagt, dass sie ein Kind des Fischers empfangen hatte, und sich samt diesem in die Tiefe stürzte, als ihr Gemahl zurückkehrte, um diesem die Schande zu ersparen. Sicher ist nur festzustellen, dass sich unterhalb des alten Schlosses im Felsen der Steilküste eine Felsformation befindet, welche vom Meer aus betrachtet, die Form einer verschleierten weissen Dame besitzt.

Sicher ist auch, dass die damaligen Herren des Anwesens nach der Zerstörung des alten Schlosses auf dem oberen der beiden weit ins Meer hinausragenden Felsen ein neues Schloss errichteten, welches sich rings um den schon unter Diokletian errichteten Wehrturm entwickelte, der zum

Burgfried umfunktioniert wurde und noch heute das Zentrum der Anlage bildet. Schon 1366 stellte sich der Herr von Duino in den Dienst des Habsburgers Leopold III., wurde dafür mit der Würde eines Grafen geadelt, und nahm sechzehn Jahre später für diesen Triest in Besitz, dessen Bürgerschaft Schutz vor der expansionistischen Politik Venedigs suchte.

Dem Schloss war über die Jahrhunderte eine wechselvolle Geschichte beschieden. Zwischen österreichischen und venezianischen Interessen behauptete sich hier die Familie Della Torre e Valsassina, später Thurn und Taxis, gab sich weltoffen und kulturbeflissen. Der I. Weltkrieg machte der Idylle ein Ende. Zunächst galt das Bauwerk noch als zu schützendes Kulturdenkmal, als Teil einer zwischen den einander bekämpfenden Staaten vereinbarten quasi neutralen Zone. Als aber die k.u.k. Militärführung hier einen Beobachtungsposten einrichtete, nahmen die Italiener das Schloss von jenseits des Isonzo unter Beschuss durch Kanonen. Sowohl der Burgfried als auch der Wohntrakt wurden zerstört. Wie durch ein Wunder wurde das von Andrea Palladio konstruierte Stiegenhaus nicht beschädigt, welches heute wohl der kulturhistorisch kostbarste Teil des Schlosses ist. Die Schäden wurden in den 20er und 30er Jahren behoben, kurz, bevor die nächste Katastrophe hereinbrach.

Als im September 1943 Mussolini gestürzt wurde, übernahmen in der Region von Triest wie auch in weiten Teilen Italiens die deutschen Truppen das Kommando, entwaffneten die italienische Armee und aus den ehemaligen Verbündeten wurde eine Besatzungsmacht. Der Herr von Duino, mittlerweile „Principe“, wurde delogiert. Im Schloss errichtete die SS ihr regionales Hauptquartier. Als diese und die Wehrmacht anfangs 1945 den Rückzug antraten, räumten sie die herrschaftliche Residenz, welche wenig später von den Engländern okkupiert wurde. Der aus dem Exil zurückgekehrte Prinz schlug sein Zelt im Hof der Ruine des alten Schlosses auf, hisste seine Fahne und harrte aus, bis ihm die neue Besatzungsmacht wieder sein Eigentum überließ.

Um dieses zu renovieren und zu erhalten, sah er sich genötigt, nach und nach Ländereien zu verkaufen. So wurden in diesen Jahren nach dem II. Weltkrieg unter anderem die Bucht von Sistiana und die landwirtschaftlichen Güter im Friaul veräussert; Anfang der 60er Jahre wurde die „Cernizza" parzelliert und verkauft. Auf diesem Höhenrücken, dem letzten Ausläufer des Karstes, der sich entlang der Steilküste Richtung Monfalcone erstreckt, entstanden in den Folgejahren Villen angesehener Triestiner Familien, meist postmoderne Architekturen, deren eine oder andere internationale Beachtung gefunden hat. Als der heute hier residierende Prinz Carlo della Torre e Tasso nach dem Tod seines Vaters das Anwesen übernahm, waren keine Ländereien mehr vorhanden, welche verkauft werden hätten können, um mit dem Erlös das Schloss zu erhalten.

Selbst das Gästehaus, die Foresteria, für sich ein Schloss im Schloss, befindet sich seit Anfang der 80er Jahre nicht mehr im Besitz seiner Hoheit. In ihm ist seither das „United World College of the Adriatics" untergebracht, von dem noch die Rede sein wird.

Jahrelange Versuche, vom Italienischen Staat beziehungsweise von der Region Friuli-Venezia-Giulia Mittel aus dem Denkmal-Fonds zur Renovierung und Erhaltung zu bekommen, scheiterten letztlich daran, dass die öffentliche Hand als Gegenleistung die Öffnung des Schlosses und seines Parks für ein breites Publikum verlangte.

Dem folgten Versuche der Sanierung durch den Ausbau eines kleinen Kongress-Zentrums, der Öffnung von Teilen des Schlosses für Events wie Symposien, Hochzeiten oder

Incentive-Veranstaltungen. Auch diese Aktivitäten führten nicht zum erwünschten Ergebnis, wohl weil es der Region an der heutzutage scheinbar unentbehrlichen touristischen Infra-Struktur mangelt. Das Meer ist hier nichts weiter als eine wunderschöne Kulisse; keine maritimen Freizeit-Vergnügungen, wie man sie im mediterranen Raum erwartet, werden hier offeriert. Badestrände, Diskotheken, Tauchparadiese, Kreuzfahrt- und Ausflugsschiffe sind meilenweit entfernt. Der unermessliche Hunger der Freizeit-Gesellschaft nach organisierter Unterhaltung wird hier nicht gestillt.

Als sich der Schlossherr – in einer Mischung aus Resignation und Realitäts-Bewusstsein – im Jahr 1998 entschloss, sein Anwesen zu verkaufen und dessen Inhalt versteigern zu lassen, löste das nicht nur im Dorf, sondern auch in kulturell engagierten Kreisen Mitteleuropas Befremden, Irritation und Kritik aus. Die Kritiker bedachten in ihrer Stellungnahme nicht, dass alleine die Pflege des Schlossparks von Duino pro Jahr etwa soviel kostet wie die Errichtung eines luxuriösen Einfamilienhauses, von den sonstigen Erhaltungs-, Renovierungs- und Personalkosten ganz zu schweigen. Dass dies auf die Dauer aus der Privat-Schatulle nicht finanzierbar war, war absehbar. Der Titel eines Prinzen alleine ist auch keine Basis für längerfristige Kredit-Geschäfte.

So blieb Seiner Durchlaucht Carlo Alessandro di Torre e Tasso nichts anderes als die Flucht nach vorne übrig, um ernsthafte wirtschaftliche Probleme zu vermeiden. Die Versteigerung des mobilen Inhaltes des Schlosses brachte respektable Ergebnisse, denn das Gebäude war voller künstlerischer und kultureller Kostbarkeiten, welche sich im Lauf von Jahrhunderten hier angesammelt hatten. Ritterrüstungen, barocke Gemälde und ein Flügel, auf dem Franz Liszt gespielt und der Grossmutter des Prinzen Klavierunterricht gegeben hatte, kamen unter den Hammer. Und wieder erwiesen sich die Provinz von Triest und die Region von Friuli-Venezia-Giulia als „Land ohne Gedächtnis". Nicht etwa die kommunalen, regionalen oder staatlichen Institutionen und Museen erwarben die Dokumente der autochtonen Kultur, sondern anonyme Bieter von irgendwo, angeblich auch aus Saudi-Arabien und Texas. So löste sich ein Herzstück der Kultur des Küstenlandes in nichts auf, verschwand, Stück für Stück in Kartons und Container verpackt, nach irgendwohin. Was übrig blieb, war das Gemäuer. Es stand zum Verkauf: eine steinerne Mumie der Kulturgeschichte, pflegebedürftig und eigentlich sinnlos. Projekte wurden gewälzt, womit man dieses architektonische Relikt wieder mit Leben hätte füllen können. Die Einrichtung eines Museums kam in Gespräch. Aber dessen sinngebender Inhalt war nun eben versteigert worden. Auch die Universität von Triest interessierte sich, das Centro di Fisica, der World Wildlife Found und andere Institutionen. Es blieb beim Interesse.

Weder der Staat noch die Region hatten Geld, um das Schloss von Duino und die wenigen, noch dazu gehörigen Latifundien zu erwerben. Allen sich anbietenden privaten und kommerziellen Verwertungen widersetzten sich das Denkmalamt oder das Kulturministerium. Den zähen und langwierigen Verhandlungen folgte die Ernüchterung: das Anwesen erwies sich schlicht als unveräusserlich.

Nun unternimmt der Eigentümer einen neuerlichen Anlauf, um zu retten, was noch zu retten ist. Aus privater Initiative will er nun, zusammen mit Partnern, das „Neue Schloss", welches immerhin im Kern aus dem 14. Jahrhundert stammt, wieder zum Leben erwecken. Gedacht wird dabei an eine Form des gehobenen Kultur-Tourismus. Das Familien-Silber wird wieder zurückgekauft, und das Schloss zum Grossteil – nach englischem Vorbild – der Öffentlichkeit zugänglich gemacht. Ähnlich wie in Miramare wird der interessierte Besucher mit der Geschichte der Küstenregion konfrontiert werden. Kulinarische Einrichtungen sind geplant, welche auch die Abhaltung von Veranstaltungen jeglicher Art ermöglichen. Und schliesslich soll auch in einem Flügel des Schlosses eine Art Romantik-Hotel entstehen, in welchem der Gast überprüfen wird können, ob die Dama Bianca immer noch spukt.

Ob die neuen, ehrgeizigen Pläne des Prinzen verwirklichbar sind, ist nicht nur von seinem Wollen und dem Engagement der Finanziers abhängig, sondern auch vom politischen Willen der zuständigen Behörden und Gremien. Diese aber nehmen – geradezu hysterisch und meist aus populistischen Interessen – Rücksicht auf die in der Gesellschaft des Küstenlandes eingebrannten Widersprüchlichkeiten, auf die unzureichend vernarbten Wunden, um zu vermeiden, dass jene wieder aufbrechen oder sich gar von neuem entzünden. In der Idylle spukt die Angst. Angst sät Misstrauen. Und Misstrauen verhindert Visionen.

Die Gesellschaft von Duino ist das perfekte Modell der Schizophrenie des Küstenlandes. Das Gemeindegebiet erstreckt sich vom Timavo über das Villagio del Pescatore, die Küste entlang über die Orte Duino und Sistiana bis hinauf in den Karst. Das Rathaus steht in Aurisina. Medeazza, Ceroglie, Malchina, Slivia, San Pellagio und andere Dörfer gehören dazu. Hier leben auf engem Raum nebeneinander Slowenen, Veneter, Süditaliener, Friulaner und die sogenannten Esuli, also die istrianischen Emigranten.

Offiziell heisst die etwa 8000 Seelen zählende Gemeinde „Duino-Aurisina“, auf slowenisch „Devin-Nabrezina“. Um der Struktur der hier ansässigen Bevölkerung gerecht zu werden, müsste man entweder von „Duino-Nabrezina“ oder von „Devin-Aurisina“ sprechen. Bis gegen Ende der österreichischen Herrschaft waren die Grenzen innerhalb des Dorfes und zwischen den Familien relativ klar. Die Menschen oben im Karst und auch die Mehrheit der für den Prinzen tätigen Pächter und Arbeiter waren Slowenen. Es ist der Erwähnung wert, dass es vor gut 200 Jahren eine Fürstin von Thurn und Taxis war, welche das erste slowenische Wörterbuch verfasste. Die Fischer aber – und Duino war auch ein Fischerdorf, sprachen italienisch. Einerseits, weil dies die Sprache des adriatischen Meeres war, und andererseits, weil der Grossteil dieser Familien von Italienern, genauer gesagt, von Venezianern oder hierher verschlagenen Fischern aus Chioggia begründet wurden. Der Konflikt zwischen den Menschen unterschiedlicher Herkunft brach erst unter der Herrschaft Mussolinis auf, als die erste Welle der „Italianisierung“ begann, in welche sich ein Teil der Slowenen gottergeben fügte, während ein anderer Widerstand zu leisten versuchte. Die slowenischen Schulen – einst hier eine Selbstverständlichkeit – wurden geschlossen, ebenso die diversen kulturellen Einrichtungen. Die meisten Familiennamen hat die Staatsgewalt damals italianisiert, um den Eindruck zu erwecken, das Küstenland sei in seinem Ursprung romanisch. Die Familie Voltarig hiess fortan Volari, und Peric Perizzi. Die Taufbücher – seit Jahrhunderten entweder in Deutsch oder Slowenisch geführt – wurden italienisch fortgeschrieben. Süditaliener wurden hier bevorzugt als Strassenarbeiter, Eisenbahner und sonstige Staatsdiener eingesetzt, und so die Bevölkerungsstruktur in dieser kleinen Gemeinde innerhalb von wenigen Jahren radikal verändert. Seit damals geht ein weiteres Gespenst in der Gemeinde Duino-Aurisina um: das der ethnischen Säuberung.

Diese setzte sich im Zweiten Weltkrieg fort. Für die hier stationierten Wehrmachts-Angehörigen und die SS waren die Italiener – wenn auch unzuverlässige – Verbündete. Die Slowenen hingegen galten durch die Bank als potentielle Kommunisten und Partisanen und wurden entsprechend behandelt. Diese Apartheid-Politik wurde auch in den Jahren nach 1945 beibehalten. Noch in den 60er Jahren war der Kindergarten von Duino durch einen Zaun in einen italienischen und einen slowenischen Teil getrennt. Und noch heute gibt es in der Nachbargemeinde Santa Croce keinen „koedukativen" Kindergarten, sondern einen italienischen und einen slowenischen.

Dazu kam, dass bevorzugt hier, in einer damals noch mehrheitlich slowenischen, vom titoistischen Jugoslawien umschlossenen Gemeinde, italienische Flüchtlinge aus Istrien und Dalmatien angesiedelt wurden, die sogenannten Esuli. Ihre Anwesenheit sollte – auch in Hinblick auf eine nach 1945 denkbare Volksabstimmung – den Anspruch Italiens auf dieses Territorium bestätigen und stärken. Dies führte zu einer Situation, welche einfach grotesk war: tausende italienisch-stämmige Menschen waren vor dem Kommunismus und dem Slawen-Volk – welches sie mit dessen Politik identifizierten – in den „freien" italienischen Westen geflohen. Angesiedelt wurden sie durchwegs in kommunistisch dominierten Gemeinden mit überwiegend slawischer Bevölkerung. Dies diente naturgemäss nicht gerade der kommunalen Völkerverständigung. Auch wurde die „Integration" der neuen Bürger politisch oft erzwungen. So etwa in Duino-Aurisina. Als sich der damalige Bürgermeister weigerte, der Errichtung einer Siedlung für die Esuli im Borgo San Mauro in Sistiana zuzustimmen, wurde er durch einen Beschluss der Regierung kurzfristig abgesetzt, die einen Prokurator einsetzte, welcher in einem Handstreich das entsprechende Dekret unterzeichnete. Schon ein paar Stunden später – als die notwendigen Formalitäten erledigt waren – wurde der entmachtete Bürgermeister wieder installiert und durfte von Roms Gnaden sein Amt weiter ausüben. Das war aber nur eine von vielen Demütigungen, welche bis heute das Misstrauen gegenüber der zentralistischen Regierung in Rom schürten und schüren.

Es war kein entspanntes, nachbarschaftliches Zusammenleben. Dem Ziel einer erzwungenen, kompromisslosen Integration folgend, wurden auch die Polizei, die Guardia di Finanza und die sonstigen Institutionen der Staatsgewalt so gut wie ausschliesslich mit Italienern, bevorzugt aus dem Süden oder aus der Toskana, besetzt, welche naturgemäss kein Wort Slowenisch sprachen. Dass dies zu Konfrontationen und beiderseitigen Provokationen führte, ist selbstverständlich.

Die Slowenen ihrerseits verfielen wieder, wie in den 20er Jahren dem fatalen Irrtum, dass alle Italiener Rassisten und Nationalisten wären. Ihre Angst vor der kulturellen Enteignung, vor der Depersonalisierung, nahm und nimmt mitunter noch immer paranoide Formen an. So wird heute noch ein Wohnbauprojekt aus der Feder eines italienischen Architekten von den Slowenen zunächst als Versuch einer „ethnischen Säuberung“ gesehen, während der Widerstand durch diese – sich nunmehr in der Minderheit befindlichen – Volksgruppe von den Italienern als kommunistisch-slawische Sabotage desavouiert wird.

Als Beispiel dieser – durch den politschen Irrsinn der jüngeren Geschichte verursachten und durchaus nachvollziehbaren – Zerrissenheit einer Gesellschaft kann ein Mann gelten, der im Jahr 2000 starb.

Seine Mutter war Slowenin, welche, als sie Ende der 20er-Jahre nach Duino kam, kaum ein Wort Italienisch sprach. Hier begegnete sie einem süditalienischem Wanderarbeiter, welcher ihr einen Sohn zeugte. Der Vater verschwand wenig später, starb – wohl nach einem sehr wechselhaften Leben – sechzig Jahre später als pensionierter Bergarbeiter in Belgien. Die Mutter zog den Sohn alleine auf, verdingte sich als Hilfsarbeiterin und Putzfrau. Als der Knabe zum Mann wurde, entwickelte er einen immensen chauvinistischen Stolz. Vor allem definierte er sich dadurch, ein „Duinate“, also ein in Duino geborener zu sein, was ihn in seinen Augen über die später zugezogenen „Duinesi“ erhob. Damit waren die Friulaner, Esuli, Slowenen und Süditaliener gemeint, welche sich nach 1945 hier ansiedelten, und welche, seiner Ansicht nach, in allen Belangen der dörflichen Gesellschaft völlig inkompetent waren, deren Meinung er verhöhnte und denen er das Wort verbat.

Der Krieg war für ihn – wie für viele seiner Altersgenossen im Dorf – eine Art Abenteuer-Spielplatz. Die Deutschen schenkten den Kindern Brot und Schokolade, wie später dann auch die Alliierten. Während knapp einen Kilometer oberhalb im Karst, im von den Nazis so genannten „Banditen-Gebiet“, der Kampf auf Leben und Tod tobte, ging es am Meer relativ friedlich zu. Hier logierte die Garnison und wollte dies möglichst ungestört tun. Die einheimischen Väter und Männer waren entweder zum Militärdienst eingezogen, oder zur Zwangsarbeit nach Deutschland verschleppt worden. Die Mütter waren durch den Kampf ums tägliche Leben, mit Ängsten und Sorgen überfordert. Die Knaben wuchsen in einer Art Anarchie heran. Wer besser bettelte und klaute, saß in der Hierarchie der Pubertierenden ganz oben, und war obendrein sowohl bei seiner Familie als auch bei Wehrmacht und SS als „Organisator" beliebt. Alle hatten Hunger. Die Halbwüchsigen gingen fischen. Ausgestattet mit Handgranaten, welche ihnen die Soldaten zusteckten, fuhren sie hinüber zum Timavo, und kehrten mit hunderten Volpine und Forellen zurück. Dieses Spiel fand nach dem Krieg unter der englischen Besatzung seine Fortsetzung. Man muss sich die Absurdität der Situation vorstellen: während des Krieges musste eine slowenische Familie, deren Vater wegen seiner Abstammung oder politischen Gesinnung in ein Arbeits- oder Straflager verbracht worden war, schweigend dankbar sein, wenn der Sohn mit den Handgranaten der Nazifaschisten fischen ging und so zum Ernährer der Familie wurde. Später, nach dem Krieg, wird es wohl für die ehemals faschistischem Väter um nichts einfacher gewesen sein, wenn sie erlebten, dass ihre Kinder mit den Besatzern „kollaborierten", am Rande der Kriminalität die notwendigen Lebensmittel organisierten und nachhause brachten.

Um das dörfliche Zusammenleben auf engstem Raum zu gewährleisten, half nur Vergessen und Verdrängen. Zuviel wusste jeder von jedem. Aus manchem Opfer des Faschismus wurde ein Täter, und die Täter von damals zu deren Opfer. Viele hatten die politischen Umstände genutzt, um sich zu berreichern und alten Feinden zu schaden. Die nationalistischen Italiener den nationalistischen Slowenen und vice versa. Und wer war nicht nationalistisch gesinnt in dieser Periode extremer Polarisierung. Bespitzelung,

Denunziation oder zumindest Desavouierung waren an der Tagesordnung.

„Duca“ war von Kindesbeinen an Zeitzeuge dieses sozialen Gemetzels und lernte daraus. Er machte sich durch seine Grosszügigkeit, seinen Charme, seinen Witz und seine Intelligenz den Grossteil der Gemeinschaft zum Freund, und war für die jeweils wechselnden Behörden und Kontrollorgane dank seines Informationsstandes unentbehrlich. Seine Mitwisserschaft war sein Kapital, welches ihm erlaubte, sein Leben lang keiner geregelten Arbeit nachgehen zu müssen. Zwar ging er fischen, wenn ihm danach war, wenn er Geld brauchte oder wenn ihn jemand um diesen Gefallen bat. Auch war es für ihn eine Art gesellschaftliches Ereignis. Manchmal nahm er Freunde mit, man fuhr hinüber bis Punta Sdobba oder in den Timavo hinein, meist unter Mitnahme von Salame, Käse und Wein. Ob er nun alleine oder in Gesellschaft auf Fang ging, seine Rückkehr in den Hafen war jedes Mal ein Spektakel und wurde auch als solches zelebriert. War das unverwechselbare Tuckern seines uralten Diesel-Motors zu hören, machten sich zwei höchst unterschiedliche Karawanen auf den Weg: zunächst die Katzen, die zerzausten, grindigen Tiger des Hafens, die er – weil Einzelgänger und Aussenseiter wie er – liebte und als erste mit Nahrung versorgte, noch vor den Freunden, welche die zweite Karawane bildeten und die zunächst seinen Fang zu bestaunen und zu bejubeln hatten, bevor er sich nach Gutdünken entschloss, dem einen oder anderen eine Handvoll seiner Beute zu verkaufen oder zu schenken. Den Rest, meist die bessere Qualität an Meerestieren, brachte er in diverse Restaurants und Trattorias der Umgebung, wo er entweder Geld dafür erhielt oder in den Tagen bis zu seinem nächsten Fischzug reichlich aß und trank. Waren Wetter und Jahreszeit nicht günstig für den Fischfang, so wurde er quasi à conto versorgt.

Der „Herzog“ besass zeitlebens nie eine Lizenz als Fischer, geschweige denn, dass er jemals auch nur einen Centesimo Steuer oder Sozialabgaben bezahlt hätte. Das wussten alle. Dennoch feierte er seine Feste im Hafen, in aller Öffentlichkeit. Vor seiner Wellblech-Baracke, in welcher Netze, Werkzeug und allerlei einem Fischer nützlicher Krimskrams gelagert waren, baute er einen Grill auf, welcher aus einem Camping-Gaskocher bestand, auf dem eine wackelige Platte aus Gusseisen thronte, die wohl irgendwann Bestandteil eines Küchenherdes gewesen sein mochte. Auf dieser grillte er frische Sardinen, welche – wie die Münchener Weisswurst – vor dem Ertönen der Mittagsglocken zu verzehren sind. Oder er bruzzelte Calamari, Seppie und Makrelen. Seine Spezialität aber waren die „sardoni alla siciliana“, welche er meisterlich zuzubereiten verstand – immerhin erstaunlich für einen, welcher in politischen Diskussionen die Süditaliener als „terroni“ und „cabibi“ beschimpfte. Ein weiteres Paradigma seines Daseins bestand darin, dass er – war die Rede von Slowenen – nur von den hässlichen Sklaven sprach, die seiner Einschätzung nach ein durch und durch kulturloses und dummes Volk waren, eine Art von Paria, welche ihn als „Römer“ schon durch ihre pure Anwesenheit beleidigten. Nichtsdestotrotz vertrieb er sich seine Zeit – wenn er nicht gerade seiner „Arbeit“ als Fischer nachging – bevorzugt im Karst, inmitten der Slowenen und ihrer „osmizze“, flirtete mit den slawischen Mädchen und aß Cevapcici. Auch brachte er immer wieder Netze voll Muscheln oder Calamari hinauf in das Grenzland und liess sich mit Wein, Salame und sozialer Anerkennung belohnen.

Bemerkenswert an seiner Lebensführung war aber nicht nur sein lässiger Umgang mit den Widersprüchen, sondern auch, dass es ihm möglich war, seine illegalen Tätigkeiten vor aller aller Augen auszuführen. Aber was sollte ihm auch passieren? Alle genossen seine Fische, von den Finanzern bis zum Maresciallo der Carabinieri. Es gab niemanden, der ihn hätte denunzieren können, über den er nicht mehr gewusst hätte als dieser über ihn. Nun mag man sagen, dass dies in einer Dorfgemeinschaft durchaus üblich ist; schon gar in Italien. Aber das wäre zu leichtfertig. Zwei Dinge waren für ihn, für seinen modus vivendi günstig: zum einen sein „diplomatisches" Geschick, zum anderen aber die zeitliche und örtliche Konstante der kollektiven Schizophrenie.

Er schwieg. Die anderen schwiegen. Hinter vorgehaltener Hand wurde freilich das eine oder andere hässliche Wort gesagt. Aber dies bildet in dieser Gemeinschaft einen allen Beteiligten bekannten Teil der Spielregeln, ist nicht denunziatorisch gemeint, sondern soll nur qualifizierte Mitwisserschaft demonstrieren. Dieses Spiel kann soweit gehen, dass der Verrat zum verbindenden Element wird.

„Duca" beherrschte das Spiel perfekt. Als er gestorben war, folgte seinem Sarg ein Kondukt in einer Grössenordnung, die einem Fürsten würdig gewesen wäre. Jeder, dem er jemals eine Makrele zugeworfen hatte, fühlte sich als Mitglied seiner Tafelrunde geadelt. In der Erinnerung erwies sich der Chauvinist als Integrationsfigur ausgerechnet zwischen den beiden ethnischen Gruppen, welche er zeit seines Lebens als inferior betrachtet hatte.

Im dialektalen Sprachgebrauch wird hier unterschieden zwischen „Duinesi“ und „Duinati“, also zwischen den hier lebenden und den hier geborenen Menschen. Es ist gar nicht schwer, sie voneinander zu unterscheiden. Erstere wenden im Hafen dem Meer den Blick zu, zweitere den Rücken. Die einen geniessen den Sonnenuntergang, die anderen nehmen ihn so selbstverständlich zur Kenntnis, wie die Fußmatte vor der Haustüre. Erzählt man, dass man in Triest oder gar Venedig gewesen ist, so werden die Duinesi neugierig, wollen wissen, weshalb und was man dort erlebt hat. Die Duinati bedauern einen. Weshalb sollte jemand überhaupt das Bedürfnis haben, woanders hin zu fahren? Natürlich – Behördenwege oder Verwandtenbesuche müssen erledigt werden, sind aber in ihrem Bewußtsein mit entsetzlicher Mühsal verbunden. Die Fahrt ins kaum fünf Kilometer entfernte Monfalcone oder gar nach Triest wird zur Expedition, die man nur auf sich nimmt, weil es in Duino eben keinen Optiker, Schuster oder Supermarkt gibt. Denn ihrer Meinung nach haftet jeder Stadt ein übler Geruch an. Auch sind Städte grau, schmutzig und der Hort von Kriminalität oder zumindest Gewalttätigkeit. Man preist jeden Tag als glücklich, an dem man nicht genötigt ist, sich in diese Höllen begeben zu müssen.

Das ist anders als in anderen Dörfern – egal ob in Italien oder Österreich – wo Menschen von der Stadt träumen, sich fein machen, und am Samstag sich aufmachen, um einkaufen, ins Kino oder ins Theater zu gehen. Im Gegenteil: der Rest der Erde wird von den Duinati gemieden. Denn er erinnerte in fataler Weise daran, dass es Vergangenheit, Gegenwart und Zukunft gibt, ja vielleicht sogar die Möglichkeit einer notwendigen Veränderung. Hier verweigert man sich der Welt und der Zeit. Es gibt nicht wenige Alte, die seit Jahren nicht einmal im kleinen Hafen unten waren, sowie viele Junge, deren Aktionsradius sich auf die wenigen Lokale im Gemeinde-Gebiet beschränkt, die in Triest bestenfalls das Fussballstadion und die umliegenden Pizzerias kennen. Schon in Udine verirren sie sich.

Die wenigen, die Reisen unternommen haben, taten dies in der Regel in organisierten Gruppen oder aus beruflicher Notwendigkeit. Nur eine Handvoll der Menschen hat Rom oder Wien gesehen. Kaum einer verläßt freiwillig den Ort. Wozu auch. Im Sommer sitzt man bei Eis oder Bier in einem möglichst schattigen Platz im Hafen; im Winter bei Wein und Kastanien in einer Osmizza im Karst. Lediglich junge Mütter und betagte Damen fahren des Sandstrandes wegen nach Grado zum Baden. Wer für ein paar Tage nach Kärnten fährt, etwa zum Fischen oder Bergsteigen, gilt bereits als Snob, der sein Geld sinnlos zum Fenster hinaus wirft und seine Zeit vergeudet. Denn es herrscht die Meinung vor, dass der Ort ohnehin alles bietet, was der Mensch zum Überleben und zum Zeitvertreib braucht.

Zur Illustration eine kleine Geschichte: ich erzählte einem Duineser Freund – Besitzer einer Bar und gefürchteter Kartenspieler – dass ich anderntags nach Venedig führe. In einer Mischung aus Verständnislosigkeit und Gleichgültigkeit fragte er mich, weshalb ich dies täte. Ich antwortete, dass ich gedächte, dort Freunde zu besuchen. Er blickte in sein Glas Rotwein und sagte: „Kann sein, dass du Freunde in Venedig hast. Aber deine Familie ist in Duino!“. Es war eine Mischung aus familiärer Liebeserklärung und strenger, väterlicher Ermahnung. Dann leerte er das Glas in einem Zug. Er hat mich nie gefragt, was ich in Venedig erlebt hatte, oder gar, wer meine Freunde dort seien.

Nicht einmal die Möglichkeiten, welche die Umwelt den hier lebenden Menschen zu deren Vergnügen böte, werden genutzt. Kaum jemand nennt ein Boot sein Eigen; die Wanderwege im Karst sind menschenleer, so gut wie keiner geht fischen. Die Duinati nehmen ihr Paradies achselzuckend zur Kenntnis. Fast scheint es, als wäre dessen Existenz den meisten unter ihnen völlig egal. Zöge sich das Meer zurück und käme nicht wieder – es dauerte Wochen, bis sie dies bemerkten.

Aus dieser Haltung heraus ist es auch nicht weiter verwunderlich, dass man immer wieder erstaunt ist, dass Fremde freiwillig dieses Kaff aufsuchen, und dafür auch noch Geld ausgeben. Man beäugt sie mit kurioser Neugierde, aber auch mit Misstrauen, stellen sie doch mit ihrem unverständlichen Interesse die Gleichgültigkeit, welche man hier gegenüber der eigenen Heimat an den Tag legt, radikal in Frage.

Auch Triestiner oder Friulaner zählt man zu den Fremden. Wenn an den Wochenenden, Feier- und Festtagen der kleine Hafen von „Fremden" überschwemmt wird, sucht man die Duinati vergebens. Sie ziehen sich in ihr Haus oder in den Karst zurück. Italienische und slowenische Nationalisten solidarisieren sich stillschweigend gegen jene Barbaren, die für ein paar Stunden das gemeinsame Wohnzimmer okkupiert haben.

Erst am Sonntag-Abend, wenn die Welle der Besucher verebbt, der Spuk also vorüber ist, tauchen die Einheimischen wieder auf, wie aus dem Nichts, quasi um zu kontrollieren, ob die Touristen auch wirklich weg sind und ihnen womöglich eine Meereswelle oder gar den Himmel davongetragen haben.

Vollends grotesk wird die Situation im Ort, wenn an einem milden Frühlingstag – in Österreich liegt noch Schnee – völlig überraschend auf einen Schlag mehr als ein Dutzend

Touristen gleichzeitig auftauchen, welche auf der Suche nach mediterranem Klima, Kost und Quartier sind. Das wird als Invasion empfunden und zum Tagesgespräch. „Mama mia, quanti austriaci!“. Dabei parken bloß fünf, sechs Autos mit Kärntner oder Wiener Kennzeichen im Hafen. Aber diese Menschen bringen Unruhe in den Ort. Es kommt zu einer Art sozialer Herzrhythmus-Störungen.

Die Donau-Germanen erscheinen um punkt zwölf Uhr bei Tisch und verlangen nach einem Menü. Zu diesem Zeitpunkt sitzen die italienischen Köche und Kellner in aller Regel noch beim Personal-Essen oder stehen mit Einheimischen und Freunden an der Bar. Man redet gerade von Fussball, Kindern und Politik. Man ist aber auch höflich dem Gast gegenüber, unterbricht sein Gespräch, läßt sein Gericht kalt werden, nimmt die Bestellung auf und begibt sich in die Küche. Wenn dann gegen halb zwei Uhr die Italiener zum „pranzo“ erscheinen, fragen die ersten Österreicher bereits nervös nach der Rechnung. Und wenn die mediterranen Gäste beim Gehen sind, kehren wieder Touristen ein, deren Sinn nach Kaffee und Kuchen steht, oder die schon wieder hungrig sind – weil sie so bald zu Mittag gegessen haben – und die nun zwischendurch, zur Jause, ein paar Scheiben Prosciutto und ein Glas Wein bestellen. Während diese Klientel, schon allegro in die Dämmerung hineinplaudert, und das Personal sich zurückziehen will, um endlich eine warme Mahlzeit zu sich zu nehmen, poltern bereits die Neuankömmlinge um Punkt achtzehn Uhr ins Lokal und verlangen die Speisekarte. Während die ersten Fremden sich ins Zimmer zurückziehen und strikte Ruhe verlangen, erscheinen die letzten fröhlichen Italiener zu einer mehrgängigen „cena“, lachen, unterhalten sich prächtig und laut, ehe sie, lange nach Mitternacht, das kulinarische Schlachtfeld verlassen, nicht ohne im Stehen noch bei Whisky oder Grappa

Umarmungen, Visitenkarten oder Toto-Ergebnisse auszutauschen. Das ist die Stunde, in welcher das Personal in Ruhe die Frühstückstische eindecken kann, weil exakt um sieben Uhr morgens die ersten „gnocchi“ (also deutschsprachige Tölpel) im Speisesaal auftauchen, die dringend nach Miramare müssen, aber nicht ohne weiches Ei.

Wer wissen will, was Contenance bedeutet, sollte an einem dieser Tage lang den Kellner Paolo in der „Dama Bianca“ im Hafen von Duino beobachten. Nein, er ist kein Kellner. Er ist mehr als ein Maitre. Seit zwanzig Jahren verwöhnt er die Geniesser und Wissenden, liest ihnen jeden Wunsch von den Augen ab, und ebenso pariert er Präpotenz, Unwissenheit, Ungeduld oder Egozentrik mancher Gäste – und es sind seine Gäste, obwohl es nicht sein Lokal ist – mit geradezu übermenschlicher Souveränität.

Paolo und Bianca – die „padrona“ – gehören zu den wenigen, welche den Zauber dieses Ortes begreifen und den Menschen zu vermitteln verstehen, dessen wenige Quadratmeter sicher zu den schönsten dieses Planeten gehören. Beide sind sie nicht von hier. Sie kam vor langen Jahren aus Dalmatien hierher. Er stammt aus dem Karst.

Die Duinati sehen im Tourismus keine sinnvolle Lebensgrundlage. Er scheint ihnen bloß Quelle nicht enden wollender Mühsal zu sein. Eben erst frisch bezogene Betten werden beschmutzt, und sind anderntags erneut mit frischen Leintüchern zu versehen. Handtücher sind zu waschen. Der Wasser-Verbrauch der Fremden ist enorm. Und schliesslich verlangen diese durchreisenden Barbaren auch noch eine warme Mahlzeit.

Wohl um solchen Stress zu vermeiden, und um nicht derartige Mühseligkeiten zu einer tagtäglichen Herausforderung werden zu lassen, verhindert man beharrlich die Errichtung entsprechender Infrastruktur – und seien es auch nur mehrsprachige Hinweistafeln. Dass es in dieser Gemeinde kein Büro für Tourismus-Information gibt, gehört ebenfalls zu diesem Konzept. Diese Unterlassungen haben die Hoffnung zum Hintergrund, dass die meisten Ausländer mangels Information so schnell wie möglich weiterfahren. Die Strategie funktioniert. An den Reisewochenenden halten täglich ein paar Dutzend Fahrzeuge auf der Piazza, die nichts weiter ist, als eine grosse, ungeregelte Kreuzung, die nicht einmal als solche erkennbar ist, weil kreuz und quer Autos parken. Die Ankommenden sehen sich um. Kein Rilke-Denkmal weit und breit, keine Gedenktafel für Ludwig Boltzmann, nicht einmal ein Hinweis, dass es hier ein Meer gibt. Es gibt keine Orientierungstafel oder gar Piktogramme. Die Ortsunkundigen verlassen meist nicht einmal ihr Auto, sondern erspähen mit etwas Glück den Wegweiser „Trieste“, setzen ihr Gefährt wieder in Gang und sind weg. Nur wenige hartnäckige Charaktere – in der Regel jene, die mit dem Begriff „Duino“ Geschichte und Literatur verbinden – steigen aus, und begeben sich in eins der umliegenden Lokale, um sich zu informieren. So sie nicht Italienisch sprechen, scheitern sie an der Sprach-Barriere. Eher begegnet man auf Helgoland Kellnern, die des Lateinischen mächtig sind, als hier jemandem, der akzeptabel Deutsch spricht. Wer den landesüblichen Akzent kennt, weiss, dass auch der Versuch der Kommunikation in Englisch vollkommen sinnlos ist.

Dies alles ist umso erstaunlicher, wenn man bedenkt, dass in Duino seit über zwanzig Jahren das „United World College of the Adriatics“ seinen Sitz hat. An die dreihundert Studenten, Professoren und Dienstleistende aus aller Welt leben, lernen und lehren hier. Die Institution – eine sinnvolle internationale Einrichtung, deren Absolventen an jeder beliebigen Universität dieses Planeten die Studienberechtigung erlangen – ist aber stets ein Fremdkörper geblieben. Es ist eine Art Bildungs-Ghetto. Seine „Insassen“ behaupten, dass dies an der Ignoranz der „Eingeborenen“ läge – und vice versa. Der Aussenstehende vermag nur zu konstatieren, dass viele Gemeindebürger keine Ahnung haben, was in diesem College nun tatsächlich vor sich geht, und viele Studenten oder gar Professoren – die schon seit Jahren hier unterrichten – keinen Schimmer von der politischen und sozialen Geschichte oder Gegenwart des Ortes haben. Es mag wohl so sein: wenn die einen sich mit der Gestalt der Galaxie beschäftigen, haben sie keinen Blick und kein Verständnis für die lokalen Identitätsprobleme in einem x-beliebigen Nest, welches sie ja doch früher oder später wieder verlassen werden. Umgekehrt ist es einem Mindestrentner oder Schichtarbeiter egal, wieviele Elektronen ein Plutonium-Atom sein Eigen nennt. So lebt man aneinander vorbei. Man sollte beiden Beteiligten dennoch den Vorwurf nicht ersparen, nicht aufeinander neugierig zu sein. Beider Horizont ist zu eng. Wissenschaft, so gelebt, wird geistig in dörflichen Strukturen verhaftet bleiben, und das Dorf wird unter diesen Voraussetzungen weiter dahin vegetieren, so, als ob es die Welt nicht gäbe.

Es ist scheinbar ein Widerspruch, aber auch er gehört zu Duino: nur indem man aneinander vorbei lebt, ist ein Zusammenleben möglich. Denn in hermetischen Gesellschaften kann das Individuum seine Identität oft nur durch Gleichgültigkeit gegenüber dem Kollektiv vor dem Kollektiv schützen.

Auch wäre in einer solchen, seit Jahrhunderten von Widersprüchen geprägten Zivilisation die permanente Erinnerung an das Vergangene nichts weiter als der ideale Humus für Blutrache und Bürgerkrieg.

Es gibt Gerüchte, dass Attila, der König der Hunnen, auf dem Rückzug nach der Schlacht auf den katalaunischen Feldern hier gestorben und auf der Cernizza, dem ehemals bewaldeten Höhenrücken längs der Steilküste, bestattet worden sei. Heute stehen hier prächtige moderne Villen der Triestiner upper-class. Deren Bewohner wissen nichts von dieser Legende, leben anonym in ihrem Elfenbeinturm aus Karstgestein und Marmor und haben mit dem Ort rein gar nichts zu tun.

Aber auch das Dorf selbst verstädtert zusehends, wird mehr und mehr zu einem Vorort Triests. Die Duinati sind bereits eine verschwindende Minderheit. Geschäftsleute, Beamte, Vertreter und Pensionisten haben sich hier angesiedelt, weil sie die gute Luft und den Blick aufs Meer schätzen. Ihre Sprösslinge langweilen sich und reagieren auf die Ruhe des Landlebens mit exzessiver Mobilität und Motorisierung.

Nur auf der Boccia-Bahn hat sich eine Art dörflicher Struktur erhalten. Versteckt vor den Augen der Touristen, abseits vom ohnehin spärlichen Dorfleben, treffen sich nachmittags vorwiegend die Alten, schieben oder schmeissen die Kugel, trinken billigen, trüben Wein, grillen fette Würste, und werden von Jahr zu Jahr weniger. Was noch vor zwanzig Jahren Kommunikations- und Kulturzentrum des Ortes war, wo gesungen, gefeiert und kokettiert wurde, wird mehr und mehr zum Warteraum vor dem Verschwindens.

Wer hier – wie Rilke – eine Frage in die Welt schreit, dem antwortet kein Engel. Niemand.

Polititsche Verhältnisse und Bedingungen können so rasch wechseln wie das Wetter an der Küste, wenn der warme Südwind verstummt und mit einem Schlag die bitterkalte Bora bläst. Ehrgeizig waren die Projekte des letzten Bürgermeisters der 8000-Seelen-Gemeinde Duino-Aurisina. Er, Sohn einer istrianischen Flüchtlings-Familie, hatte selbst schmerzhaft erfahren müssen, welche mentale Barrieren hier an der nach dem II. Weltkrieg künstlich gezogenen Grenze das Zusammenleben der diversen Ethnien behindern. Der Mann war als Kandidat eines Bündnisses zwischen Grünen, Linken und der Slowenischen Wähler-Liste zum Bürgermeister gewählt worden. Er träumte von offenen Grenzen und einem harmonischen Zusammenleben von Italienern, Slowenen und sonstigen Europäern, also Touristen. Die „Wiedervereinigung" des Kulturraumes sowie die Öffnung nach Europa waren die Themen seiner Gemeindepolitik, welche freilich hier – zwischen der friulanischen Ebene und dem Triestiner Karst – durchaus weltpolitische Dimensionen annehmen können. Denn ohne offene oder stillschweigende Billigung Roms, Laibachs und Brüssels lässt sich nicht einmal ein botanischer Lehrpfad durch den Karst zwischen dem zu Duino gehörigen Ceroglie und dem drei Kilometer entfernten – slowenischen – Brestovizza verwirklichen.

Es ist bewundernswert, wenn hier ortskundige Menschen – allen Erfahrungen zum Trotz – noch immer und immer wieder Visionen ersinnen und Projekte entwickeln. Dies betrifft vor allem den in dieser Gemeinde eklatant unterentwickelten touristischen Bereich. Bereits in der Planungsphase werden zukunftsweisende und durchaus seriöse Ideen seitens der Mehrheit der Bevölkerung gar nicht ernst genommen. Begleitet von Desinteresse, Spott und Achselzucken wird das Projekt bis zur Planungsreife entwickelt, um – wie von allen prophezeit – vor der Zeit zu scheitern. Den Betreibern und wenigen Parteigängern solcher Ideen ist eine zähe Verve nicht abzusprechen, die etwas Rührendes hat. Es scheint, als träten sie nur an, um sich selbst zu beweisen, dass jeglicher Versuch einer Veränderung der Strukturen zum Positiven ergebnislos sein muss. Mehr noch: all diese Versuche dienen nicht zuletzt dazu, die individuelle und kollektive Resignation zu bestätigen, welche einen fundamentalen Bestandteil des kommunalen Selbstverständnisses darstellt. Gelänge auch nur irgend etwas, stellte dies die lebenslange Untätigkeit in Frage und bedeutete, auch in Zukunft Engagement an den Tag legen zu müssen. Gelänge es auch nur einem, das Prinzip des „No se pol!" zu durchbrechen welches – wie die Bora die Blätter von den Bäumen – sämtliche Ideen vom Tisch fegt, so machte er sich zum Todfeind einer hypochondrischen Gesellschaft, welche durch den Nachweis ihrer Gesundheit ihre Identität und Daseinsberechtigung verlöre.

Ein Beispiel hierzu: vor wenigen Jahren wurde nahe des Timavo, beim Villagio del Pescatore, das grösste und älteste komplett erhaltene Dinosaurier-Skelett Italiens gefunden. Was lag also näher, als an diesem geschichtsträchtigen Ort einen Erlebnispark zu planen, kein „Saurier-Land", sondern ein „Fenster zur Vergangenheit", aus welchem Menschen zurück blicken könnten auf die mittlerweile fossilen Ursprünge des Lebens. Die Anlage sollte Natur- und Geschichtslehrpfade entlang des Timavo sowie durch die Macchia des Karstes umfassen, ebenso ein paläontologisches Museum. Weiters dachte man, eingedenk der Tatsache, dass der Karst reich an – teilweise unerforschten – Höhlen ist, an die Errichtung eines internationalen Zentrums für Höhlenforschung. Ergänzend dazu sollten entsprechende Freizeiteinrichtungen geschaffen werden. Mittels dieser Projekte wollte man die Geschichte dieser alten Kulturlandschaft wieder ins Gedächtnis rufen, einer Landschaft, wo Tiere und Pflanzen zu Stein geworden sind, wo Fauna und Flora mit dem Stein eine Symbiose bilden, wo Menschen mit den Steinen und seit der Römerzeit auch von den Steinen leben.

Es wird in dieser Form nicht zu verwirklichen sein. Der neue Bürgermeister – nicht minder ambitioniert wie sein Vorgänger – hat neue Pläne, und wird, wie auch sein Nachfolger, diese gegen Bora und Scirocco predigen, bis auch ihm eine „tromba d'aria", ein Wirbelsturm der Indolenz den politischen Atem raubt.

Richtung Triest – zum Gemeindegebiet von Duino-Aurisina gehörend – erstreckt sich zwischen Meer und Karst über gut 60 Hektar die Baia di Sistiana, eine der schönsten Buchten des adriatischen Meeres. Dennoch ist sie seit einer Generation ein Beispiel für das politische Dilemma der gesamten Region.

Der Flaneur stolpert in diesem Areal mit verfallenden Gebäuden und schlecht asphaltierten Strassen über Glasscherben, Blechdosen und sonstigen zivilisatorischen Müll, welchen tagsüber Badegäste oder nächtens jugendliche Gangs hinterlassen.

Noch vor zwanzig Jahren gab es hier das vornehm-dekadente Restaurant. „Castelreggio". Eine schrullige Alte saß hinter der Kassa, kommandierte die distinguierten Kellner mit sparsamen Bewegegungen ihres Kopfes. Aber schon damals war aus diesem Paradies ein Schrottplatz geworden.

Sistiana war bis in die 50er-Jahre ein Zauberwort, war in den Jahren des Wirtschaftswunders ein Synonym für Ferien. Hierher kamen tausende, welche eine mühselige Reise von hunderten Kilometern auf sich nahmen, mit schwach motorisierten Volkswagen, auf Vespas oder Beiwagenmaschinen, oder zu viert in einem Fiat 500. Hier gab es einen Campingplatz direkt am Meer, Bars, und eine Discothek namens „La Caravella" – wo übrigens Adriano Celentano eines seiner ersten Konzerte gab. Das Paradies verfiel, weil die damaligen Eigentümer es verabsäumten, rechtzeitig in die Anforderungen des modernen Tourismus zu investieren. Die Zeiten, als selbst eine vornehme Klientel Toiletten am Gang und Gemeinschafts-Bäder akzeptierte, waren endgültig vorbei.

Die in den folgenden Jahren versuchten Massnahmen zur Reanimation scheiterten an den hier üblichen politischen Querelen. Von italienischen Unternehmen vorgelegte Projekte wurden seitens der Slowenen boykottiert und umgekehrt. Vor gut zehn Jahren konnte ein – im Auftrag einer Investment-Gesellschaft – vom Stararchitekten Renzo Piano ausgearbeitetes Konzept nicht nur deshalb nicht verwirklicht werden, weil es zu gross dimensioniert und finanziell zu schwach abgesichert war. Campanilismus, nach rückwärts gerichtetes Denken und Neid verzögerte und verhinderte es letztendlich. Das Unternehmen ging pleite. So kam das Paradies Anfang der 90er Jahre erneut unter den Hammer.

Die neuen Besitzer mussten von Anfang an mit dem Stigma leben, nicht ortsansässig, sondern „Italiener" zu sein. Man darf nicht vergessen, dass es heute noch in der Region Triest die stehende Redewendung gibt: „L'Italia finisce al'Isonzo!" Gegen diese Geisteshaltung helfen weder Brücken noch Internet. Über Jahre hat nun diese neue Betreiber-Gesellschaft mit den örtlichen Politikern und Behörden verhandelt und eine Machbarkeitsstudie vorgelegt, die auf kommunaler und regionaler Ebene diskutiert wurde.

Es war ein faszinierendes, dem sanften, umweltbewussten Tourismus verpflichtetes, und durchaus diskutables Projekt. Die Bucht sollte möglichst autofrei gehalten werden. Gedacht war an einen grossen, begrünten Parkplatz zwischen Autobahn und Strada Statale, von wo aus das Meer unterirdisch mittels eines mechanischen Beförderungssystems – wie auf Flughäfen – für Badegäste und sonstige Tagestouristen erreichbar sein sollte. Zwischen der romantischen Steilküste und dem öffentlich zugänglichen Strand sollten rings um die legendäre „Caravella" Veranstaltungsräume, Sportzentren und sonstige Freizeiteinrichtungen entstehen. Das alte Grand-Hotel – vor hundert Jahren das in Thurn- und Taxischem Besitz befindliche „Park-, Strand- und Berghotel Seebad Sistiana“ – sollte wieder erstehen und unter anderem ein modernes Kongress-Zentrum beherbergen. Die Marina wollte man mittels einer neuen Mole stärker befestigen und mit modernen, attraktiven Service-Einrichtungen versehen, wobei die Liegeplätze der hier ansässigen Fischer erhalten bleiben sollten, ebenso das „Castelreggio“. An der rechten Flanke der Bucht waren gastronomische Einrichtungen wie Bars und Restaurants geplant, sowie Richtung Südosten ein weiterer öffentlicher Strand. Auch dieses Projekt kann vorerst als gescheitert gelten, ebenso die Idee, die zweite Bucht von Sistiana, einen aufgelassenen Steinbruch, zu neuem, touristischen Leben zu erwecken. Wenn auch nun – nach jahrzehntelangem zähen, politischen Ringen – die nötigen Flächenwidmungspläne vorliegen, so fehlt dem Projekt noch die Zustimmung der obersten Instanz: die der breiten Öffentlichkeit.

Jahrhundertelang wurde hier Stein abgebaut. Der alte Hafen von Triest und die Wiener Hofburg wurden mit ihm errichtet. Seit langen Jahren aber bevölkern nur noch Eidechsen diese ca. 20 Hektar mit afrikanischem Mikroklima. Auch dies sollte nach dem Willen der Betreibergesellschaft und Politiker anders werden: hier wurde an die Errichtung eines Feriendorfes gedacht. Die Narben, welche in den Felsen des Karstes geschlagen worden sind, wollte man wieder begrünen. An seinem Fuss sollten rings um eine Fussgängerzone Wohnungen und Reihenhäuser entstehen, samt entsprechender Infrastruktur, wie Geschäfte, Büros oder medizinische und therapeutische Praxen. Auch hier könnte es einen kleinen Yachthafen und Badeplätze geben. Kurzum: es handelte sich um den Traum, aus dem Nichts ein kleines Paradies erstehen zu lassen.

Das Projekt war dem Prinzip „small ist beautiful" verpflichtet. Bauhöhen und Kubatur passten sich dem schwierigen Gelände sensibel an. Auch wurden internationale Erfahrungen mit den Problemen des Massentourismus von Anfang an in der Konzeption berücksichtigt. Hier sollte und kann auch gar kein neues Saint Tropez entstehen, sondern nur ein Ort kontemplativen Vergnügens für Einheimische, Triestiner, Slowenen, Friulaner, Österreicher und sonstige Touristen. Ein Schauplatz für mitteleuropäische Begegnungen.

Aber auch diesmal erweisen sich die politischen Hürden als schier unüberwindbar. Das Projekt droht zu scheitern, weil sich eine merkwürdige Allianz von Gegnern bildete, ein Bündnis zwischen Fraktionen, welche einander sonst befehden. Dabei sind die Bedenken offenbar nicht nur ökologischer, sondern auch ethnischer Natur. So fürchtete zum Beispiel die in die Rolle einer Minderheit sich gedrängt fühlende slowenische Bevölkerung der Gemeinde eine neue Welle der Italianisierung. Als ruchbar wurde, dass Appartements und Häuser nicht nur für Ortsansässige errichtet würden, sondern auf dem freien Markt verkauft werden sollten, war in gewissen Kreisen sofort die Rede von ethnischer Säuberung. Selbst wenn diese Reaktion historisch gesehen nicht unverständlich ist, so ist sie dennoch übertrieben und eigentlich paranoid. Auch Teile der alteingesessenen italienischen Einwohnerschaft standen dem Konzept kritisch gegenüber, vielleicht, weil auch sie unter sich bleiben will und eine Überfremdung fürchten.

Aus dem „Reiseführer auf den neuen österreich. Alpenbahnen“
WOCHEINERBAHN
Aßling–Görz–Triest
Wien 1908

Das Projekt Sistiana könnte zum längst fälligen Ausbau der touristischen Ressourcen in dieser Region beitragen, welche sich unter den Mitteleuropäern einer zunehmenden Beliebtheit als Destination für Kurz-Urlaube und Wochenend-Trips erfreut. Das Problem besteht darin, dass generell ein eklatanter Mangel an entsprechender Infrastruktur besteht, welche nötig wäre, um den Anforderungen des modernen Tourismus zu genügen. Dies führt dazu, dass Touristen – durchaus fasziniert vom landschaftlichen, kulturellen und kulinarischen Reichtum der Gegend – ihr Quartier lieber in Grado aufschlagen oder ins slowenische, beziehungsweise kroatische Istrien ausweichen, wo entsprechende Freizeiteinrichtungen gibt. Im Küstenland fehlen Hotels mit einer ausreichenden Anzahl an Gästebetten der mittleren und gehobenen Kategorie. So verfügt zum Beispiel Duino nur über knapp 200 Fremdenzimmer, was zur Folge hat, dass diese an den klassischen Reise-Wochenenden langfristig ausgebucht sind. Die Konsequenz ist, dass viele Reisende ins Hinterland ausweichen, wo sie ihr Geld ausgeben. die „Riviera Triestina" frequentieren sie nur als Tagestouristen. Und viele kehren der Region überhaupt den Rücken, weil sie ausser Tisch und Bett nichts vorgefunden haben, womit sie ihre Sehnsucht nach Vergnügungen hätten stillen können.

Es gibt hier tatsächlich nichts, was in der kleinsten touristischen Gemeinde in Österreich selbstverständlich ist. Zwischen Karst und Meer sucht man vergebens nach einem Boots- oder Fahrrad-Verleih; die wenigen Wanderwege sind miserabel markiert, meist in desaströsem Zustand und an seriösem Karten-Material mangelt es völlig. Wer von informativen oder gar romantischen Rundfahrten an Bord eines Schiff träumt, hat sich in der Adresse geirrt. Es gibt weit und breit kein Unternehmen, welches derartige Mini-Kreuzfahrten mit Musik und Drinks anböte. Miramare vom Meer aus gesehen? No se pol!

Man begründet diesen Mangel an Service-Einrichtungen mit der komplizierten Gesetzeslage und Bürokratie in Italien. Es sei – heisst es auf Anfrage – schwierig, langwierig und quasi unmöglich, die entsprechenden Genehmigungen zu erhalten. Erstaunlich ist daran nur, dass derartige touristische Unternehmen in Neapel, Positano, Cinque Terre oder Portofino funktionieren, nicht aber in Triest und Umgebung. Manchmal gelingt es auch hier hartnäckigen Charakteren, die Hürden zu meistern. Aber diese privaten Initiativen zur Entwicklung des Fremdenverkehrs finden gewöhnlich unter Ausschluss der Öffentlichkeit statt, weil es keine kollektive Werbung gibt. Der regionale Tourismusverband beschränkt sich darauf, alljährlich einen dilettantischen Stadtplan und ein Hotel-Verzeichnis zu publizieren. In den noch existenten Büros liegen zwar Prospekte der diversen Veranstalter auf. Das spärliche Angebot wird nicht aktiv verkauft. Auch darin spiegelt sich die Zerrissenheit der Gesellschaft des Küstenlandes. Man hat Angst, es könnte sich jemand benachteiligt fühlen, wenn man eine bestimmte Initiative gezielt bewirbt. Mehr noch: es ist zu befürchten, dass die Slowenen die Werbung für eine Verdi-Oper für einen Akt des italienischen Nationalismus halten, und umgekehrt, die Italiener die Werbung für einen slowenischen Chor als kommunistische Propaganda interpretieren. So bleibt es dabei, dass nur am Rande erwähnt wird, dass es kulturelle Veranstaltungen gibt.

Diese Umstände sind natürlich kontraproduktiov und verhindern ein geschlossenes Auftreten nach aussen, welches für eine effiziente Fremdenverkehrswerbung unerlässlich ist. Dies betrifft aber nicht nur die lokalen Einrichtungen, sondern auch die Informationspolitik der regionalen und staatlichen Institutionen. So gibt es zum Beispiel keinen gemeinsamen Fahrplan für die öffentlichen Verkehrsmittel. Die Ferrovia Statale, die A.P.T., die diversen Buslinien oder Schiffahrtsunternehmen arbeiten diesbezüglich nicht zusammen. Fahrpläne bestehen meist aus schlecht photokopierten Handzetteln. Bei deren Studium macht der interessierte Reisende die Entdeckung, dass sich offenbar niemand die Mühe gemacht hat, an zeitgerechte Anschlüsse zu denken. Meist verpassen einander die Nahverkehrsmittel um wenige Minuten, was für die Reisenden einen Zwangsaufenthalt von über einer Stunde zur Folge haben kann. Benötigt man für eine Fahrt von Muggia nach Görz mit dem Auto eine knappe Stunde, braucht man mit öffentlichen Verkehrsmitteln einen halben Tag. Auch ist es keine einfache Sache, in den Besitz der dafür nötigen Fahrkarten zu gelangen. Die Beförderungs-Systeme sind unterschiedlich, verwirrend, und für den Fremden nicht nachvollziehbar. In Duino etwa gibt es nur zwei Vorverkaufsstellen: in einer Bar und im Zeitungsgeschäft. Wer nun aber sich in den Kopf gesetzt hat, an einem Montag nachmittag die Fahrt anzutreten, hat Pech. Beide Läden sind geschlossen. Der Ortsunkundige besteigt nun dennoch den Bus und versucht, beim Chauffeur ein Ticket zu lösen. Trifft er auf eine gnädige Seele, so erlaubt ihn diese, den Fahrschein ausnahmsweise erst beim Aussteigen zu lösen und zu entwerten. Wahrscheinlicher aber ist das Szenario, dass der uniformierte Charon zu fluchen beginnt und endlos herumkramt, bis er einen Block mit Formularen findet, von denen er – Verwünschungen ausstossend – eines ausfüllt. Schliesslich verlangt er – über den Fahrpreis hinaus – eine saftige Strafe, weil es verboten ist, den Bus ohne gültigen Fahrausweis auch nur zu betreten. In der Zwischenzeit hat sich der Reisende natürlich den Rest der Passagiere zu Feinden gemacht, weil diese ihre Anschlüsse oder Rendezvous verpassen. Auch der Versuch, sein Billett im Zug zu lösen, trägt nur zur Erkenntnis bei, dass die Strafe höher ist als der Fahrpreis. Erschwerend kommt hinzu, dass die Vorverkaufsstellen schlecht oder gar nicht gekennzeichnet sind, sodass sich zwar der Einheimische, nicht aber der Tourist ihrer bedienen kann. Fahrkarten-Automaten gibt es nicht, weil diese sich wohl kaum eines langen Lebens erfreuten. Netzkarten für den Nahverkehrs-Bereich gehören hier ins Reich der Utopie.

Und: wer hier sich informieren will, sollte der italienischen Sprache halbwegs mächtig sein. Englisch, Deutsch oder Französisch wird selten gesprochen, und wenn, dann meist so, dass die Auskunft erst recht zu Missverständnissen führt. Dass die Universität von Triest seit einigen Jahren in Görz eine Fakultät für Tourismus-Management betreibt, ist im Alltag nicht spürbar.

Dieser Mangel an Information, Service und Freizeit-Einrichtungen erscheint einem umso eklatanter, wenn man bedenkt, dass die Region zahlreiche internationale Unternehmen und wissenschaftliche Institute beherbergt – von Werften und Fabriken über das „Centro di Fisica“ und den „Science Park“, welche ihren Mitarbeitern und Gästen ein entsprechendes Rahmenprogramm anbieten möchten.

Erst recht ist die rasche Verwirklichung neuer touristischer Projekte und deren professionelle Präsentation vordringlich, wenn es tatsächlich gelingen sollte, im Jahr 2007 die EXPO nach Triest zu holen. Der politische Wille dafür wird öffentlich betont. Ob er aber stark genug ist, die mentalen Barrieren zu überwinden, welche die Realisierung dieser Vision verhindern könnten, muss sich erst weisen. Es wird in den nächsten Jahren noch viel an soziokultureller Aufklärungs- und Entwicklungsarbeit zu leisten sein. In den Gemeindestuben ebenso wie in den zuständigen Ministerien in Rom. Über Dimensionen und Details dieser „Weltausstellung" ist zu diskutieren, und – natürlich – über die Finanzierung. Dass dieses Vorhaben nicht nur für die Küstenregion und das Hinterland von Udine über Laibach bis Triest von enormer Bedeutung ist, sondern auch für die europäischen Nachbarstaaten, sollte ausser Frage stehen. Es geht dabei nicht nur um den wirtschaftlichen Nutzen, sondern auch – und vor allem – um die Verbesserung der Lebensbedingungen in einer „Grenzregion", deren Bewohner unter den Folgen der politischen und militärischen Katastrophen des 20. Jahrhunderts extrem zu leiden hatten. Zur Verwirklichung dieses Projektes bedarf es aber nicht nur der finanziellen, sondern auch der mentalen Unterstützung durch die Europäische Union.

Das Land zwischen Istrien, Triest und Görz ist – beiderseits der heutigen Grenze – wohl eine der faszinierendsten Gegenden Europas, obwohl nicht einmal die Mehrheit seiner Bewohner sich dessen bewusst ist. Weshalb sollten also die Bürokraten in Rom und Brüssel ihr eine besondere Behandlung angedeihen lassen?

Die Farben der Landschaften und Mentalitäten vermischen sich hier zu Licht. Es ist wie ein Kaleidoskop. Hier ist kein Schnittpunkt der Welten. Hier würfeln sich die Fragmente des Mittelmeeres, der Alpen, des Balkans und der Levante zusammen, spiegeln jeden Augenblick andere, neue, unbekannte Facetten.

Das Küstenland ist im wahrsten Wortsinn seit gut zweitausend Jahren eine komplexe Kultur-landschaft. Weder imperiale Ignoranz noch der Hagel der Geschosse im Grossen Krieg vermochten ihren Charakter zu ruinieren, auch nicht die Furie des Menschen verachtenden Nationalsozialismus und schon gar nicht jener italienische Dikatator, dessen öffentliche Auftritte – historisch gesehen – letztlich eine miserable Charlie-Chaplin-Parodie waren. Auch der Stacheldraht, den die Grossmächte und ihre Satelliten-Staaten im Kalten Krieg um Weingärten, Gräber und Seelen schlangen, vermochte nicht zu trennen, was zusammen gehört.

Es ist trotz all dieser Katastrophen das Wesentliche nicht verloren gegangen. Es wurde nur vieles verdrängt, versteckt und auch schlicht vergessen. Die hier lebenden Menschen, mit ihrer Vielschichtigkeit der Herkunft und der politischen Bedürfnisse, bilden eine ungewöhnliche, aber dennoch spezifische Gemeinschaft. Ihre Inhomogenität ist ihre Identität, ihr Reichtum, und macht sie untrennbar. Dies könnte als

Modell für den europäischen Einigungsprozess taugen. Das beispielhafte Zusammenleben unterschiedlicher Ethnien auf kleinstem Raum, welche – so sie einander respektieren – miteinander einen kleinen Kontinent bilden. Darin besteht die Chance der Region. So wie in der Individual-Psychologie Talent oft nichts weiter ist als die Erkenntnis der eigenen „Schwächen" und deren gezielte Nutzung. Die polykulturellen Strukturen im ehemaligen „Küstenland" verlangen nach einem Europa ohne Grenzen. Mehr noch: sie zeigen auf, wie sinnlos und absurd diese Grenzen und die damit verbundenen unterschiedlichen Gesetzgebungen und Steuersysteme eigentlich waren und sind.

Bei einer vergleichenden Blindverkostung eines Sauvignon oder Cabernet aus dem italienischen und slowenischen Collio kann kein noch so gevifter Sommelier klare geographische Unterschiede definieren. Klima, Bodenbeschaffenheit und die traditionelle Art der Vinifikation sind so ähnlich, dass es völlig müßig ist, darüber zu spekulieren, ob die Trauben in Slowenien, dem Friaul oder im Veneto wuchsen. Die modernen Weinbaumethoden haben ein Übriges dazu beigetragen und etwaige regionale Unterschiede ausgemerzt. Das einzige, was die Weine unterscheidet, ist das Design der Flaschen-Etiketten. Die aus Slowenien sehen heute oft noch aus wie jene aus den 60er Jahren, borden über mit üppigen, geprägten goldenen Buchstaben, verschnörkelten Zeichnungen von Trauben und Weinlaub und rührenden Darstellungen dessen, was man mit dem Inhalt der Flasche assoziiert, von Gott Bacchus bis zur hübschen Winzerkönigin. Die italienischen Etiketten hingegen wetteifern schon seit Jahren mit Motiven moderner Kunst und minimalistischem Design. Aber diese Unterschiede werden immer geringer und angesichts der Erfordernisse des gemeinsamen Marktes wohl endgültig verschwinden.

Auch taugen manchmal Speisekarten besser zur Definition eines Kulturraumes als die Kartographie, welche sich auf die Besitzansprüche feudaler oder totalitärer Staatengebilde beruft, die von ihren demokratischen Nachfolge-Staaten kritiklos hingenommen und verteidigt werden. Die „Wiener Küche" ist keine „Wiener" Küche, sondern vielmehr ein Konglomerat der regionalen Rezepturen aus den ehemaligen Kronländern der Monarchie. Hebt man die Deckel von den Töpfen, so duftet es nach Böhmerwald, Galizien, Tirol, nach Puszta und Piemont. Ebenso ist die Küche des Küstenlandes ein „mishmash" wie seine Bewohner. Aber eben wie dieses identitätsbildend. Zwischen Opatja und Grado findet man einige Dutzend Zubereitungsarten für die Sardine, also für den Lachs des kleinen Mannes, welche etwa an der Ligurischen Küste oder in der Toscana völlig unbekannt sind. Veneter, Griechen, Levantiner haben ihre Essgewohnheiten mitgebracht, als sie sich hier ansiedelten, ganz zu schweigen von den slawischen Bauern der See von den Kornaten. Sarde in savor, scampi à la Busara, der boreto di pesce in seinen hundert Zubereitungsarten sind nur hier zu finden. Die Rezepte werden oft wie Familiengeheimnisse gehütet. Ob man die „Savor" mit oder ohne Pinien-Kerne zubereitet, wird zum ernsthaften Konfliktstoff zwischen Freunden. Und ob man die „busara" mit oder ohne Brösel macht, ist bereits eine Glaubensfrage, welche die Konfessionen untereinander zu spalten vermag. Aber: es ist eine einheitliche kulinarische Kultur.

Aus dem Landesinneren kommen deftige Würste, Kren und Kraut. Der dunkle, fast violett-braune Prosciutto des Karstes – geschmacklich dem aus Parma bei weitem überlegen – ziert die Tafeln von Labin bis Cividale. Steinpilze und Trüffel aus Slowenien – wobei sich letztere geschmacklich durchaus mit jenen aus dem Piemont messen können – bilden einen unverzichtbaren Bestandteil der gehobenen Küche in den feinen Restaurants längs der Küste und im Landesinneren. Nur noch in den Marken, südlich von Ancona, findet man eine dermassen klare Definition dessen, was „cucina mare e monti" bedeutet. Der Unterschied besteht darin, dass das Menù, und vor allem die Liste der Desserts von imperialen und jiddischen Delikatessen ergänzt wird. Strudel, Crafen (so heissen die Krapfen in Triest) und „Gugelhopf" sind im restlichen Italien so gut wie unbekannt.

So uneins die diversen Ethnien auch sein mögen: bei Tisch übt man Solidarität. Kein Mensch hier käme auf die Idee, Muscheln in Sahne-Sauce oder spanischen Schinken zu bestellen. Das hat nichts mit Ignoranz zu tun, sondern mit dem Gefühl von Heimat, welche, wie die Liebe, auch durch den Magen geht.

Zumindest kulinarisch gesehen ist das „Europa der Regionen" im Küstenland seit langem Wirklichkeit.

Bei Tisch entsinnt man sich der gemeinsamen Vergangenheit, huldigt der eigenen Kultur wie auch jener der Vorfahren des Nachbarn, und entreisst – in diesem Land ohne Gedächtnis – wenigstens für die Dauer des Mahles die Geschichte dem Vergessen.

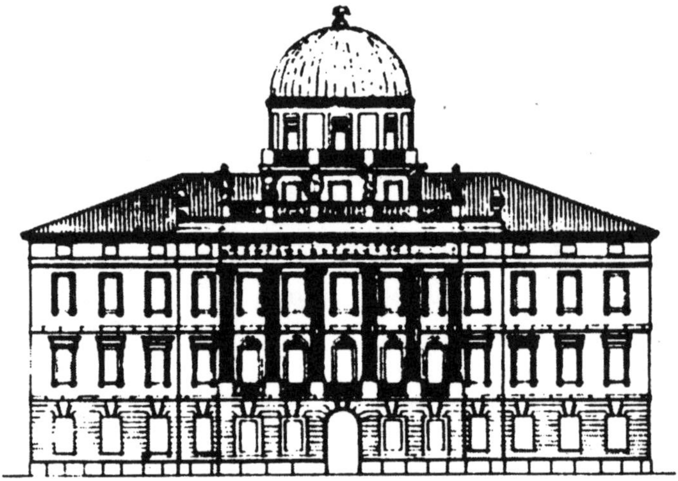

PALAZZO CARCIOTTI
– M. Pertsch 1798 –

SCHAU-PLÄTZE

EINE STADT UND IHRE TEILE

Wie sich immer wieder herausstellt, besteht das topographische Triest-Bild der Mitteleuropäer und Italiener oft nur aus Fragmenten. Es ähnelt einem Puzzle, in dem letztlich wesentliche Stücke fehlen und dergestalt kein klares Portrait ergibt. Selbst die Bewohner der Stadt und ihres Umlandes starren manchmal beharrlich nur auf sichtbare Bruchstücke in ihrer nächsten Umgebung, und neigen dazu, diese für das Ganze zu halten. Es gibt gar nicht wenige Menschen hier, die in Roiano wohnen und noch nie in ihrem Leben in Servola waren, oder Duinesen, welche den Dom von Muggia nicht kennen. Auch soll es – und gar nicht wenige – Bewohner des italienischen Karsts geben, welche – wohlgemerkt selbst Slowenen – noch nie die Grenze nach Slowenien überschritten haben. Ein Gleiches gilt für die Nachbarn von jenseits der Grenzel. In Grado hört man kaum einen Gast in einer slawischen Sprache reden. Es ist dies eine in Europa einzigartige Ignoranz gegenüber der unmittelbaren Nachbarschaft, welche nichts weiter ist, als eine über die Jahrhunderte gewachsene historische Angst vor den anderen Welten.

Dabei ist die Struktur der Stadt und ihres Umlandes ebenso vielschichtig wie die der hier lebenden Bevölkerung. Wieder drängt sich der Vergleich mit Blätterteig auf, dessen Schichten sich nicht mehr zu einem Ganzen verbinden lassen, wohl aber Raum lassen für die unterschiedlichsten Füllungen.

In den Strassen von Longera oder in einer Bar in der Via Valmaura sucht man vergebens nach den Spuren Altösterreichs. Die meisten Jugendlichen, die dort Dart oder Fussball spielen, wissen nicht, dass Triest zum Habsburgerreich gehörte und ihre Grossmutter in einem unter Franz Joseph errichteten Gemeindebau wohnt. Ihnen ist auch die Diskussion, ob und wo man das Denkmal für die Kaiserin Sisi wieder aufstellt, herzlich egal. Hier ist jede Nostalgie eine völlig absurde Angelegenheit, jeder Gedanke an Glanz und Gloria vergangener Zeiten absoluter, verlogener Schwachsinn.

Selbst für die Fussball-Fans unter ihnen sind nicht einmal die Erfolge des örtlichen Fussball-Clubs „Triestina" geeignet, sich als Mitglied einer glorreichen Gesellschaft zu fühlen. Besser, man spielt Basket-Ball. Dabei sind die Erfolgschancen grösser. Aber eigentlich gibt es kaum etwas, das ein Engagement sinnvoll erscheinen läßt. Die Stadt wurde totgejammert. Deshalb fehlen vielen Zukunfts-Perspektiven. Die Jungen sind damit beschäftigt, sich irgendwie über Wasser zu halten. Man jobt hier, man jobt dort. Gibt es im Augenblick keine Arbeit, muss man sich halt organisieren, will heissen, die Mittel zum Überleben irgendwo beschaffen. Dass dieser Kampf sich in den Statistiken der Kriminalität ausdrückt, ist klar. Dabei machen diese Kids nichts anderes als ihre Grossväter nach dem zweiten Weltkrieg. Es geht und ging darum, nicht zu verhungern, das Menschenrecht des Jugendlichen auf Vergnügen und Unterhaltung wahrzunehmen und die Hoffnungslosigkeit der eigenen Existenz für ein paar Stunden zu vergessen, zu verdrängen. Sozialpsychologisch gesehen sind die dabei verübten Delikte eigentlich Akte der sozialen und psychischen Notwehr.

Die Jugendarbeitslosigkeit beträgt über 20 Prozent. Der Staat und die Gemeinde sind damit beschäftigt, die – in unserer Gesellschaft entsetzlicherweise überflüssig gewordenen – Alten bis ans Ende ihrer Tage recht und schlecht durchzufüttern und überlassen die junge Generation einer falsch interpretierten Eigenverantwortlichkeit im Sinne des Neo-Liberalismus. Es sind – wie überall – nicht die Kinder der Alteingesessenen, die ins soziale out gestellt werden, denn diese können meist auf die Ressourcen der Eltern und Grosseltern zurückgreifen. Es sind die Kinder der Zuwanderer, der Migranten.

Diese Widersprüche sind den wenigsten Menschen bewußt. Und so spazieren an den Wochenenden die Eltern der braven Kinder durch die Gärten von Miramare, um Branzino und „bistecche" zu verdauen – während sich ihr Nachwuchs in einer „gelateria" vergnügt – und echauffieren sich über die Bengel der „terroni" und „marocchini", welche im Supermarkt nebenan zwei Dosen Cola geklaut haben.

Die sozialen Unterschiede zwischen den hier präsenten Welten werden im Triest von heute nicht geringer. Eher gravierender.

Dort, wo der schroffe Felsen des Karstes sich zum Meer hin absenkt und Platz macht für einen zunächst schmalen Küstenstreifen, der sich schliesslich zur Stadt hin erweitert, hat Erzherzog Maximilian das Schloss „Miramare“ nach seinen Ideen und den Plänen des Wiener Architekten Karl Junker errichten lassen. Dessen Fertigstellung hat er nicht erlebt. Was sich heute dem Reisenden als Tor zum Golf von Triest präsentiert, lag damals, als es errichtet worden ist, von der Stadt aus gesehen, am Ende der Welt. Es gab seinerzeit entlang der Küste keine Strassenverbindung Richtung Friaul und Veneto. Diese, die „Strada Costiera“ wurde erst in den Zwanziger Jahren unter dem Faschismus errichtet.

Die Legenden, die sich um dieses Schloss ranken und die sich sogar in Geschichtsbüchern wiederfinden, deren Autoren den Anspruch auf Seriösität erheben, entsprechen kaum der Wahrheit. Es heisst zum Beispiel, dass jeder, der jemals hier gewohnt hat, entweder durch Gewalt um sein Leben kam oder dem Wahnsinn anheimgefallen sei. Die Autoren beziehen sich dabei meist auf die Schicksale der Kaiserin, ihres Sohnes und des Neffen Franz Josephs. Sisi hat hier nie gewohnt; sie war nur einmal kurz zu Besuch, bevor sie sich nach Korfu einschiffte. Ihr Mann, der Kaiser, hat seinen Bruder Maximilian nie besucht. Auch Kronprinz Rudolf lebte nie hier, sondern war ein einziges Mal für wenige Tage zu Gast. Und was den Thronfolger Franz-Ferdinand betrifft, so ist zu sagen, dass er zwar auf seiner letzten Reise nach Sarajewo Miramare besucht hat. Geschlafen haben er und seine Sophie allerdings im Schloss von Duino, als Gäste der Fürstin Maria von Thurn und Taxis – Hohenlohe.

Das Bauwerk dient heute im Wesentlichen dazu, den Mythos der Habsburger zu pflegen, deren Präsenz in Triest alles andere als romantisch war, wie es die Architektur – die obendrein jeglicher mediterranen Leichtigkeit entbehrt – glaubhaft machen will. Miramare ist – wie Neuschwanstein in Bayern – nicht viel mehr als ein Denkmal des letzten Aufbäumens des Absolutismus und der Feudalherrschaft.

In der Meierei des Schlosses finden jedes Jahr im Sommer, organisiert von Stadt und Region, durchaus bemerkenswerte Ausstellungen zu historischen und kulturellen Themen-Schwerpunkten statt, welche von internationaler Bedeutung sind.

Neben Miramare liegt der kleine, und für Triestiner Begriffe fast mondäne Yachthafen von Grignano. Wer mit diesen beiden Namen nur touristische Einrichtungen assoziiert, irrt. In Miramare ist der WWF (World Wildlife Found) zu Hause, hier werden meeresbiologische Studien mit dem Ziel betrieben, die Überlebenschancen der bedrohten maritimen Tier- und Planzengattungen zu verbessern. Unweit davon residiert das „Centro Internazionale di Fisica", kurz ICTP genannt. Es wurde 1964 in Zusammenarbeit mit der Universiät von Triest und dem Astronomischen Observatorium gegründet. Sein Mitbegründer und erster Leiter, Abdus Salam, erhielt wenige Jahre später den Nobelpreis. Das Zentrum dient der internationalen Forschung an weltweit bedeutsamen, aktuellen Problemen, wie Klima, Umwelt und Gen-Technik. Hier arbeiten vor allem Wissenschaftler aus der Dritten Welt, etwa an einer von der Weltbank in Auftrag gegebenen Studie über die Klimaveränderung.

Hier findet ein Dialog statt zwischen den Kontinenten, zwischen reichen und armen Ländern statt. Das ICTP ist ein Beispiel, wie Globalisierung.auch positiv verstanden werden kann. Man versteht Triest als Hafen der wissenschaftlichen Erkenntnis. Durch diese Institution wurden über 3000 Arbeitsplätze geschaffen. Auf Initiative des damaligen Bürgermeisters Riccardo Illy wurde der „Premio Trieste" für Wissenschaftler aus der „Dritten Welt" ins Leben gerufen, der von einem privaten Sponsor mit 100 000 Dollar jährlich dotiert ist. Vor allem aber handelt es sich um einen Preis von höchstem moralischen Wert, welcher in dieser Hinsicht mit dem Nobel-Preis vergleichbar ist. Geplant ist auch ein interaktives Wissenschafts-Museum, mit dem Hintergedanken, hier eine permanente Fachmesse für Lehre und Forschung zu etablieren. Dazu bedarf es freilich der Solidarität und Unterstützung durch kommunale, nationale, europäische und internationale Institutionen. Dahin sei noch ein weiter Weg, meint der derzeitige Direktor Paolo Budinich: „Ma da Trieste si vede male, c'è molta foschia." Der lokale Nebel in Triest behindert den Weitblick, der nötig wäre, die Bedeutung dieses Projektes zu erahnen.

Unweit von hier tummeln sich sommers über Menschenmassen, deren Interessen ganz und gar nicht der Wissenschaft verpflichtet sind. Von hier bis kurz vor den Bahnhof Triests erstreckt sich südostwärts eine der wohl längsten Bademeilen Europas: Barcola. Es handelt sich quasi um die mitteleuropäische Copacabana. Auf einem schmalen Uferstreifen zwischen Strasse und Meer gibt sich im Sommer die Triestiner Bevölkerung, vor allem die Jugend, dem „exzessiven kollektiven Masochismus" hin – wie es Lucia Cosmetico und Claudia Cruz in ihrem Buch „Triestini" formuliert haben. Hier bräunt man sich, eingebettet zwischen zwei gegenläufige Blechlawinen: den im stop-and-go-Verkehr vorbeifahrenden Autos im Rücken und den leeren Getränkedosen der Badegäste von gestern vor sich. Eingehüllt von den Gerüchen des Hafens, zu denen die in Sichtweite dümpelnden Tanker ebenso beitragen wie gestrandete Meeresfrüchte und das Sonnenöl der Umliegenden. Umwölkt von Auspuffgasen, wird dem Sonnengott gehuldigt. Bis vor kurzem handelte es sich um ein gut drei Kilometer langes, kahles Asphaltband, welches nun endlich im Sinne einer international üblich gewordenen „Stadtmöblierung" gestaltet worden ist und so durch Pflasterung, Bänke und Begrünung etwas an Lebensqualität gewonnen hat. Am Abend feiert hier die Jugend. Die Nacht über lassen sich im Sommer Pennbrüder auf den Bänken häuslich nieder.

Tagsüber aber trifft sich nicht nur die Jugend. Man sieht Mütter, die ihre Kinder quasi zwischen Skylla und Charybdis herumtollen lassen, Pensionisten, die sich mutig vor die Stossstangen werfen, um auf der anderen Strassenseite einen Capuccino zu schlürfen, aber auch Flaneure oder Intellektuelle, wie etwa den Schriftsteller Claudio Magris, welcher das Gelübde abgelegt hat, den Nobelpreis abzulehnen, sollte dieser an die Bedingung geknüpft sein, auf das Schwimmen in Barcola zu verzichten.

Schön ist „lungomare triestino" vor allem ausserhalb der Saison. Im Frühling, wenn am Hang zum Karst hin Mimosen, Mandel- und Kirschbäume blühen, oder im Herbst, wenn in dessen Licht das Farbenspiel der Natur besonders faszinierend ist. Dann ist die richtige Zeit für einen ausgiebigen Spaziergang. An bestimmten Tagen – wenn die Bora auch den letzten Rest an Luftfeuchtigkeit aufgesogen hat, sieht man bis hinüber nach Grado und darüber hinaus die karnischen Alpen. Am besten wählt man für diese Expedition einen Sonntag-Mittag, an welchem erfahrungsgemäss die Stadt entvölkert ist. Denn vormittags kommt es zu einem gigantischen Exodus, dessen Motive rein kulinarischer Natur sind. Alles, was Räder hat, fährt ins Friaul oder nach Istrien zum Mittagessen und anschliessend weiter in einen

Buschenschank. Erst gegen Abend wälzt sich die Fahrzeugschlange wieder Richtung Stadt, sodass ein Fussgänger mitunter eine halbe Stunde benötigt, um hier die „strada costiera“ zu überqueren.

CHIESA DI S. ANTONIO TAUMATURGO
– P. Nobile 1823 –

Vor allem am Sonntag gegen Abend, wenn zig-tausende Triestini, welche am Wochenende kollektiv die Einsamkeit gesucht haben, auf dem Heimweg sind, und jeder Fussgänger schneller von Grado nach Ponterosso gelangt als die Automobilisten, empfiehlt es sich, einen anderen Weg einzuschlagen als die „Strada costiera". Dieser lohnt sich nicht nur aus verkehrstechnischen Gründen, sondern auch der Landschaft wegen und der Panoramen, welche sich auftun, und den, der Augen hat zu sehen, zu Begeisterungsstürmen hinreissen. Man fährt von Sistiana aus die alte Strasse nach Aurisina, vorbei an den römischen Steinbrüchen, und von dort über Santa Croce nach Prosecco, einem Dorf, welches angeblich dem gleichnamigen Wein seinen Namen gab, weil hier vor Jahrhunderten zum ersten Mal ein perlender Wein gekeltert worden sein soll. Es ist die alte, für heutige Verhältnisse und Geschwindigkeiten enge Staatsstrasse, welche auf weiten Strecken der „Napoleonica" folgt, jener zu militärischen Zwecken konstruierten Chaussee von Venedig nach Triest, die Bonaparte hat anlegen lassen. Es gibt keine Nachrichten darüber, wieviele Menschen damals ihr Leben zwischen den venetischen Sümpfen und dem Geröll des Karstes lassen mussten, um dieses gigantische Projekt zu verwirklichen.

Linker Hand hat man den Blick auf die Hügel längs der Grenze zu Slowenien, welche noch vor wenigen Jahren von Wachtürmen gekrönt waren. Man kann sich des Eindrucks nicht erwehren, dass diese Hügel noch immer ein Limes sind. Von Görz bis Triest gibt es keinen internationalen Grenzübergang, ja nicht einmal dafür taugliche Verbindungsstrassen. Die ziemlich ungepflegten Pinien-Wälder bilden eine sichtbare Barriere zwischen zwei Welten, welche nur für Schlepper durchlässig zu sein scheint. Grenzpolizisten und Pilze-Sucher vermeiden es nach wie vor, diese EU-Aussengrenze zu überschreiten.

Rechter Hand erstreckt sich, bis an die Steilküste, die Macchia. Verstreut darin liegen Villen und Wochenend-Bungalows der reichen Triestini, vorwiegend jener slawischer Provenienz. Der Ortskern der Dörfer längs der Strasse wird aber immer noch bestimmt von den gedrungenen Bauernhöfen des Karstes, welche dem Fremden nur eine steinerne Schulter zeigen; ihre Fenster sind dem Hof zugewandt. Im zweisprachigen Prosecco erreicht man ein verkehrstechnisches Nadelöhr. Die Fassaden beiderseits der Strasse sind zerschrammt wie die Visage eines Burschenschaftlers.

Hier teilt sich die Strasse. Fährt man geradeaus Richtung Opicina, so gelangt man nach wenigen Kilometern zur wahrscheinlich hässlichsten Wallfahrtskirche dieser Welt, nämlich nach Monte Grisa. Hier hat man – zum Dank für die Befreiung vom Kommunismus – in den 60er Jahren einen gigantischen, trapezförmigen Betonklotz errichtet, welcher der Heiligen Jungfrau Maria geweiht ist, der schlicht und einfach das Panorama der Steilküste für alle Ewigkeit verschandelt. Beeindruckend ist nicht nur die Abscheulichkeit der Architektur, sondern auch, dass, schlimmer als in Fatima oder Altötting, der ganze Ort nach Weihrauch riecht und im dazugehörigen Caffè und Souvenir-Shop Nonnen im Ornat ihre Dienste verrichten. Ja, selbst Lourdes ist ein ganz und gar profaner Ort im Vergleich zu diesem Schauplatz eines postmodernen, mittelalterlichen Katholizismus.

Hier endet der befahrbare Teil der „Napoleonica". Auf ihrer Trasse geht es nur für den Fussgänger weiter, unter der Voraussetzung, dass er über gutes Schuhwerk verfügt, trittsicher und schwindelfrei ist. Denn die alte Heerstrasse verliert sich in Wald und Gestein. Von ihr blieb nur ein abenteuerlicher Steig, welcher die Felsen des Karstes unterhalb des Monte Gurca durchschneidet, knapp dreihundert Höhenmeter oberhalb der Bademeile von Barcola. Nach ein paar Kilometern mühsamen Fussmarsches erreicht man die Zivilisation beim Obelisken von Opicina wieder, der daran erinnert, dass Triest 1809 und 1814 von französischen Truppen besetzt und Teil der „Illyrischen Provinzen" war.

Man kann auch das Monument von Monte Grisa rechts liegen lassen und bis Opicina weiterfahren. Der Ortsname meint schlicht: Gemeinde – die slawisierte Form des lateinischen Wortes „oppidum", welches einen befestigten Platz, eine Stadt bedeutet. In diesem einst vornehmen Vorort Triests lasse man sein Gefährt stehen und besteige die „Tram", eine der ältesten Strassenbahnen Europas. Es handelt sich dabei um eine weltweit einzigartige Mischform aus Strassen- und Zahnradbahn, welche – streckenweise im Schrittempo – hinunterrattert ins Zentrum der Stadt, zur Piazza Oberdan. Das dauert mitunter eine gute halbe Stunde. Die Tram ist in jeder Hinsicht museumsreif, und war in den letzten Jahren wiederholt mangels Rentabilität von der Einstellung bedroht. Sie verdankt ihr Überleben nur dem Widerstand einiger weniger, militanter Romantiker, welche von den harten und unbequemen Holzbänken aus den sich immer wieder aus neuen Perspektiven öffnenden Blick auf den Golf von Triest geniessen.

Der Autofahrer aber ist gut beraten, mitten in Prosecco rechts abzubiegen. An der Ecke steht ein kleines Haus, welches die rührende Karrikatur eines venezianischen Palazzo darstellt. Sein Erbauer dürfte ein italienischer Bürger gewesen sein, der aus Gründen des Sozial-Prestiges vor gut hundert Jahren seinen slowenischen Mitbürgern zeigen wollte, was „Italianità“ bedeutet. Dass ihm dazu die ökonomischen Mittel fehlten, kann man am Altan erkennen, der keinen halben Quadratmeter gross ist.

Etwas unterhalb von Prosecco liegt Contovello, eine kleine Ortschaft, deren Name daher rührt, dass hier ein Hafenmeister saß, dessen Aufgabe es war, die Segel zu zählen – auf italienisch: „contare i veli“. Denn nach der Anzahl der Segel auf den diversen Schiffen wurde die Hafengebühr berechnet. Allabendlich sandte der brave k.u.k. Beamte seine Aufzeichnungen durch einen, mit einem berittenen Boten auf einem Maultier hinunter zur zuständigen Behörde, welche anderntags die entsprechenden Taxen kassierte, bevor das Schiff wieder auslaufen durfte.

Dieser Beruf ist seit Generationen ausgestorben. Es wäre heute nicht einmal ein Teilzeit-Job, da es Tage gibt, an denen nicht mehr als ein gutes Dutzend Schiffs-Bewegungen im Hafen von Triest zu verzeichnen sind. Nur einmal im Jahr ist der Golf von Triest weiß von Segeln. Am ersten Sonntag im Oktober findet die „Barcolana“ statt, eine der grössten Regatten in Europa. Über tausend Boote kreuzen herum; man hat den Eindruck, vor lauter Segeln kein Wasser mehr zu sehen. Am besten ist dieses durchaus bemerkenswerte Spektakel von Contovello aus zu betrachten, und zwar von der Terrasse einer der am schönsten gelegenen Trattorie Triests. Allerdings empfiehlt es sich, den Tisch ein Jahr im Voraus zu bestellen, und zu riskieren, dass am Morgen des Regatta-Tages dichter Nebel einfällt. Wer zum Opfer solcher – für diese Jahreszeit ungewöhnlichen – Wetterkapriolen wird, sei damit getröstet, dass man bei „Slauko“ ausgezeichnet Fisch essen kann.

Die enge Strasse windet sich hinunter zur Stadt, vorbei an dem 1928 unter Mussolini im Gedenken an die Opfer des Seekrieges 1915–1918 errichteten „neuen“ Leuchtturm, dessen Fassade der Anker des Zerstörers „Audace“ ziert. Die „Audace“ war das erste italienische Schiff, welches unter dem Kommando eines aus Istrien stammenden Deserteurs der österreichischen Marine, namens Nazario Sauro in Triest anlegte. Dass ausgerechnet der jüdische Architekt Arduino Berlam von den Faschisten mit der Konstruktion dieses Monuments beauftragt worden ist, und diesen Auftrag auch sichtlich gerne annahm, ist ein 70 Meter hoher Puzzle-Stein in der Geschichte der Schizophrenie.

Hier beginnt auch das aktuelle Wirrwarr: Verkehrschaos, hässliche Wohnsilos aus den fünfziger Jahren neben Gründerzeitvillen, Tankstellen neben Parks. Im Smog der Via Udine verschwindet jede Erinnerung an die Vergangenheit, der Gesang der Zikaden im Karst wird von den Motoren der Vespas niedergedröhnt.

An ihm fahren tagtäglich tausende Menschen vorbei. Pendler, Touristen, Geschäftsleute. Nur wenige wissen um seine Existenz, noch wenigere haben ihn je von innen gesehen. Zwischen dem Meer und der Eisenbahnlinie Triest–Venedig erstreckt sich das etwa 15 Hektar grosse Areal von Barcola bis ins Zentrum der Stadt. Zur Staatsstrasse hin schirmt ihn ein hoher Eisenzaun ab, hinter welchem verfallene Gebäude, Gestrüpp und immense Unkraut-Kulturen, rostige Schienen und demolierte Eisenbahn-Waggons sichtbar sind. Man kann von aussen wenig erkennen, weil hier selbst die öffentlichen Verkehrsmittel mit weitaus überhöhter Geschwindigkeit vorbei donnern. Das Ensemble wirkt prima vista wie ein von einem fortschrittsfeindlichen Künstler ersonnenes Environment, welches vom Untergang des Kapitalismus Zeugnis geben will. Und so ist es nicht weiter verwunderlich, dass der Ankommende schon am Eingang der Stadt mit der scheinbaren Morbidezza Triests konfrontiert wird. Es ist, als würde einem zur Begrüssung eine zerknüllte, dreckige und zerfetzte Visitenkarte überreicht.

Hier pulsierte im Goldenen Zeitalter der Stadt ihr Leben, hier war das Tor zur Levante und spätestens nach der Eröffnung des Suez-Kanals auch das Tor zum Orient. Der „Punto franco vecchio“, also der „Alte Freihafen“, hieß zur Zeit seiner Errichtung „Neuer Hafen“, und war der Umschlagplatz für Waren aus dem und Waren für das österreichisch-ungarische Imperium, welches damals gut 30 Millionen Einwohner zählte. Auch die grossen süddeutschen Handelshäuser waren hier präsent. Auf fünf Molen (0–4) und in den vier Hafenbecken wurde der Handel zwischen Europa und Übersee abgewickelt. Zwischen dem Ruß der dampfbetriebenen Kräne, dem Maschinenöl und den Ausdünstungen tausender Hafenarbeiter roch es hier nach Holz, Zimt, Pfeffer und Wein, nach Fleisch und Fisch, nach Orient und Okzident.

Vom damaligen Reichtum dieses Hafens geben heute nur noch die Überreste der alten Magazine, Lagerhallen, Verwaltungsgebäude und Kontors Auskunft, alles imposante Gebäude im Stil der Gründerzeit und der Jahrhundertwende. Es waren Kathedralen und Castelle des Kapitalismus, quasi Altäre, errichtet zu dessen Ehre, stolz zur Schau gestellte Weihestätten der Mehrwertbildung, von seinerzeit berühmten Architekten konstruiert, versehen mit Türmchen, Simsen, Pilastern und prächtigen Portalen.

Aber heute ist diese Stadt in der Stadt, dieser Tempelbezirk des Merkantilismus, eine ganz und gar erbärmliche Erscheinung. Der Putz blättert von den Fassaden, auf den Dächern wachsen Bäume, deren Samen wohl ein gütiger Wind von Miramare hierher geweht hat, und es gibt mehr Pfützen als Asphalt und Pflaster. Man denkt unwillkürlich an das Lied von der Moldau von Bert Brecht, in welchem er die Vergänglichkeit der Macht beschreibt: „Es wechseln die Zeiten. Die riesigen Pläne / der Mächtigen kommen am Ende zum Halt. / Und gehen sie einher auch wie blutige Hähne / Es wechseln die Zeiten, da hilft kein Gewalt. / … Das Grosse bleibt gross nicht und klein nicht das Kleine …“ Spaziert man durch dieses Areal, überkommt selbst den härtesten Globalisierungs-Gegner Trauer und Wehmut. Man wünscht sich beinahe den Kolonialismus zurück.

Mit der Errichtung des neuen „Punto franco nuovo“ im Süden der Stadt verlor der „Porto franco vecchio“ im 20. Jahrhundert zusehends an Bedeutung. Nicht gerade förderlich für seefahrerische Aktivitäten in dieser Zone war auch, dass die alliierten und nationalen Militärbehörden nach dem II. Weltkrieg eine knappe halbe Seemeile vor der „Diga vecchia“, also dem Schutzdeich dieser Hafenanlagen, den gesamten Kriegsmüll entsorgten, indem sie Blindgänger, Granaten und Munition im nur wenige Meter tiefen Wasser einfach versenkten. Noch in den Seekarten der 70er Jahre ist hier ein „Explosive dumping ground“ eingetragen, den es zu meiden galt. In dieser Zeit wurde auch die Eisenbahnverbindung von der Stazione Centrale zur Stazione Campo San Marzio und dem „Punto franco nuovo“ endgültig stillgelegt, und der weitläufige ehemalige Güterbahnhof des alten Hafens nutzlos. In den letzten Jahrzehnten erstarb das Leben in ihm bis auf einige wenige, wirtschaftlich kaum bedeutende Aktivitäten.

Heute, da sich vorausblickende Triestiner wieder dem Meer und damit dem Rest der Welt zuwenden, denkt man über eine zeitgemässe Nutzung der alten Strukturen nach. Es wäre tatsächlich eine Schande, dieses riesige Areal in bester Lage brach liegen zu lassen. Auch dieses Projekt geht zurück auf eine Initiative des Ex-Bürgermeisters Riccardo Illy und auf die Überlegungen des Rektors der Fakultät für Architektur an der Universität Triest, Giacomo Borruso.

Namhafte Architekten beschäftigten sich mit der Erstellung von Flächenwidmungs- und Bebauungsplänen, wie etwa Boris Potrecca oder Manuel de Solà-Morales. Andere Krestive und Unternehmen trugen interessante Konzepte zur Diskussion bei.

Es handelt sich vorerst um Machbarkeitsstudien, die sich zwischen Realpolitik und Vision entwickeln müssen. Noch ist der Wunsch der Vater des Gedankens. Die Stadtgemeinde, die Region, der Area Science Park, die Hafenbehörde, die Universität, Dutzende Unternehmen und viele andere Institutionen träumen mit- und manchmal auch gegeneinander von einer städtebaulichen Jahrtausendchance.

Die bislang vorliegenden Ergebnisse sind durchwegs faszinierend. In einem einzigartigen Mix von Wohnungen, Büros, Messezentrum, Museen, wissenschaftlichen und universitären Institutionen (wie Aula und Forschungszentrum), sowie diversen touristischen Einrichtungen (Marina, Hotel, Restaurants) und einer Einkaufs-Meile soll hier rings um die alten Magazine eine Neue Welt entstehen: eine unglaubliche und in Europa wohl einzigartige städtebauliche Herausforderung für Architekten und Investoren gleichermaßen.

Ungefähr 160 000 m^2 alte Bausubstanz sollen renoviert werden, etwa gleichviel neu dazukommen. Circa 90 000m^2 alter Baubestand muss demoliert werden, weil er sich bereits im Stadium des Verfalls befindet. Es wird eine komplexe Lösung angestrebt, die der Konzeption der Teilbereiche harrt. Ein Wettbewerb für ein 300 Betten Hotel samt Kongresszentrum wurde bereits ausgeschrieben; ein weiterer für das Messezentrum und die musealen Einrichtungen soll folgen. Bis zum Jahr 2007 sollte nach dem Willen seiner geistigen Väter der Porto Vecchio sich sukzessive zu einem modernen wirtschaftlichen, geistigen und touristischen Zentrum an einem wesentlichen Schnittpunkt des gemeinsamen Europa entwickeln.

Dass man das ganze Areal „autofrei“ gestaltet will, verdient natürlich der Erwähnung. Für die Fahrzeuge sind ausreichend unterirdische Stellplätze vorgesehen, auch der Busterminal, heute noch in den ehemaligen Silos neben dem Bahnhof angesiedelt, wird unter der Erdoberfläche verschwinden. Nicht genug damit: um die von Lärm und Smog geplagte Stadt zu entlasten, ist ein Strassentunnel geplant, welcher von Barcola bis zum Neuen Hafen den Golf von Triest unterqueren soll.

Insgesamt rechnet man für den „Porto Vecchio“ mit einem Investitionsvolumen von mehreren hundert Millionen Euro.

Davon sollte etwa ein Fünftel von öffentlicher Hand und der Rest von privaten Investoren aufgebracht werden, wie etwa dem taiwanesischen Green-Lloyd, welcher bereits seit Jahren im Golf von Triest seine unternehmerischen Interessen in Europa wahrnimmt. Die Entwicklungsarbeit wurde bislang von der Stadt Triest, der Region Friuli-Venezia-Giulia, der Europäischen Union und der Autorità Portuale (Hafenbehörde), sowie einem Unternehmens-Konsortium rings um die Generali-Versicherung finanziert. Nun hofft man auf reges Interesse weiterer internationaler Investoren. Deren Engagement wird freilich abhängig sein von den äusseren Umständen, vom politischen Willen im Rathaus von Triest, von den im prunkvollen Palast der Region, im römischen Parlament, und nicht zuletzt in den Amtsstuben von Brüssel und Strassburg zu fällenden Entscheidungen.

Ein derartiges Projekt – und damit die Wiederbelebung Triests – kann nur gelingen, wenn sich die Verantwortlichen gemeinsam dazu entschliessen, auch politisch aus dieser Stadt wieder eine Drehscheibe des Handels und des kulturellen Austausches zwischen jenen Welten zu machen, die hier seit Jahrhunderten präsent sind.

Wird diese Chance vertan, indem man die dringend notwenigen Entscheidungen verzögert, so bleibt Triest weiter ein merkwürdiges, ja überflüssiges Gebilde am Rande Europas, wo die Hoffnung vor langer Zeit aufgegeben worden ist. Aber nicht nur die regionale Hoffnung, sondern auch die auf friedliche Koexistenz und die Einheit dieses Kontinents.

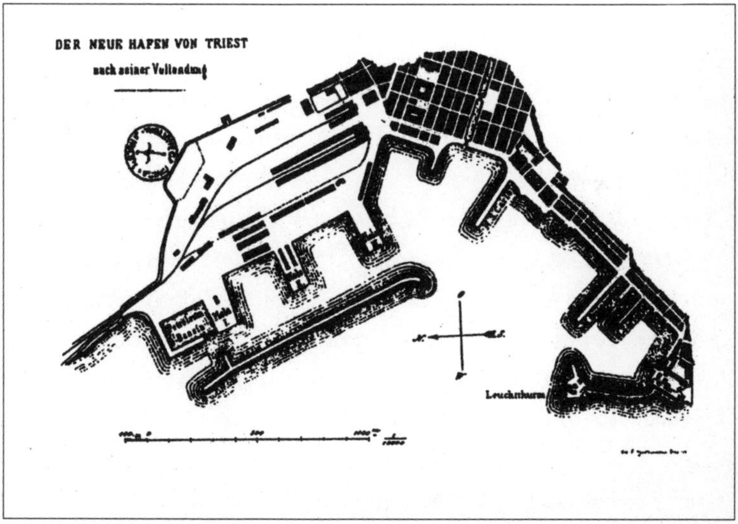

ER „NEUE HAFEN“ VON TRIEST
später „Porto franco vecchio“
oder auch „Punto franco vecchio“ genannt
(circa Mitte des 19. Jahrhunderts)

EINE HAFENSTADT, MEILENWEIT ENTFERNT VOM MEER

Eine Hafenstadt zeichnet sich üblicherweise durch ein Viertel aus, in dem es nach Maschinenöl, Matrosenschweiß, Katzenurin und Huren riecht. Hamburg hat seinen alten Hafen und die anschliessende Reeperbahn. In Marseille gibt es „Les bricks“ – auch wenn diese nicht mehr sich so präsentieren, wie Walter Benjamin und Anna Seghers sie Ende der Dreissiger Jahre beschrieben haben.

„Das Hafenvolk“, schrieb Walter Benjamin damals, „ist eine Bazillenkultur; Lastträger und Huren menschenähnliche Fäulnisprodukte.“. Das mag hier auch irgendwann so gewesen sein. Heute sucht man in Triest vergebens nach lebendigen Zeugen dieser Hafenkultur. Triest hat nichts davon – im Gegensatz zu Genua – und präsentiert sich als eine Stadt, deren Hauptplatz zwar ans Meer grenzt, die aber ohne Hafen auszukommen scheint. Den meisten Triestinern scheint ihr Hafen – beziehungsweise das, was von ihm noch übrig ist – herzlich gleichgültig zu sein. Ja, mehr noch: vielen sind die Würste und das Kraut im Karst näher als der Fisch, und sie erwecken den Eindruck, als wären sie lieber Bauern geworden und ihre Vorfahren nur unfreiwillig zur See gefahren.

Das Meer scheint eine Belastung für die Bevölkerung zu sein, wenn nicht gar eine Belästigung. Es wird von dieser meist nur wahrgenommen, wenn es in Form von Hochwasser, Algenpest oder Gestank auf sich aufmerksam macht, das heißt, wenn es sich nicht als Swimming-Pool eignet.

Der freie Fischbestand im Golf ist dermaßen zurückgegangen, dass er für niemanden mehr eine nennenswerte Einnahmequelle bildet. Das liegt sowohl an der Überfischung der küstennahen Gewässer, als auch an den Umweltproblemen der vergangenen Jahrzehnte. Heute floriert nur noch die Fischzucht zwischen Muggia und Monfalcone. Deren Expansion ist möglich geworden weil die klassischen Verschmutzer der Gewässer entweder aus meist wirtschaftlichen Gründen geschlossen wurden – wie etwa die Raffinerie von Aquila – oder doch nach langer Zeit gezwungen wurden, entsprechende Filteranlagen einzubauen und sich an bestimmte Normen zu halten. Auch haben die zahlreichen unterirdischen Quellen, aus denen vom porösen Gestein des Karstes gefiltertes Wasser dringt, zu einer relativ raschen Regeneration des Meeres geführt. Die Fische und Meeresfrüchte freilich, die hier gezüchtet werden – Branzini, Orate, Mormore und Muscheln – werden kaum an Ort und Stelle verzehrt, sondern landen am nationalen und internationalen Markt. Der typische Triestiner fährt zum Fisch-Essen sowieso nach Ex-Jugoslawien, beflügelt von der Illusion, dass dort heutzutage noch irgendetwas billiger sei.

Zu einer Hafenstadt gehören logischerweise auch Schiffsverbindungen. Diese sind in Triest äusserst unauffällig. Zwar wurden sie im letzten Jahrzehnt des 20. Jahrhunderts wieder mehr; dennoch gibt es viele Tage, an denen weniger als ein Dutzend Bewegungen avisiert werden. Der Personenverkehr spielt nur eine Rolle am Rande. Abgesehen von der Fähre Triest–Igoumenitsa, welche von den unsicheren politischen Verhältnissen im Balkan profitierte und nun wöchentlich drei Mal zum Nord-Süd-Transit beiträgt, beschränkt sich der Passagier-Verkehr auf die Sommermonate. Die Linien nach Dalmatien, Slowenien oder Grado werden von den Triestinern kaum wahrgenommen. Wer ein Auto sein eigen nennt, verzichtet auf maritime Transportmittel. Viele sind sogar verblüfft, wenn man ihnen erzählt, dass es sowas gibt. An Bord dieser Schiffe trifft man wenige Menschen, meist Touristen oder Pensionisten.

Selbst in der Triestiner Literatur des 19. und 20. Jahrhunderts spielt das Hinterland eine wesentlich wichtigere Rolle als das Meer. Man denke an Slatapers „Mein Karst", an Italo Svevo, an Claudio Magris „Donau". Die Sehnsucht nach grossen Abenteuern auf Hoher See oder in weiter Ferne ist offenbar den nördlichen Völkern und Landratten vorbehalten. Vielleicht sind die Probleme des Hafens nicht nur bedingt durch die politischen und wirtschaftlichen Umstände der jüngeren Vergangenheit, sondern auch durch eine gewisse Gleichgültigkeit der Bevölkerung gegenüber einer Naturerscheinung, die sowieso vorhanden ist, und deren Nutzen vorzüglich nach ihrem Freizeitwert bemessen wird. Die Adria wird in der Regel eher als Badeteich denn als Teil des Mittelmeeres begriffen.

Die Söhne der Bauern gehen schwimmen, surfen oder segeln und kaufen eine Ferienwohnung in Grado oder Lignano. Die Nachkommen der Matrosen hingegen träumen von einem ruhigen Leben auf dem Lande, in einer guten Stube, wo sie vor dem Kachelofen Salami, Maroni und Wein vertilgen. Auch dieser scheinbare Widerspruch ist eine fixer Bestandteil der Triestiner Schizophrenie und führt an den Wochenenden zu einem heillosen Verkehrs-Chaos.

Denn auch in ihrem Freizeit-Verhalten löscht die Mehrheit – je nach Herkunft – das Gedächtnis an ihre Herkunft aus.

Dies ist die Zone Triests, die jeder zu kennen meint. Hier verdichten sich die touristischen Sehenswürdigkeiten ebenso wie das kaufmännische Leben. Alle wichtigen Behörden siedeln entlang der Riva und in den Seitenstrassen bis hinauf zur Piazza Oberdan und der Via Carducci. Das Zentrum der Stadt ist nach wie vor die Piazza Unità d'Italia, einstmals Piazza Grande, welche auf drei Seiten von prächtigen Gebäuden umsäumt ist, und dessen vierte Fassade vom Meer gebildet wird. An der einen Ecke zum Ufer hin steht ein mondänes Hotel, das gleich drei Namen hat: „Savoy Excelsior Palace Hotel", womit man wohl darauf aufmerksam machen wollte, dass es eben kein einfaches Luxus-Hotel ist. Hier stiegen die Reisenden der 1. Klasse ab, um auf ihre Schiffe zu warten, elegante Ozean-Riesen wie die „Saturnia", „Vulcania" oder „Victoria", welche ihre Passagiere in selbst für heutige Verhältnisse kurzer Zeit nach Amerika, Australien und Asien brachten. Eines der Schiffe des Lloyd Triestino gewann Anfang der 30er Jahre des 20. Jahrhunderts das „Blaue Band" für die schnellste Atlantik-Überquerung. Ihm zu Ehren wurde eine regionale Biersorte, die noch heute existiert, „Nastro Azzurro" genannt. Es ist meines Wissens einmalig in der Geschichte der Seefahrt, dass nicht ein Schiff mit einem perlenden Getränk getauft worden ist, sondern umgekehrt.

Gegenüber dem Hotel ragt eine riesige Mole hinaus in das Wasser der Adria, in deren Mitte ein ebenso gigantisches Gebäude steht: die ehemalige Stazione Maritima. Heute ist darin ein Kongresszentrum untergebracht. Hier bestieg man seinerzeit den Dampfer, die Passagiere erster Klasse das Deck, die weniger wohlhabenden Emigranten, die Flüchtlinge aber krochen in den Bauch des Schiffes. Es ist bedauerlich, dass man im Zuge der Renovierungs- und Umbauarbeiten vor etlichen Jahren die alten Landungsbrücken aus Schmiedeeisen entfernt hat, welche ein Monument eben dieser Klassengesellschaft waren.

Das Hafenbecken von San Giusto wird rechter Hand von der Molo Audace eingerahmt, welche seinerzeit Molo San Carlo hieß. Diese Mole ist benannt nach dem italienischen Kriegsschiff „Audace", welches angeblich das erste war, das 1918 am österreichisch-ungarischen Territorium anlandete und zwar hier im Hafen von Triest. Anderen Erzählungen und Berichten zu Folge gebührt diese Ehre aber einem anderen Schiff, enem Kanonenboot, dessen Name und internationale Kennung übermalt worden waren. Sein Kommandant war ein Deserteur der K.u.K. Marine, Irredentist und Überläufer, der zum Volkshelden wurde: Nazario Sauro. Das Schiff lief unerkannt im Kriegshafen von Pola ein. An der Mole stand ein armseliger österreichischer Wachposten, wie Sauro ein gebürtiger Istrianer. Als er des ihm unbekannten Gefährtes ansichtig wurde, nahm er zögernd das Gewehr von der Schulter und überlegte, ob es opportun wäre, einen Alarm – etwa durch die Abgabe eines Warnschusses – auszulösen. Da hörte er vom Deck die Stimme Nazario Sauros, welcher ihn in triestinisch-istrianischem Dialekt anschrie mit den nicht eben feinen Worten: „Toco di mona, ciapa la zima!" („Du Stück Dreck, fang das Tau!"). So hielt der einfache Soldat – welcher in der ehrwürdigen österreichischen Kriegmarine offenbar an einen derartigen Umgangston gewohnt war – plötzlich das Seil in den Händen, tat wie ihm geheissen, und band das Schiff fest. Was aus dem armen Mann geworden ist, weiss man nicht. Dem anderen errichtete man jedenfalls ein paar Jahre später ein Denkmal auf der Piazza Unità, welches heute noch zu besichtigen ist.

Ein für Triest typischer Treppenwitz der Geschichte ist, dass die Familie Nazario Sauros kaum dreissig Jahre später aus dem im Namen Italiens befreiten Istrien flüchten musste und im freien Teil des Küstenlandes ein Dasein als Esuli zu führen hatte, misstrauisch beäugt und verachtet von den ebenfalls zugezogenen Italienern. Auch das ist Triest: gemeinsamer Heimatort derer, die ihre Heimat verloren. Aber selbst jene, die seit Generationen hier wohnen, fühlen sich oft nicht zuhause und bewegen sich wie Fremdlinge.

Flaniert man längs des Hafens entlang des Riva, so findet man kaum noch Geschäfte und Lokale, welche auf die Geschichte und autochtone Kultur dieser Stadt hinweisen. Es gibt zwar eine Reihe von beinahe schon antik anmutenden Caffès im Stile der 60er und 70er Jahre, aber immer mehr anonyme Bars mit kühlem, meist missglücktem postmodernen Styling. Die noch vor dreissig Jahren für die Gegend typischen botegas, wo man Weine aus dem Fass und Mortadella als kleine Zwischenmahlzeit zu sich nahm, sind fast alle verschwunden. Der Connaisseur, welcher hier die einstigen Delikatessen der Hafenstadt sucht, geht unverrichteter Dinge wieder nach Hause. Es ist entschieden leichter, eine chinesische Frühlingsrolle oder napoletanische Pizza zu finden, als „sardoni apanati", „sarde in savòr" oder „seppie con polenta". Die wenigen übriggebliebenen Fischrestaurants im Hafen warten meist mit gezüchteter Orata oder kenianischem Branzino auf, und das zu einem Preis, dass man glaubt, in Venedig in Harry's Bar zu sitzen, und nicht etwa an der lauten, nach Benzin und Diesel duftenden Hafenmeile von Triest.

Ähnliches gilt für die Geschäfte. Wenige Schiffsausstatter sind geblieben. Die Globalisierung findet auch hier statt: internationale Boutiquen, Geschäfte mit Luxus-Artikeln und Banken prägen das Strassenbild. Normale Lebensmittelgeschäfte sind rar geworden. Dafür gibt es Delikatessen-Läden, welche Tiroler Speck, Ungarische Gänseleber oder piemontesische Trüffeln anbieten. Wie in allen Städten Europas versorgen sich die Menschen mit dem Lebensnotwendigen in den Supermärkten an der Peripherie. Am Markt von Ponterosso – noch vor dreissig Jahren farbenprächtig und reich bestückt – ist die Auswahl dürftig geworden. Brieftaschen, Jeans, Blumen. Ein paar Kartoffeln aus dem Karst gibt es. Und wie überall zwischen Stockholm und Kapstadt diese polierten, wachsgrünen Gebilde, welche für sich in Anspruch nehmen, Äpfel zu sein, „Granny Smith" heissen, und in Wahrheit nichts anders sind, als weitgehend vitaminfreie, wässrige Zellulose, deren präparierte Schale das beste Zahnfleisch zerschneidet. Dabei wachsen im wenige Kilometer entfernten Friaul gar köstliche Äpfel und Birnen. Schon Mangold, im örtlichen Dialekt „bled" genannt, ist kaum zu finden, obwohl es vor der Haustüre wächst. Vor allem aber ist bemerkenswert, dass es in einer Hafenstadt, welche lange Zeit die Landungsbrücke zum Orient darstellte, beinahe unmöglich geworden ist, Koriander, Piment oder sonstige Gewürze und Spezereien zu finden. Hier, entlang des Canale Grande, roch es noch vor nicht einmal hundert Jahren schon frühmorgens nach Pfeffer, Ingwer und Vanille. Diese Dinge findet man – wenn überhaupt – nur noch in hochpreisigen Delikatessen-Geschäften, gut verpackt in homöpathischen Dosen. Das ist im Vergleich ebenso absurd wie der üble Brauch in den österreichischen Alpen, wo man auf der Alm, fünf Meter neben einer Kuh sitzend, zum Kaffee sterilisierte Sahne in Plastik-Dosen serviert bekommt.

Das authentische Leben ist verloren gegangen. Aber dieses Problem betrifft nicht nur Triest. Die Jugendlichen im Friaul trinken zwischen den Weingärten ihrer Väter mexikanisches Bier. Diese Entwicklung ist bedauerlich. Eine Liste des Verlorenen ist anzufertigen, ein Verzeichnis der autochtonen Bestandteile einer Kultur, welche darauf wartet, dass jemand sich wieder ihrer entsinnt, sie dem drohenden Vergessen entreisst. Es gilt, die Traditionen für die Zukunft kompatibel zu gestalten. Es sollte eine Art kulinarischen Artenschutz geben. Wer sich wiederholt gegen die regionalen und saisonalen Ernährungs-Gewohnheiten versündigt, müsste dazu verurteilt werden, sich ein Jahr lang ausschliesslich von Tiefkühl-Pizza, unreifen Mangos und Tofu zu ernähren.

Zurück in den Hafen. Kommt man vom Bahnhof, schlendert man an den letzten Magazinen des Punto franco vecchio entlang, in welchen heute noch mit modischem Ramsch zu Billig-Preisen gehandelt wird. Hier sollen Wohnungen und eine marina entstehen. Wo sich rechter Hand der Blick auf's Meer öffnet, steht das in den 20er Jahren errichtete und mittlerweile renovierte Gebäude des Wasserflughafens, in dem die Hafenbehörde untergebracht ist. Linker Hand reihen sich die prächtigen Paläste der alten Triestiner Handelshäuser aneinander. Dazwischen – leicht zu übersehen – sieht man die wunderschöne griechische Kirche von San Nicolò. Daneben befindet sich das Caffè Tomaseo, wahrscheinlich das älteste der Stadt, welches in den 80er Jahren des 20. Jahrhunderts aufwendig restauriert worden ist.

Weiter unten steht rechter Hand direkt am Ufer ein Gebäude, welches mit seinem Campanile an eine Kirche erinnert, und dennoch die alte Fischhalle ist. Wegen seiner Architektur erhielt dieses Gebäude von den Triestinern den Spitznamen: „Santa Maria del Guatto“. Guatti, auf Hochitalienisch „ghiozzo“ genannt, sind Grundfische, welche heute noch von Kindern und Pensionisten mit viel Geduld und langen Angelschnüren aus dem Wasser gezogen werden. Es sind hässliche, breitmäulige Tiere, deren festes, leicht gelbliches Fleisch nach Meeresgrund schmeckt und deshalb nicht jedem behagt. Frisch gefangen und paniert, sind sie eine rar gewordene Delikatesse, welche selten die Küche eines Restaurant erreichen, weil sie in aller Regel von den Fischern und seinen Freunden verzehrt werden.

Die Fischhalle und der darin befindliche Fischmarkt – noch vor zwei, drei Generationen einer der grössten des adriatischen Meeres – ist geschlossen und wird umgebaut. Das architektonisch äusserst bemerkenswerte Gebäude wird in Hinkunft nur mehr musealen Zwecken dienen; das darin befindliche Aquarium soll ausgebaut werden. Dabei ist es eigentlich absurd, hier direkt am Meer Fische und sonstiges Meeresgetier in Gefangenschaft zu halten. Es ist, als würde jemand auf die Idee kommen, mitten in der Serengeti Käfige für Löwen und Hyänen zu errichten. Die grösste Attraktion des Aquariums – und gleichzeitig seine bedauernswertesten Insassen – sind die Pinguine. Sie watscheln Jahr und Tag im Halbdunkel des künstlichen Lichtes auf und ab, plantschen in einem winzigen Bassin und machen ein Gesicht wie Nietzsche in seinen letzten Jahren. Es sollte einen Franco Basaglia der Pinguine geben, der sie endlich aus ihrem sinnlosen Martyrium befreit. Im Stadtbild von Triest würden sie nicht auffallen, höchstens in Barcola, weil sie besser angezogen sind als die Badegäste.

Hinter dem Aquarium beginnt der exklusive Yachthafen, an den sich das letzte Bassin des alten Hafens, die sacchetta anschließt – ehemals der Fischereihafen der Stadt, in welchem heute nur noch ein paar Handvoll Fischerboote dümpeln. Abgeschlossen wird das Ensemble vom alten Leuchtturm und der Stazione Campo San Marzio, dem einstigen Endbahnhof der k.u.k. Süd- und Wocheinerbahn. Hier findet man diverse Museen zur Geschichte der Eisenbahn und der Schiffahrt, die durchaus sehenswert sind. Aber noch eine Besonderheit gilt es hier zu entdecken: das Bagno Ausonia.

Es handelt sich dabei um die heutzutage wohl europaweit einzige öffentliche Badeanstalt, welche über getrennte Eingänge und Strände für Männer und Frauen verfügt. Zwar dürfen Mütter auch ihre maskulinen Kinder mitnehmen – aber nur bis diese in die Pubertät kommen. Es soll Ehepaare, aber auch Singles geben, welche diese Art von geschlechtlicher Apartheid durchaus schätzen.

CASA E CHIESA DI S. NICOLÒ DEI GRECI
– M. Pertsch 1818 –

Wie wenig die Menschen die Stadt kennen zeigt sich daran, dass die meisten von ihnen glauben, die „riva“, also das Ufer sei Richtung Süden ausgerichtet. Das Gegenteil ist der Fall: sie ist im rechten Winkel nach Nordwesten hin gebaut, also gegen die karnischen Alpen, deren schneebedeckte Gipfel im Winter von hier aus gut zu sehen sind, wenn eine extreme Bora den letzten Rest von Luftfeuchtigkeit verweht.

Jeder, der einen Tag lang an der riva und in der Altstadt herumstreunte, glaubt diese Stadt zu kennen oder zumindest um ihre Sehenswürdigkeiten Bescheid zu wissen. Er hat einige Prachtbauten des 18. und 19. Jahrhunderts gesehen, eventuell auch noch den einen oder anderen hübschen Jugendstil-Bau. Dazu selbstverständlich auch den Dom von San Giusto, das Castello und das Forum Romanum.

Vielleicht sind ihm auch die baulichen Scheusslichkeiten aufgefallen, welche der Faschismus hinterlassen hat, wie etwa das Polizeipräsidium, das gegenüber dem römischen Theater liegt.

Dazwischen wurde in den 30er Jahren eine breite, chausseeähnliche Strasse angelegt, welche nie vollendet wurde und eigentlich völlig unnütz ist Für diese wurde ein Gutteil der Gebäude der Altstadt demoliert, darunter die Synagoge aus dem 18. Jahrhundert, welche von Silvio Benco wegen ihres würdigen Äusseren als eines der schönsten Gebäude der Stadt beschrieben worden ist.

Eigentlich bewegt sich der Besucher auch heute noch meist nur in der Stadt Maria Theresias. Aber das ist längst nicht das ganze Triest. Wer das Triest von heute und seine Menschen sucht, sollte sich zu Fuss oder mit öffentlichen Verkehrsmitteln dahin aufmachen, wo kein Fremder ohne

Absicht hinkommt. Zunächst gilt es die Via Carducci zu überqueren, eine bis zu sieben Spuren breite Strasse, wo sich motorisierte Vandalen auf zwei, vier oder noch mehr Rädern unbarmherzige Duelle liefern. Der Formel 1 Grand Prix von Monza ist im Vergleich dazu eine langweilige Angelegenheit.

Jenseits dieses Infernos findet man das Caffè San Marco in der Via Cesare Battisti. In diesem wunderschönen Lokal trafen und treffen sich Künstler, Intellektuelle, Studenten, Pensionisten und routinierte Zeitungsleser. James Joyce, Umberto Saba, Italo Svevo, Fulvio Tomizza und der geheimnisvolle „Anonimo Triestino“ waren hier zu Gast. Auch Claudio Magris ist hier ständig präsent – zumindest in Form eines Portraits, auf dem er lächelt wie die „Gioconda“, welche den Deutschen als „Mona Lisa“ bekannt ist. Da aber „mona“ im Triestiner Dialekt etwas völlig anderes, nicht eben Feines bedeutet, ist es besser, im Vergleich beim italienischen Bild-Titel zu bleiben.

Die benachbarte Synagoge in der Via Donizetti ist mehr als nur einen Besuch wert, ebenso das Jüdische Museum in der Via del Monte, dessen Direktor Ariel Haddad einer der profundesten Kenner der Geschichte der Hebräischen Gemeinde Triests ist, welche diese Stadt kulturell und ökonomisch bereicherte wie keine andere Glaubensgemeinschaft, wahrscheinlich mehr als die Habsburger dies taten.

Parallel zur Battisti verläuft die Viale XX. Settembre, neben dem „Boul‘ Mich“ wohl einer der schönsten Boulevards in Europa. Umsäumt von alten Platanen, welche die fünfgeschossigen Gründerzeithäuser zu überragen scheinen, reiht sich ein Caffè ans andere, auch ein altes „buffet“ gibt es noch. Dieser Lokaltyp ist für Triest und keine andere Stadt der Welt typisch. Hier gibt es – neben dem üblichen „rebechin“, also einem Imbiß, bestehend aus Prosciutto, Salami und Käse – vorwiegend Gekochtes vom Schwein: salsiccie, speck und „kaiserfleisch“, über das viel „kren“ gerieben wird. Dazu isst man Kraut oder saure Rüben und trinkt Bier oder ein Glas „terrano“, jenen fast braunvioletten Wein aus dem Karst, dessen Reben auf der roten, eisenhaltigen Erde gedeihen und auch danach schmecken. Meist weist er eine derart hohe Säure auf, dass man selbst nach einer derart deftigen und üppigen Mahlzeit zur Verdauung keinen anderen digestivo mehr benötigt. Das bekannteste ist das „Buffet da Pepi“ neben der Börse, im Volksmund „Pepi S'ciavo“, also „Pepi, der Sklave“ genannt, womit ausreichend dokumentiert sein dürfte, dass es sich um eine Einrichtung handelt, in welcher die slawische Kulinarik gepflogen wird. Diese „buffet“ werden von Geschäftsleuten gerne aus Zeitgründen aufgesucht, weil man hier rasch bedient wird. Auch die minder bemittelten Bevölkerungsschichten kommen gerne hierher, weil man sich mit wenig Geld gut satt essen kann: also Pensionisten und Studenten. Aber dieser Lokal-Typ ist leider zusehends am Verschwinden und macht Fast-Food-Ketten oder anonymen Chinesen Platz. Einige gibt es noch in den Arbeiter-Vierteln. Aber die muss man suchen, weil sie in keinem der vielen feinen Gourmet-Guides verzeichnet sind.

Die Viale, wie sie von den Triestini kurz genannt wird, ist die Schlagader des Lebens der Bohème und der Jugend. Im Sommer pulst hier das Leben bis lange in die Nacht hinein, und der letzte Flaneur geht meist erst nach Hause, wenn die Amseln in den hohen Bäumen aus libidinösen Gründen einen höllischen Lärm entfalten.

Es lohnt sich aber auch, den Ausgangs- und Endpunkt der Via Carducci zu erkunden. Unten, an ihrem Ende zum Bahnhof hin, haben sich die Chinesen festgesetzt wie Korallen des Kommerzes. In ihren Läden bekommt man alles, von Soja-Sprossen über Hausschuhe bis zu Kleinmöbeln, funkelnde Feuerzeuge, Buddha-Statuen aus Alabaster und Seidentücher. Selten sieht man darin Italiener; es scheint, als würden diese Geschäfte davon leben, dass deren Inhaber und Angestellte untereinander einkauften und Handel betrieben. Anders ist es auch gar nicht vorstellbar, dass derart viele Unternehmen mit ihren zahlreichen Bediensteten den nötigen Umsatz machen, um ihr Überleben zu sichern.

Dazwischen findet man billige Absteigen, wie etwa die „Pensione Rittmayer“, wo Wanderarbeiter in Zimmern mit bis zu fünf Betten um billiges Geld ein paar Wochen oder Monate nächtigen. Es sind schweigsame, fast wortlose Menschen, welche in einer Werft oder im Neuen Hafen eine beschränkte Zeit lang schuften, um mit ein paar Devisen in den Taschen wieder nach Hause zurückzukehren, nach Bosnien, Bangla Desh, auf die Philipinen oder in die Ukraine. Es ist dies eine Klasse, welche noch unter den Gastarbeitern steht, die Paria des Neo-Liberalismus, Kreaturen, welche sich für diesen Zeitraum ausschliesslich aus der Ausbeutung ihrer Leiber definieren.

Hier, Richtung Bahnhof und in den Seitenstrassen, ist auch ein Stützpunkt der „Vù comprà?“, der Marocchini, welche über die Plätze und durch die Lokale ziehen, um Feuerzeuge, CDs und Imitate von modischen Accessoires zu verkaufen. Sie sind gut organisiert, erhalten von ihren Capos die Ware, welche sie in Kommission gegen eine lächerliche Provision verkaufen dürfen. Sie werden in den billigsten Quartieren untergebracht, wo sie zum Teil in Schichten schlafen, weil nicht Platz genug für alle ist. Sie werden – in Unkenntnis ihrer sozialen Situation, welche sklavenartige Abhängigkeit bedeutet – von den meisten Triestinern und Touristen als aufdringliche Strassenhändler empfunden, und oft genug verspottet oder gar beschimpft.

Dass ausgerechnet hier die „Via Martiri della Libertà" beginnt, ist eine makabre Pointe, erst recht, wenn man den einen oder anderen Wohnblock in dieser Gegend von innen gesehen hat, dessen Wohnungstüren in der Regel mit zwei bis drei Schlössern verriegelt sind. Dies hat – und das muss immer wieder betont werden – absolut nichts mit der zunehmenden Präsenz von Ausländern zu tun, sondern schlicht damit, dass die Kriminalität in allen Städten der Welt in den Gegenden, wo tausende um's nackte Überleben kämpfen, höher ist als in den Reihenhaus-Siedlungen des saturierten Kleinbürgertums.

Das obere Ende der Carducci aber, die Piazza Garibaldi, gehört den Serben. Ihre Population ist in sich gespalten. Zum einen siedelten sich hier – noch unter Tito – die Dissidenten an. Eine zweite Welle von Migranten war durch die Balkan-Kriege verursacht. Nach dem Zerfall Jugoslawiens und der beginnenden Demokratisierung Serbien zogen auch Anhänger des gestürzten Regimes hierher, welche in der Heimat mit restriktiven Massnahmen oder gar gerichtlicher Verfolgung zu rechnen hätten.

Vor einer Bar auf der Piazza stehen acht kleine Tischchen mit je zwei Stühlen. Alle sind mit finster blickenden alten Männern besetzt. Auf einem der Tische stapeln sich druckfrische serbische Zeitungen. Mitunter kommt einer vorbei, der schweigend ein paar Münzen hinlegt, das Journal unter den Arm nimmt und in der Bar oder um die Ecke verschwindet. Hier wird nicht viel gesprochen, anders als sonst in Triest, wo jede auch noch so belangslose Tätigkeit mit einem Wortteppich zugedeckt wird.

Auch in der Bar kein Lärm. Ein paar Männer spielen Karten, andere Schach. Der einzige Gast, der redet, ist ein stattlicher zahnloser alter Triestiner, welcher der hübschen Kellnerin und den Umstehenden seine Lebensgeschichte erzählt, und dass er erst gestern 12 000 Lire – und die meisten in der Stadt rechnen immer noch in dieser Währung – im Totocalcio gewonnen hat. Keiner hört ihm zu. Er, der Einheimische, ist hier fremd. Albaner, so erzählt man, gingen auf die andere Strassenseite, oder meiden, wie auch die meisten muslimischen Bosnier, dieses Viertel.

In einer kleinen Seitenstrasse, zum Hügel von San Giusto hin, findet man eine andere Wirtschaft, die bis vor ein paar Jahren eine typische „bottega“ war. Tritt man heute hier ein, so wähnt man sich in einem Landgasthof in der Vojvodina: die Wände sind mit hellem Holz getafelt, das Mobiliar ist slawisch-texanisch, die Musik montenegrinisch und die meist jugendlichen Dart-Spieler fühlen sich gestört. Die meisten sind modisch in internationale Sports-wear gekleidet, und unterscheiden sich so äusserlich nicht vom Publikum in der Viale. Der Unterschied ist nur: hier wird kein Wort italienisch gesprochen.

Die Geschichte scheint sich zu wiederholen. Das Problem der Toleranz gegenüber anderen Ethnien stellt sich erst gar nicht. Man meidet einander. Die Beschäftigung mit der Mentalität der anderen könnte zu Zweifel an der Xenophobie führen, mit welcher man von der Misere seines eigenen Daseins ablenkt.

Wieder einmal scheint es so zu sein, dass es nicht gelingt, die unterschiedlichen Populationen zu einer Bevölkerung zu formen. Auch die Jungen leben nebeneinander her, wie schon ihre Urgrosseltern, die voneinander nichts wissen wollten. Dies ist umso bedauerlicher, wenn man an die Schlüsselrolle denkt, die Triest in Hinblick auf die Südost-Erweiterung der Europäischen Union zu spielen hat.

Unweit von der Piazza Garibaldi, Richtung Norden, befindet sich das „Ospedale maggiore“, das alte Spital, welches im Kern aus der Josephinischen Zeit stammt. Es liegt mitten in einem ebenso alten Wohnviertel, das einen ziellosen Spaziergang lohnt, weil es nichts Besonderes zu bieten hat, und deshalb dem halbwegs sensiblen Flaneur einen Eindruck vermitteln kann, wie sich das tägliche Leben in der Stadt tatsächlich abspielt.

An der Flanke des Krankenhauses findet man ein langes, ebenerdiges Gebäude, das wie eine Aneinanderreihung von Kapellen wirkt. Es ist dies die Aufbahrungsstätte für die Verstorbenen. Denn die Toten werden nicht erst auf den für sie zuständigen Friedhöfen verabschiedet, sondern bereits hier. In den einzelnen Räumen stehen die Särge der zur Beerdigung freigegebenen Leichname; rechts und links davon haben die dazugehörigen engen Verwandten Platz genommen, Kerzen brennen. Hektik beherrscht die Szene. Hunderte Freunde und Bekannte der betroffenen Familien wollen ihr Beileid ausdrücken und ein Gebet sprechen. Es kommt vor, dass man dafür Schlange stehen muss. Wer dieser letzten Pflicht nachgekommen ist, geht – bis die Verabschiedung vorüber ist – in eine der zahlreichen umliegenden Bars, um Caffè oder ein Glas Wein zu trinken. In einem geheimnisvollen, behördlich festgelegten Takt finden die Aussegnungen statt – scheinbar präzise organisiert wie seinerzeit unter dem Befehl eines k.u.k. Militärkommandos – und der Trauer-Kondukt setzt sich in Bewegung zu dem für den jeweiligen Toten zuständigen Friedhof. Man darf sich das aber nicht so vorstellen, dass sich ein Konvoi nach dem anderen bildet. Jeder ist mit seinem eigenen Auto unterwegs, das irgendwo geparkt ist. Man geht früher oder später, verabredet sich flüsternd zum Treffen am Grab des Verblichenen, verliert auch mitunter den Überblick, wer zu welchem Begräbnis gehört. Selbst die Priester haben manchmal Schwierigkeiten, den Toten zu finden, für den sie zuständig sind.

Das Hin und Her der Trauergäste und Seelsorger gestaltet sich oft zu einem für Triest absolut typischen Chaos, welches – gottseidank – jegliche Pietät vermissen lässt, und so dem Begräbnis einen gewissen Unterhaltungswert verleihen kann.

Hinter dem Hügel von San Giusto, Richtung Südosten, erstreckt sich ein Stadtviertel, welches im Zeitalter der Industrialisierung gewachsen ist, und San Giacomo heisst. Im Volksmund wurde es in den 50er Jahren des 20. Jahrhunderts „Stalingrado" genannt, weil die Mehrheit der Bevölkerung nicht nur mehrheitlich kommunistisch wählte, sondern auch für den Anschluss an Titos Jugoslawien optierte.

Dieser Bezirk ist mit der alten Stadt durch einen Tunnel verbunden, der um die vorletzte Jahrhundertwende von den österreichischen Behörden geplant und von Tagelöhnern gegraben worden ist, um die Verbindung von und nach Istrien zu verbessern. Wie beim Bau der Tunnels für die Semmering- und Tauernbahn wurden italienische Arbeiter aus der Lombardei und Toscana eingesetzt, welche als Spezialisten auf diesem Gebiet galten. Laut mündlichen Überlieferungen durften diese sich aber nicht in Triest ansiedeln, sondern hausten in primitiven Quartieren jenseits des Isonzo. Im Morgengrauen des Montag passierte die Karawane der Proletarier die Grenze, zog entlang der alten Strasse über Duino, Aurisina und Prosecco in die Stadt, schuftete die ganze Woche, und kehrte am Samstag auf gleichem Wege wieder zurück. Ausgemergelte Gestalten, welche den Kindern entlang der Strasse Angst einflössten, wenn sie schweigend dahintrotteten.

Ursprünglich hiess das Bauwerk „Tunnel von Montuzza", heute ist es die „Galleria Sandrinelli", die an der Piazza Goldoni ihren Anfang nimmt. Das stadtseitige Portal wurde in der Mussolini-Ära neu gestaltet und rechts und links mit einem prunkvollen Aufgang nach San Giusto versehen. Heute wird dieser kaum mehr benutzt.

In San Giacomo leben heute nach wie vor vor allem Arbeiter, deren Muskulatur darauf schliessen lässt, dass ihr Broterwerb harten körperlichen Einsatz verlangt. Auch viele Studenten wohnen hier, weil die Mieten im Vergleich zur Altstadt relativ erschwinglich sind. Dazwischen gibt es Wohnblocks, die noch immer von „esuli“ oder deren Nachkommen bevölkert sind, welche man in den 50er Jahren des 20. Jahrhunderts unter anderem hier ansiedelte und denen über die Generationen hin kein sozialer Aufstieg vergönnt war. Das Bevölkerungs-Konglomerat in diesem Stadtteil wird nun seit Jahren durch Flüchtlinge ergänzt, sei's durch Serben, Albaner oder Afrikaner; ein „mishmash“, welches naturgemäß zu täglichen sozialen Spannungen führt.

San Giacomo war ursprünglich ein ländlicher Vorort Triests. Hier standen – bedingt durch seine Lage auf einem der Hügel über dem Golf – bis zum Anfang des 20. Jahrhunderts Windmühlen, worauf heute noch der Strassenname „Via del molino al vento“ hinweist, wo Mehl gemahlen wurde, das man ins knapp einen Kilometer entfernte Servola karrte. Dieses einstige Dorf, das heute einen Stadtteil bildet, war seinerzeit berühmt für seine Bäckereien. Sonntags machte man einen Ausflug hierher, um frisches, knuspriges Brot zu erwerben. Aus dieser Zeit stammt das alte Triestiner Volkslied:

„Ti col muss‘, mi col tram,
andemo a Servola doman!“
„Du mit dem Esel, ich mit der Tram,
gehen wir morgen nach Servola!“

Diese Zeilen erinnern nicht nur an die sozialen Unterschiede bei der Auswahl der Fortbewegungsmittel, sondern auch daran, dass Triest seinerzeit über ein gut ausgebautes Strassenbahn-Netz verfügte. Die Bäcker und Bauern von Servola – der Name kommt vom Lateinischen „sylvula“, was kleiner Wald bedeutet – waren wichtige Lieferanten für den Markt von Ponte Rosso und auf der Piazza Goldoni.

Fährt man von der „Via del molino al vento“ weiter Richtung Osten auf der ehemaligen Staatsstrasse, der „Strada per Fiume“, welche parallel zur Autobahn verläuft, so sieht man rechter Hand die desolate Einfriedung eines riesigen Parks. In ihm steht eines der schönsten Gebäude der Stadt, die „Villa Sartorio“, welche einst einer der bedeutendsten Familien gehörte. Seit Jahrzehnten ist sie dem Verfall preisgeben, weil es für ihre Renovierung und Nutzung an Geld und Ideen fehlt.

Ziemlich genau gegenüber befindet sich eine der faszinierendsten Trattorias der Stadt. Tritt man in die Stube ein, so wähnt man sich gut hundert Jahre zurückversetzt. Rings um einen ebenso alten Kanonenofen gruppiert sich ein knappes Dutzend Tische, die auf einem knarrenden, geölten Holzboden stehen. Der Blick in die Küche ist offen. Zwei alte Frauen – sie mögen Schwestern sein – betreiben das Lokal. Die eine steht am Herd, die andere kümmert sich um die Gäste. Beide sind in Kittelschürzen gekleidet, deren Stoff wohl noch unter Mussolini gewebt wurde. Und beide tragen – damit ja kein Haar in die Suppe fällt – verschossene weisse Häubchen. Es gibt selbstverständlich keine Speisekarte. Die Alte, einen karierten Zettel in der Hand, verkündet leise und monoton dem Gast das „Menù“, als lese sie zum hunderdsten Mal den Rosenkranz. „Jota“ gibt es, also die typische triestiner Krautsuppe, baccalà con polenta“ (Stockfisch, der hier auch „stocafissa“ genannt wird) oder „gnocchi di pane“ mit Gulasch. Schnell ist man entschlossen, denn die Auswahl ist klein. Besteck, in Papier-Servietten eingerollt, wird geräuschvoll am Tisch placiert, dazu ein vergilbter Plastikkorb mit Brot. Der Wein ist trüb, leicht und schmeckt bitter wie der Karst. Arbeiter kommen und gehen, sättigen sich, oder trinken lediglich einen Caffè an der Bar, vielleicht auch ein Glas Wein. In einer Ecke spielen zwei Pensionisten wortlos „briscola“, ein Kartenspiel, dessen Regeln dem alpinen „Schnapsen“ ähnlich sind. Es wird im ganzen Lokal kaum gesprochen. Laut wird es nur, wenn die eine oder die andere Alte die Klappe des Ofens öffnet und zwei Schaufeln Kohle nachfüllt. Dann riecht es wie damals, als die beiden Alten noch Kinder waren, weil die Bora den Qualm aus dem Kamin in den Raum zurückdrängt. Auch die Gerichte schmecken, als wäre eine Urgrossmutter wieder auferstanden und hätte sich am Herd zu schaffen gemacht, um ihre Enkel zu verwöhnen. Und schliesst man ein wenig die Augen, so sieht man plötzlich am Tisch gegenüber Scipio Slataper, der von einer Wanderung zurückgekehrt ist und sich mit einem Teller Suppe stärkt.

Das Lied der geschundenen Reisarbeiter und Arbeiterinnen aus der Po-Ebene ist zur Hymne der Partisanen und Widerstandskämpfer im faschistischen Italien geworden. Dass ausgerechnet eine Reisfabrik in Triest zum Schauplatz der Verfolgung und Vernichtung Andersdenkender wurde, ist eine makabre Pointe der Geschichte.

An der Peripherie der Stadt – weitab von indiskreten Augen – wurde die alte Risiera von San Sabba in eine Fabrik des Todes umgebaut, schreibt Marta Ascoli in ihrem Buch „Auschwitz è di tutti". Sie, damals ein 19-jähriges Mädchen, erzählt auf berührende Weise, wie sie, ihre Eltern und ihre Schwester im März 1944 von der SS abgeholt wurden. Auch dies geschah auf äusserst diskrete Art, da die Besatzer jedes Aufsehen vermeiden wollten. Die ganze Familie musste ein paar Schritte vor den Schergen möglichst unauffällig von ihrem Haus in der Via Filzi bis hinauf in die Nähe der Giardini Pubblici gehen, wo ein mit einer Plane bedeckter LKW wartete, auf dessen Ladefläche bereits weitere Menschen unter Bewachung auf den Abtransport warteten. Zunächst ging es nach San Sabba, einem Gebäudekomplex – weit entfernt von den Augen der Triestiner – der mehrere Aufgaben zu erfüllen hatte. Er diente als Anhaltelager für Juden aus ganz Italien und dem nördlichen Balkan; von hier aus wurden sie in Viehwaggons in Konzentrations- und Vernichtungslager deportiert. Von ihrer Familie überlebten nur Marta Ascoli und ihre Mutter; ihr Vater und ihre Schwester starben während des Transportes.

Die Risiera war aber auch Gefängnis für politische Gegner und Partisanen. Hier wurden Geständnisse erpresst, wurde gefoltert und gemordet. Hier war der einzige Verbrennungs-

Ofen auf italienischem Gebiet in Betrieb. Die grässlichen Untaten, die hier geschahen, wurden nicht alleine von der SS verübt. Die Wehrmacht half mit ihrer Logistik und Transportsystemen. Dazu kamen ukrainische Hilfstruppen, deren „prominentestes“ Mitglied Ivan Demjanjuk war, der seine Opfer mit dem Hammer erschlug. 1945 gelang ihm die Flucht in die USA, wo er über dreissig Jahre unbehelligt unter falschem Namen lebte. Es ist eine absurde und schreckliche Tatsache, dass die schlimmsten Schlächter von Triest während der deutschen Besetzung slawischer Herkunft waren – nämlich Ivan Demjanjuk und Odilo Globotschnig – also Mitglieder jener Volksgruppe, die eigentlich auf der anderen Seite hätte stehen müssen. Aber vielleicht ist auch diese makabre Angelegenheit eine Facette in der an Schizophrenie so reichen Geschichte der Stadt.

Seit 1965 ist die Risiera von San Sabba eine Nationale Gedenkstätte, wo jeder, der sich mit Triest und seiner Historie beschäftigt, wiederholt meditiert haben sollte.

Die Stadt Triest kennt keine Grenzen, ausser jene, die ihr von der Politik des Kalten Krieges gesetzt worden sind. Sie wuchert hinauf in den Karst. Betonbauten, Hochspannungsleitungen und Asphalt umschlingen Macchia und Weingärten wie künstliche Lianen, erwürgen den Rest von Natur. In einer gegenläufigen Bewegung hatten sich vor gut hundert Jahren die Landwirtschaften Richtung Stadt hin ausgedehnt. So bietet sich an der Peripherie ein Stadtbild, das gleichermaßen zum Weinen und Lächeln ist.

Man könnte es „fliessende Übergänge“ nennen, was hier städtebaulich gänzlich ausser Kontrolle geraten ist. Weingärten gedeihen neben Fabriken, alte Obstbäume stehen im Schatten der Silbertannen am Nachbargrundstück, wo ein betuchter Patrizier inmitten von Bürogebäuden um viel Geld einen Swimming-Pool mit Blick auf's Meer errichtet hat. Alte Bauernhäuser verfallen, billige Wellblech-Garagen, ungepflegte Grundstücke und wunderschöne Villen aus der Gründerzeit ergänzen das Bild. Gehsteige sind in der Gegend kaum vorhanden. Wer diese per pedes erkunden will, muss sich entscheiden, wovor er sich mehr fürchtet: vor den durch die engen Gassen donnernden Automobilen, oder den Schäferhunden und Dobermännern, die mit gefletschten Zähnen hinter löchrigen Zäunen das Eigentum ihres Herren verteidigen.

Flächenwidmungspläne oder ähnliches scheint es hier nie gegeben zu haben. Von Gretta über Roiano und Scorcola, bis hinauf nach Opicina, Banne, Padriciano, und südlich im Hinterland des Neuen Hafens bis fast hinauf ins Val Rosandra herrscht dieses architektonische Chaos. Dominiert wird das Weichbild der Stadt von zwei monströsen Bauwerken:

zum einen vom Allgemeinen Krankenhaus von Cattinara, das im Volksmund den Spitznamen „Cernobyl“ hat, und das nicht nur, weil dieser Betonkubus „ästhetische“ Ähnlichkeiten mit dem havarierten Atomkraftwerk aufweist, sondern auch, weil im Jahre 1986, als das Unglück passierte, von der staatlichen Fernsehgesellschaft RAI Bilder vom Schauplatz übertragen worden sind, die irrtümlicherweise nicht Cernobyl, sondern Cattinara zeigten. Das zweite, alles überragende Bauwerk ist die Wohnanlage von Rozzol-Melara, eine Stadt in der Stadt. Sie wurde in den 60er und 70er Jahren des 20. Jahrhunderts errichtet und bildet ein weithin sichtbares Zeugnis der internationalistischen, menschenverachtenden Stadtplanung dieser Epoche. Menschen wurden zu tausenden in Beton-Silos gepfercht und mit minimalster Nahversorgung ihrem Schicksal samt den dazu gehörenden sozialen Problemen überlassen. Derartige Siedlungen, welche man in kleinerer oder grösserer Dimension zwischen Sao Paolo und Wladiwostok findet, sind natürlich auf Grund ihrer perversen Konstruktion ein Hort der Depression, des Suizids und der Kleinkriminalität. Das Besondere an Rozzol ist, dass der Grossteil der Anlage auf turmhohen Beton-Stelzen errichtet worden ist, sodass die Bewohner ihre vier Wände nur per Aufzug erreichen können und so jede Bodenhaftung verlieren. Der von manchen dieser Behausungen mögliche Blick auf's Meer oder in den Karst ändert nichts daran, dass es sich um käfigartige Behältnisse handelt, um Schlaf-Kasernen, welche die Kreatur nur zu verlassen hat, um ihrer Lohnarbeit oder ihren volkswirtschaftlichen Verpflichtungen als Konsument nachzugehen.

Der Teil der Stadt, der ihren Organismus ernährt oder zumindest ernähren sollte, scheint ausserhalb von ihr zu liegen, von ihr abgeschnitten durch die Autobahn-Transversale, die Richtung Istrien führt. Die wenigen Fremden, die dieser Gegend ansichtig werden, drehen sich angesichts des technologischen Infernos angewidert weg oder ignorieren dieses so gut es geht, in dem sie auf's Gas steigen und so schnell als möglich daran vorüber fahren.

Diese Zone wird von breiten Strassen mit klingenden Namen durchzogen: Via Italo Svevo, Via Flavia. Der Asphalt ist in miserablem Zustand, holprig, voller Schlaglöcher. Regnet es auch nur ein paar Stunden, steht das Wasser kniehoch. Es riecht nach Diesel, Schmieröl, Eisenspänen, Abgasen, Rost und Kanalisation. Industrie-Ruinen, verlassene Bürogebäude und Autowracks säumen die Wege.

Man sollte tunlichst vermeiden, potentielle Investoren auf diesem Wege in den Hafen zu führen, denn diese würden prima vista entsetzt sein und auf der Stelle wieder kehrt machen. Man wähnt sich in einer Geisterstadt – wären da nicht der Gestank und der Rauch aus den Schloten der „Ferriera“, welche eher den Eindruck erwecken, man befände sich in einem technokratischen Fegefeuer.

Dabei befindet man sich bereits im eigentlichen Hafen. Er erstreckt sich im Süden der Stadt längs des Nordufers der Baia di Muggia bis hin zur Mündung des Rio Ospo. Vom Land her ist er schwer zu erkunden. Um ihn zu entdecken und seine gewaltige Ausdehnung zu ermessen, ist es besser, man mietet sich ein Boot oder besteigt die Fähre nach Muggia. Unweit der „Stazione Campo San Marzio“, also des ehemaligen k.u.k. Südbahnhofes, beginnt der „Punto Franco Nuovo". An ihn schliesst das Arsenal des Lloyd Triestino an, das sich in der meerblauen Glas-Fassade seines Verwaltungsgebäudes spiegelt, welches in den 80er Jahren des 20. Jahrhunderts errichtet worden ist, quasi als architektonisches Symbol für die wirtschaftliche Wiedergeburt des Hafens. Fährt man weiter, so driftet man an der Werft, sodann am „Scalo Legname", also dem Holzhafen vorüber, passiert die „Ferriera" und gelangt schliesslich in die „Zona Industriale", welche rings um einen „Kanal" angelegt ist, der die Dimension eines Hafenbeckens hat, in welchem auch Hochseeschiffe einlaufen können. Hier haben sich zahlreiche Industriebetriebe angesiedelt, welche davon profitieren, dass der Import von Rohstoffen und der Export der fertigen Produkte auf dem Wasserweg möglich sind. Der aufmerksame Beobachter wird schnell konstatieren, dass das Gerede, dass Triest im Sterben liege und sein Hafen längst tot sei, jeder Grundlage entbehrt. Derartige Gerüchte sind entweder eine Erfindung von revanchistischen Österreichern, welche nach wie vor verbittert sind, dass ihnen die Stadt nicht mehr gehört, oder es handelt sich um gezielte Desavouierung durch italienische Nationalisten, welche alle Schuld am „Niedergang" Triests den Slawen und der geographischen Nähe zum ehemaligen kommunistischen Regime in Ex-Jugoslawien zuschoben und deshalb mit seinem neuerlichen Aufkommen gar keine rechte Freude haben wollen.

Der Bauch von Triest, sein Hafen, lebt. Hier rumort es, hier werden Waren verschlungen, verdaut und wieder von sich gegeben. Nicht nur Schiffe sind an diesem Stoffwechsel-Prozess beteiligt. Täglich donnern hunderte Lastautos über die holprigen Pisten, Eisenbahnwaggons rollen mit quietschenden Rädern an und ab. Speditionen, Reedereien, Fabriken und Zuliefer-Betriebe erzeugen einen fast unerträglichen Geräuschteppich.

Freilich könnte es immer noch mehr sein. Allein auf dem Molo VII werden derzeit pro Jahr 200 000 Container umgeladen. Die mögliche Kapazität reichte aber für das vierfache Volumen. Dafür ist allerdings der zügige Ausbau der Infrastruktur und der Verkehrswege unerlässlich.

Wer Hafen-Szenarien liebt, sollte sich vom Land her aufmachen und auf verschlungenen Wegen in Richtung Zona Industriale – am besten einem Sattelschlepper folgend – dort herumkurven, sich verirren, und in einer der barackenähnlichen Bars zwischen türkischen Chauffeuren und albanischen Hilfsarbeitern einen Caffè trinken. Wer das nicht tut, hat Triest nicht erlebt.

Zweigt man bei der stillgelegten Raffinerie von Aquila von der Staatsstrasse – welche über Rabuiese nach Koper und Pula führt – nach rechts ab, so gelangt man in das breite Tal des Rio Ospo, der hier in das Meer mündet. Man durchquert ein kleines, sumpfiges Schwemmland, wo bis vor etwa hundert Jahren noch Salz gewonnen wurde. Damals gab es noch keine Strassenverbindung zwischen Triest und Muggia. Die Menschen waren auf die Fähre angewiesen.

Hier endet Triest. Hier beginnt Istrien, dessen Zivilisationsgeschichte über die Jahrhunderte von Slawen und Venezianern geschrieben worden ist, kaum von Österreichern. Freilich, der populäre Erzherzog Franz Salvator hat in Muggia lange Jahre seines Lebens ziemlich bescheiden verbracht. Ein Restaurant, das sich „Arciduca“ nennt, erinnert an ihn. Entlang der Küste schwärmt mancher noch vom Admiral Tegetthoff. Das mag entweder den Grund haben, dass einer sich bei österreichischen Touristen oder Journalisten einschmeicheln will, oder dass mancher Slawe heute noch Genugtuung darüber empfindet, dass die Italiener damals in der Seeschlacht bei Lissa eine tragische Niederlage erlitten haben. Aber in beiden Fällen handelt es sich keineswegs um ausgeprägte Austrophilie. Nostalgie ist in Istrien kein ernsthaftes Thema; auch der Revanchismus in der verbliebenen romanischen Bevölkerung mit dem Hintergedanken an eine mögliche Rückkehr zu Italien ist nur eine marginale politische Bewegung.

Muggia ist ein kleiner, venezianischer Fischereihafen, eine Miniatur-Ausgabe von Chioggia. Mitten im Ort dümpeln die Boote, der Fremde hat darauf zu achten, sich nicht in den auf Pier und Mole ausgebreiteten Netzen zu verheddern oder über die Taue zu stolpern. Die engen Gassen, die bescheidenen Häuser und die zum Trocknen aufgehängten Wäschestücke erinnern auch an Cannaregio, nur ist alles viel kleiner. Der wunderschöne Dom wirkt wie die Miniatur einer Basilika.

Im Kleinformat haben sich hier auch venezianische Bräuche erhalten: der „Carnevale di Muggia“ ist ein liebenswürdiges Volksfest, dessen Besuch jedem zu empfehlen ist, welcher des touristischen Grossereignisses in der Lagunenstadt überdrüssig geworden ist. Hier feiern die Einheimischen. Sie basteln und werken ein Jahr lang an neuen Kostümen und Karossen und sind dann ein paar Tage lang fröhlich, bunt und ausgelassen.

Auch was die Geschäftstüchtigkeit anlangt, kann man das venezianische Erbe kaum verleugnen. Auf dem Gelände der alten Werft ist eine moderne Marina im Entstehen, die Hänge der Hügel bis hinauf nach Santa Barbara werden immer dichter verbaut. Von hier aus bietet sich ein herrliches Panorama über den Golf von Triest; an klaren Tagen kann man die Pinien von Grado zählen.

In den letzten Jahren sind viele Triestiner hier her gezogen, weil seit der Schliessung der Raffinerie von Aquila Smog kein Thema mehr ist, und es sich, eingebettet zwischen Weingärten und kleinen Wäldern, besser atmen lässt als in der Stadt. Es herrscht keine Hektik, kein Lärm. Auch die Lebenhaltungskosten sind moderat. Obendrein hat vor ein paar Jahren ein nautisches Unternehmen den Fährbetrieb wieder aufgenommen. Wer in Muggia wohnt und in Triest arbeitet, kann also getrost sein Auto zuhause stehen lassen, muss sich nicht durch Qualm und Stau kämpfen und mühselig einen Parkplatz suchen. Er nimmt den „traghetto“, also die Fähre, und geht nach einer nicht einmal halbstündigen Fahrt auf dem Molo unweit der Pescheria an Land. Von hier aus erreicht er mühelos zu Fuss in einer Viertelstunde jede Destination in der triestiner Altstadt.

Muggia ist ein beschaulicher Ort, weitgehend verschont von touristischem Lärm. Man hört hier fast nur den muggesianischen Dialekt, der sich vom Triestiner darin unterscheidet, dass er prononcierter venezianisch ist. Zahlreiche Bars und Trattorias säumen die kleine Riva; die bekannteste unter ihnen heisst „Ex da H." Dieses Kürzel erklärt sich dadurch, dass das Lokal im Volksmund „Da Hitler" geheissen hat. Der Grund dafür ist nicht – wie mitunter fälschlicher Weise behauptet wird – dass der Hundefreund und Menschenfeind aus Braunau hier eingekehrt ist, sondern dass der damalige Wirt dem Herrn H. zum Verwechseln ähnlich gesehen haben soll.

Nicht weit über dem Hafen erhebt sich das Castello, das heute in Privatbesitz ist und Wohnungen beinhaltet. Man erreicht es am besten zu Fuss über die kleinen Gässchen und Stiegen. Wandert man an ihm vorbei, so gelangt man nach „Muja vecia" (Muggia vecchia),

von wo sich wiederrum ein herrlicher Blick über das nördliche Ende der Adria bietet. Auch findet man in der Umgebung, bis hin nach Lazaretto an der Grenze zu Slovenien, eine Reihe von durchaus angenehmen Badeplätzen, welche zwar keine chice Infrastruktur bieten, aber bei Weitem nicht zu überlaufen sind wie Barcola oder Grado.

Der Karst ist der Kontrapunkt zum Hafen. Die technischen Geräusche etwa der Autos, Traktoren oder der Helikopter der Grenzpolizei vermögen den Gesang der Zikaden nur für Augenblicke zu übertönen. Meist aber herrscht Schweigen; den lautesten Ton erzeugt der Wind. Wandert man von Medeazza über den Monte Hermada nach Ceroglie, erschrickt man manchmal vom Geräusch der eigenen Schritte.

Es gibt eine alte Legende, die auf den Propheten Habakuk zurückgeht, welcher etwa 600 Jahre vor unserer christlichen Zeitrechnung lebte. Ein blinder Prediger wurde genötigt, in einem menschenleeren Tal zu den Steinen zu sprechen, als wären tausende Menschen versammelt. Als er zum Ende seiner Predigt kam, antworteten die Steine mit „Amen!". Der Evangelist Lukas greift diese Geschichte auf und macht daraus ein Wort des Jesus von Nazareth: „Wenn Menschen schweigen, werden Steine schreien." Auch im Karst geben nur die Steine eine Antwort.

Noch immer bilden diese verwilderten und in ihrer Ausdehnung eigentlich lächerlichen Hügel zwischen Medeazza und Brestovizza, zwischen Slivia und Gorjansko, Samatorza und Veliki Dol, Sgonico und Pliscovica eine scheinbar unüberwindbare Barriere. Über sie verläuft eine Grenze, hingeschrieben mit dem Schweigen der Menschen, das sich als härter erweist als die Steine des Karstes.

Durchquert man die Dörfer, so macht man die Beobachtung, dass die Hunde gleichzeitig bellen und mit dem Schwanz wedeln. Das deutet auf die Schizophrenie von Geschöpfen hin, die einerseits ein Anwesen gegen Fremde – denen man hier aus traditionellen Gründen verständlicher

Weise misstraut – zu verteidigen haben, die aber andererseits durchaus dankbar sind, dass endlich wieder einmal jemand vorbeikommt, von dem man eventuell Streicheleinheiten oder gar einen Leckerbissen erwarten kann. Und: wäre da nicht das Gebell der Hunde und der Geruch der Schweineställe könnte man glauben, dass dieser Landstrich gänzlich unbewohnt sei.

Fensterlose Häuserfronten aus Stein säumen die engen Strassen. Auch die Dächer der alten Gebäude sind aus Stein. Die Menschen leben in künstlich errichteten Höhlen; die Innenhöfe sind die Dolinen der Zivilisation. Man hat nicht den Eindruck, dass zwischen deren Bewohnern intensive soziale Kontakte gepflogen würden. Dennoch schmiegen sich die Häuser eng aneinander; die Immobilien sind ineinander verzahnt, umschlingen einander geradezu. Man klebt aneinander zum Schutz vor den feindlichen Mächten: dem Wind und den fremden Völkern.

Die Dörfer liegen weit auseinander. Zwischen ihnen wächst ein buschartiger Wald, die macchia, wo man im Frühjahr wilden Spargel und im Herbst Pilze sucht. In diesem Gestrüpp gibt es ausgedehnte Inseln von Feldern und Weingärten, wo auf der fruchtbaren roten Erde, windgeschützt hinter hüfthohen Steinmauern all das wächst, was die Bewohner der burgähnlichen Dörfer zum Überleben und zur Ernährung des Viehbestandes brauchen. Auch Wiesen sieht man, die savannenartigen Charakter haben, weil darin einzelne Baumgruppen stehen. Da und dort verunziert ein rostiger Wohnwagen die Idylle, der darauf hindeutet, dass ein Bauernsohn in die Stadt gezogen ist, und auf seinem Deputat ein mobiles Wochenend-Haus errichtet hat, wo er im Sommer mit Freunden bis spät in die Nacht hinein der Picknick-Kultur frönt.

Da und dort sieht man – mitten in der kargen Einschicht – riesige parkähnliche Besitztümer, eingefriedet mit übermannshohen Mauern und Zäunen, deren Einfahrt mit schweren schmiedeeisernen Toren und Video-Kameras gesichert ist. Hinter Silbertannen und sonstigen für die Gegend ungewöhnlichen botanischen Abscheulichkeiten gewahrt man ausladende Baulichkeiten im Stile von Bungalows, deren Alarmanlagen unüberhörbar sind, auch wenn sie ausser Betrieb sind. Sie wirken unbewohnt.

Nur die „osmizze“ deuten darauf hin, dass hier Menschen leben. Man findet sie nicht nur, wenn man den mit einem roten Pfeil versehenen „Buschen“, also der frasca folgt, sondern auch, wenn man eine Zusammenrottung von Fahrzeugen erblickt. Wenn mehr als drei Autos auf einem Fleck geparkt sind, dann ist im Umkreis von 100 Metern eine Osmizza geöffnet. Weiter als diese Distanz geht kein Einheimischer zu Fuss. Der touristische Wanderer oder Radfahrer braucht ebenfalls keine Hinweistafel. Er nimmt schon von Weitem ihr Vorhandensein akkustisch wahr. Ein für den Karst untypischer Lärmpegel aus menschlichen Stimmen zieht ihn magisch an. Vertraut er seinen Ohren, findet er auch blind den Gastgarten, wo Menschen scherzen, streiten, singen. Aber selbst im Winter, wenn sich dieses Treiben hinter den verschlossenen Türen einer Garage oder eines Kellers abspielt, welche von Zigarettenqualm und Rauch eines steinalten Kanonenöfchens, auf dem Maroni schmurgeln, in undurchdringlichen Nebel gehüllt sind, sind diese Lokale leicht zu finden. Man muss nur der Nase nach gehen.

Von Medeazza über Slivia bis Monrupino zieht sich diese wunderschöne, abweisende Landschaft, im Winter grau wie die Steine, im Frühjahr hellgrün und üppig, im Sommer struppig und braun, und im Herbst blühend in Gelb und Rot, als stünde nicht das Ende, sondern der Anfang des Jahres bevor. Auch wenn die Wege abseits der Strassen meist in miserablem Zustand und schlecht beschildert sind, so lohnt es sich zu jeder Jahreszeit, sich mit gutem Schuhwerk zu versehen, und von einem Dorf zum nächsten zu wandern. Es handelt sich dabei um ein stilles, meditatives Vergnügen, bei dem man selten Menschen trifft, etwa eine Bäuerin, die Brennholz sammelt, oder einen Forstbeamten. Einer der wenigen nicht Einheimischen, dem ich hier an einem Frühlingstag im Pinien-Wald begegnet bin, war der Schriftsteller Peter Handke, der nach Morcheln suchte.

Freilich gibt es in der Gegend auch einen bescheidenen Tourismus, der sich auf die spektakulären Schönheiten und Wunder der Natur konzentriert, wie etwa die Grotta Gigante oder das Val Rosandra. Dieses hat sich zum Paradies für Kletterer und Wildwasser-Kanuten entwickelt. Diese wenigen Orte, wo Menschen in grösserer Stückzahl auftreten, sind leicht zu meiden. Wer die Ruhe sucht, zieht sich zurück, pilgert etwa nach San Pelagio, das auf slowenisch Sempolaj heisst, und hält dort seine Andacht auf der grasbewachsenen Terrasse vor der ehrwürdigen alten, scheinbar gottverlassenen Kirche, von wo aus sich ein herrlicher Blick über die Ausläufer des Karstes bietet. Es lohnt sich, hier zu verweilen, bis die Sonne über der Adria untergeht.

Unweit von hier näherte sich im Jahre 1819 Franz Grillparzer Triest auf seiner Italien-Reise, welche er nach dem Selbstmord seiner Mutter antrat.

„Als ich zuerst von der abnehmenden Dunkelheit um mich blicken konnte, war mir, als hätte mich während der Nacht ein Zauberer in ein weit entferntes Land versetzt. Da lag eine Wüste vor uns ... beinah ganz unbebaut, nur hier und da mit Kastanienbäumen, die ihr vertrocknetes Laub aus dem letzten Herbste in den gegenwärtigen Frühling herübergerettet hatten, standen vereinzelt da, zwischen ihnen verkrüppelte Maulbeerbäume, von Reben umzogen. Felsentrümmer bedeckten zahllos die Felder und schufen das Ganze zu einem steinernen Meere um … Allmählich, als wir uns Triest näherten, merkten wir eine beträchtliche Veränderung des Klimas, die rauhe, kalte Luft ward milder, und alles schien uns anzukündigen, dass wir am Eingang Hesperiens standen … Endlich die Dogana von Optschina. Ein Hügel! Hinauf! Ah! Und da lag es vor uns weit und blau und hell, und es war das Meer."

Es wird in der Gegend von Triest gerne und viel gesungen. Die Volks-Lieder, die hier gepflegt werden, sind Allgemeingut, und verdienen diese Bezeichnung im eigentlichen Wortsinn. Es findet sich immer wieder jemand, ein Anonymus, welcher neue Strophen hinzudichtet, welche, wenn sie schön oder witzig sind, sofort weiter kolportiert werden. Viele kennen die Melodien und auch die Texte, Alte wie Junge, Rechte und Linke, Slawen und Römer. Ihre Themen sind natürlich hauptsächlich der Wein und die Liebe. Studiert man aufmerksam die reichlich vorhandene Literatur, so lässt sich unschwer konstatieren, dass in Triest wohl mehr getrunken als geliebt wird. Dies mag daran liegen, dass die Liebe zu sehr mit Erinnerungen verbunden ist, der Alkohol aber dem Vergessen dient.

Es gibt auch eine Reihe von populären Gesängen, welche politischen Ursprungs sind, also des Volkes Lieder zur Manifestation von Widerstand oder Unzufriedenheit. Ein Beispiel: es gab ein Gesetz Maria Theresias, demnach Triestiner vom Militärdienst befreit waren. Im Jahre 1865 – kurz vor Beginn des Italien-Feldzuges (!) – wurde dieses Privileg unter Franz Joseph wieder aufgehoben. Noch heute ist dieses Lied bekannt:

E NEL 65

E nel sessantazinque
I ne la ga fata bela,
che soto la bandiera
ne ga tocà a giurar!

Vignù la primavera,
signori e triestini,
scartozzi con fachini
ghe ga tocà a marciar!

Una pagnoca al giorno,
tre gnochi senza vin,
xe fata la sentenza
del povero triestin!

Dieser Text ist kaum ins Italienische zu übertragen, schon gar nicht ins Deutsche. Deshalb sei auch sein Inhalt nur kurz wiedergegeben: „Im Jahr 65 hat man uns übel mitgespielt, dass wir auf die Fahne schwören mussten. Es kam der Frühling, Herren und Triestiner, wie Schiessbudenfiguren mussten wir marschieren. Ein Stück Brot am Tag, drei Gnocchi ohne Wein: dazu verurteilten sie den armen Triestiner!"

Was der Deutsche oder Österreicher für italienische Weisen hält, also „O sole mio" und ähnliches, wird hier so gut wie nie gesungen. Mehr als die Italiener pflegen die Slowenen die Lieder. Es gibt zahlreiche Chöre in den Schulen oder in diversen kulturellen Vereinen: christlich, volkstümlich und politisch orientierte. Auch für diesen Bereich gilt wieder, dass die ethnischen Gruppen in sich nicht Eins sind, sondern gar nicht so selten auch gegeneinander auftreten. Einer der engagiertesten verbalen Klangkörper ist der Partisanen-Chor „Pinko Tomazic", welcher seit Generationen antifaschistisches Liedgut pflegt. Wenn dies auch mit grossen Pathos geschieht, so kann einen doch die Botschaft nicht unberührt lassen.

Zur Illustration der gesellschaftlichen Macht der Musik in der Region von Triest sei eine kleine Anekdote erzählt:

Es war ein heisser Sommertag. Alle lechzten nach Schatten, einem kühlen Getränk und einer milden Brise. Gegen Abend kamen wir in ein Dorf im Karst, wo eine Osmizza zum Verweilen einlud. Hunderte Menschen drängten sich im Garten. Mit Müh und Not fanden wir am Rande eines langen Tisches Platz und erstanden Wein und Wasser. Es war laut. Alles schrie sich die Hitze des Tages aus dem Leib. Irgendwer begann zu singen. Andere stimmten ein. Es war zu hören, dass ihnen der bereits genossene Rebensaft das Singen nicht unbedingt leicht machte. Wir litten darunter, dass es den fröhlichen Zechern auf eine Terz mehr oder weniger nicht ankam. In unserer Runde befand sich ein Mann, der über eine wunderschöne Tenor-Stimme verfügt und zu singen weiss. Er ist, wie die meisten Helden-Tenöre, nicht gerade das, was man sich unter Parzival vorstellt, sondern eher klein und rund. Eine Zeit lang ertrugen wir den Lärm, welcher die Ohren peinigte wie die Hitze die Haut. Wir gaben jeden Versuch auf, miteinander zu kommunizieren.

Da erhob sich unser Tenor, ragte wenig über die Sitzenden hinaus, und begann zu singen. Erst leise, nur für die ihm nahen Menschen hörbar. Aber diese lauschten ihm, weil sie hörten, dass er über eine wunderschöne Stimme verfügt. Plötzlich war mitten im Geschehen eine Oase der Aufmerksamkeit, die sich mit jedem Ton vergrösserte. Immer mehr Menschen hörten zu. Es dauerte geraume Zeit, bis man begriff, dass er solo den Gefangenen-Chor aus Nabucco sang. Zum Ende hin war der Lärm fast vollständig verstummt und Applaus brandete auf. Der Tenor dankte, lächelte und intonierte das nächste Lied. Es war ein antifaschistisches Partisanenlied, das den meisten vertraut war. Dem folgten zwei, drei slowenische, kommunistische Kampflieder. Ringsum wurde alles still. Die national gesinnten Italiener unter den Gästen begannen, ihre Zeche zu zahlen. Wir lauschten ergriffen. Nach „Bella ciao" und dem Tito-Partisanen-Lied „Bilecanka" waren wir allein mit den Slowenen des Dorfes, welche die Darbietung des Tenors heftig akklamierten. Dieser erfrischte sich mit einem Glas Wein und meinte, dass noch immer zu viele Menschen anwesend wären. Und er begann, mit heller, klarer Stimme die Lieder der italienischen Faschisten anzustimmen. Nach einer weiteren Viertelstunde waren wir die einzigen Gäste. Der Tenor schwieg und trank. Wir bestellten noch eine Runde Wein, und genossen den friedlichen Garten. Der Wirt spendierte eine weitere Runde, setzte sich zu uns, lächelte, und schien gar nicht unzufrieden darüber zu sein, dass er heute früher als sonst Feierabend machen konnte.

Es war ein Augenblick der Versöhnung zwischen dem slowenischen Wirt und dem italienischen Kommunisten, zu welchem ein Zitat aus einem der populärsten triestiner Volkslieder gut zu passen scheint:

„Eviva là e po bon,
Xe questo el moto triestin.
Che la vadi ben, che la vadi mal
Sempre alegri mai passion
Viva là e po bon."

Sinngemäss heisst das: „Du sollst leben, hier und ganz gut. Das ist das triestiner Motto. Ob es gut geht, ob es schlecht geht: immer fröhlich, ohne Mitleid. Sollst leben, hier und ganz gut." Aber es stellt sich die Frage: ist es eine für das Zusammenleben in Zukunft taugliche Basis, wenn Menschen – unter Verzicht auf tiefer gehende Emotionen – gemeinsam einander gleichgültig werden?

VISION UND MYTHOS

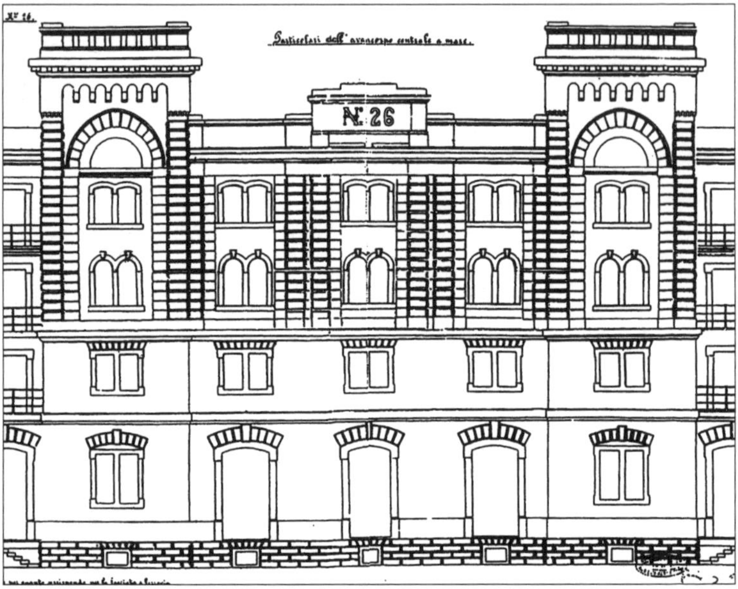

PORTO FRANCO VECCHIO
Das Magazin Nr. 26

Noch ist Alles ungewiss. Hoffnung und Furcht halten sich die Waage. In der Furcht hat man sich seit Generationen häuslich eingerichtet, die Hoffnung aber ist vage und verunsichert. Also vertraut man lieber der Furcht, und meint, so der Enttäuschung entgehen zu können, welche gemeinhin der Hoffnung auf den Fuss folgt.

Dieses geopsychologische Phänomen bremst im Küstenland die Entwicklung, ja blockiert sie mitunter. Projekte gab und gibt es viele; Misstrauen ihnen gegenüber ist in der Regel stärker als Begeisterung dafür. Um hinterher schlauer als die anderen gewesen zu sein, sagen die meisten wieder im Vorhinein: „No se pol!".

Was geschieht, wenn die Grenze wegfällt, die Lebensinhalt war? Wieviele Arbeitsplätze werden verloren gehen? Werden wieder einmal billige Arbeitskräfte aus dem Osten die Stadt überschwemmen und deren „Italianità" gefährden, kommt es zum Ausverkauf an die östliche Mafia oder an internationale Konzerne? Wird Triest endgültig zu einer bedeutungslosen Provinz-Stadt, weil sie die wenigen Wettbewerbsvorteile nach Sloweniens EU-Beitritt an dieses verliert? Wird sich Europa um die Stadt kümmern? Wie wird sich die Regierung in Rom verhalten? Weshalb sollte sich ausgerechnet jetzt etwas zum Positiven wenden? Es liegt Nebel über der Stadt und ihrer Zukunft.

Seit langem ist klar, dass die strategische, ökonomische Position in einem vereinten Europa abhängig ist vom Ausbau der Verkehrswege. Die Vision besteht darin, die Region zu einem Schnittpunkt am „Korridor 5" zu gestalten, also an der südlichen Transversale von Marseille und Lyon nach Budapest und Kiev, eine merkantile Drehscheibe zwischen West und Ost, dem deutschen und italienischen Markt.

Die Eisenbahnverbindungen sind schlecht. Die Verbindung Udine–Tarvis wurde in den letzten Jahren zu einer Hochgeschwindigkeitsstrecke ausgebaut, die Züge Udine–Gorizia–Triest–Laibach aber befahren auf weiten Strecken immer noch Schienenstränge, welche im 19. Jahrhundert verlegt worden sind, und kein hohes Tempo erlauben. Die Modernisierung ist natürlich eine Frage der Finanzierung. Es geht um Summen, welche von der Region und der Ferrovia Statale nicht aufgebracht werden können. Brüssel und Rom müssten die Finanzierung übernehmen. Es gibt Verhandlungen, wohlwollendes Interesse, aber noch keine Zusagen. Doch die Zeit drängt. Wird nicht so rasch wie möglich mit dem Ausbau begonnen, wird der Transit wohl andere Wege nehmen, ja nehmen müssen, also durch Österreich und Süddeutschland.

Dieses Problem stellt sich auch im Personenverkehr. Noch um 1980 waren München und Wien wenigstens in Form von Kurswägen mit Triest verbunden. Heute gibt es keine direkten Verbindungen mehr, und so sind Geschäftsreisende wie Touristen genötigt, die Mühsal mehrmaligen Umsteigens und Wartezeiten in Kauf zu nehmen. Dazu kommt, dass auf der „Pontebbana", also der Eisenbahnlinie Udine–Villach noch immer keine Zweistrom-Lokomotiven eingesetzt werden, wie etwa auf der Brenner-Strecke oder der Verbindung Wien–Budapest; der Austausch der Zugmaschinen im Grenzbahnhof Tarvis führt zu weiteren unnötigen Verzögerungen. Kurios ist auch, dass sich die Wartezeiten an der „Grenze" nicht nur deswegen nicht verkürzt haben, sondern weil man offensichtlich den Zeitraum, der für die Zollkontrollen als nötig erachtet worden war, bei der Fahrplan-Gestaltung nach wie vor einkalkuliert, obwohl diese unnötig geworden sind und auch nicht mehr durchgeführt werden. Das gibt dem Reisenden immerhin die Gelegenheit, sich die Füsse zu vertreten und die arbeitslosen Zollbeamten zu zählen.

Studiert man den Fahrplan der „k.u.k. Österreichischen Staatsbahnen“ aus dem Jahre 1889, so macht man die erstaunliche Entdeckung, dass es nicht nur täglich zwei direkte Verbindungen Wien–Triest gab, sondern auch, dass die Reisezeit eine Stunde weniger als heute betrug. Damals war die alte Südbahn noch in Betrieb, deren Gleiskörper zwar nach wie vor besteht, aber nur mehr für Nostalgie-Fahrten und den regionalen Verkehr genutzt wird. Selbst wenn man konzidiert, das diese Strecke quer durch Slowenien um etwa 80 Kilometer kürzer ist als die „Pontebbana“, so muss man doch bedenken, dass die damaligen Dampf-Lokomotiven mehrere Verschnaufpausen benötigten, um Kohle zu bunkern und Wasser zu tanken. An der durchschnittlichen Reisegeschwindigkeit hat sich also in über 100 Jahren nichts geändert. Noch viele Jahre früher, nämlich schon im Jahre 1825 hat – der aufgeklärte und später zu Unrecht romantisch verklärte – Erzherzog Johann die Bedeutung dieser Eisenbahnverbindung für die Zukunft erkannt, als er sich in einem Brief an die Hofkanzlei für den Bau einer Strecke Triest–Wien–Prag einsetzte, von wo aus wiederum Hamburg via Moldau und Elbe leicht zu erreichen sei. „Welch neues Leben für den Handel,“ schreibt er, „und welch Leben in all den Provinzen.“ Und weiter: „Leute, welche sich verstehen, sollten nicht zu weit voneinander leben oder es sollten Erfindungen gemacht werden, um schnell verkehren zu können. Denn in unseren bewegten Zeiten ist die Schnelligkeit der Eisenbahn noch viel zu langsam.“. Es dauerte 32 Jahre, bis diese Vision durch Carl Ritter von Ghega realisiert wurde, und im Jahre 1857 die Linie

Wien–Triest in Betrieb genommen werden konnte. Man sollte sich heute im Verkehrsministerium in Rom sowie in der Verkehrskommission in Brüssel der Worte dieses fortschrittlichen Erzherzogs entsinnen, von dem – völlig zu Unrecht – in der Erinnerung nur ein Jodler übriggeblieben ist und die Tatsache, dass er als erster Habsburger eine Liebes-Heirat einer standesgemässen Verbindung vorzog.

Auch der Ausbau des Strassennetzes ist nicht zufriedenstellend. In Slowenien fehlen noch einige entscheidende Teilstücke der Autobahnen, vor allem auf den Strecken Gorizia–Laibach und Triest–Istrien. So donnert zwischen den Handelszentren im Grossraum Udine, dem slowenischen Hinterland und dem Hafen von Koper der Schwerverkehr durch Dörfer und Ortschaften, erzeugt Lärm und verursacht erhebliche Gefahrenmomente sowie eine unzumutbare Umweltbelastung. Auch auf diesem Gebiet ist Vieles noch ungeklärt, die Projekte zur Verbesserung der unerträglichen Situation sind durchaus engagiert, aber vage. Es gibt viele Pläne, wie man dem Chaos Herr werden könnte, aber noch keine weiter reichenden politischen Entscheidungen. Kompetenzen und Finanzierung werden verhandelt, verharren also im Dämmerlicht der Bürokratie.

Das gravierendste Problem der Region ist allerdings die Situation des Hafens, genauer gesagt, der Häfen. Im Umkreis von nur wenigen Seemeilen befinden sich vier leistungsfähige maritime Handelszentren, nämlich Triest, Koper, Monfalcone und das kroatische – und in absehbarer Zeit ebenfalls europäische – Rijeka. Treten diese in Konkurrenz zueinander, entziehen sie einander die Existenzgrundlage. Ihr wirtschaftliches Überleben in der Zukunft kann nur durch Zusammenarbeit und Spezialisierung gewährleistet werden, durch eine Art von regionalem joint-venture, welches egoistische Interessen hintanstellt.

So verfügt Triest über mehr Anlegeplätze, Koper hingegen über grössere Depot-Flächen. Und Monfalcone könnte von seiner Werft und dem know-how der dort beschäftigten Spezialisten profitieren. Der eine Hafen könnte sich auf den Umschlag unverpackter Waren konzentrieren – also auf Autos, Schüttgut, Holz und ähnliches – der zweite auf die Arbeit mit Containern, der dritte auf Service und nautische Technologie. Konstruktiven Visionen sind keine Grenzen gesetzt. Den Verantwortlichen ist klar, dass weitreichende Entscheidungen anstehen. Es wird nachgedacht, verhandelt, diskutiert. Aber noch ist Alles Konjunktiv.

Noch ist es den Menschen nicht fassbar, was geschehen soll und wird. Deshalb ist es auch unendlich schwer, seriöse Koalitionen und tragfähige Mehrheiten zu finden. Es werden wieder einmal ökonomische Sachzwänge sein, die politische Entscheidungen herbeiführen, und nicht umgekehrt. In der Dämmerung der ungewissen Zukunft bildet der unüberhörbare Lärm des Kapitalismus das einzige Signal, an dem sich die Menschen zu orientieren vermögen. Die sind beruhigt: wenigstens ein Nebelhorn in der unruhigen See, auf der man dahintreibt. Und sie verdrängen, dass – wieder einmal in der endlosen Geschichte Triests – die Lotsen anderswo beheimatet sind.

Was aber wird geschehen, wenn die Bora sich erhebt, und den letzten Rest der „foschia", des Dunstes, der über der Stadt liegt, hinwegfegt, und plötzlich die Kirchtürme jenseits der Grenzen klar sichtbar werden?

Jahrzehntelang, sagte der Triestiner Journalist Paolo Rumiz, standen die Menschen hier mit dem Rücken zum Meer, die Gewehre gegen den Karst gerichtet. Plötzlich aber liegt das Meer wieder klar vor Augen, der Karst ist keine Barriere mehr. Kein Feind mehr in Sicht. Und alle Wege zu Lande und zu Wasser sind offen.

Es ist alles vorhanden, was eine moderne Stadt zu einem funktionierenden Wirtschafts- und Sozialleben braucht: Hinter den Gründerzeit-Fassaden, die teilweise noch immer einen erbarmungswürdigen Eindruck bieten und die Vorurteile bestätigen, man befinde sich in der Heimat der morbidezza, hat sich eine moderne Infrastruktur entwickelt. Triest ist vernetzt wie kaum eine andere Stadt Mitteleuropas. Während der germanische Tourist immer noch fasziniert auf die antiken, an den Aussenmauern verlegten Strom- und Gasleitungen starrt, kommuniziert man bereits über unterirdische Glasfiberkabel. Die die meisten Haushalte verfügen nicht nur über einen normalen Internet-Anschluss. In der Absicht, das öffentliche Leben transparenter zu gestalten, wurde ein umfangreiches Kommunikations- und Service-System geschaffen. Der Bürger muss nicht mehr zu den diversen Ämtern pilgern, sondern kann Dokumente wie etwa Geburtsurkunde, Meldebestätigung oder Grundbuchauszug per mouse-clic abrufen. Für die Menschen, die keinen eigenen Computer besitzen, wurden mehr als ein Dutzend Informations-Zentren im Stadtgebiet eingerichtet. Dort wird auch jenen, denen der Umgang mit der elektronischen Kommunikations-Technologie noch fremd ist, die Möglichkeit zu einer kostenlosen Einschulung angeboten.

Protagonist der technologischen Entwicklung in Triest ist der 1982 in Zusammenarbeit mit der Universität gegründete „Area Sience Park“, ein Park im wahrsten Sinne des Wortes. Mitten im Grünen, oberhalb der Stadt in Padriciano gelegen, arbeiten in einem weit ausladenden Areal über tausend Menschen für ein paar Dutzend Firmen aus unterschiedlichen Branchen, forschen in den Bereichen der Bio-Medizin, Gen-Technik, Physik, Tele-Kommunikation, des Umweltschutzes oder der soft-ware Entwicklung. Junge Wissenschaftler können hier Kurse für „Ökonomie für Forscher“ belegen; auch besteht die Möglichkeit, einen einjährigen Lehrgang für Firmengründung zu absolvieren und in diesem Zeitraum ein virtuelles Unternehmen zu führen, dessen Marktchancen und Erfolgsaussichten zu überprüfen. Diese Initiativen haben auf nationaler und internationaler Ebene zu beachtlichen Ergebnissen geführt und stellen einen bedeutenden Wirtschafts-Faktor über die Region hinaus dar. Vor allem aber wird hier auf wissenschaftlicher Ebene schon seit Jahren die Erweiterung der Europäischen Union vorweggenommen. Die Kontakte mit anderen Technologie-Zentren in Mittel-, Ost- und Südost-Europa funktionieren bestens; die sich daraus ergebenden Synergie-Effekte bestätigen die Bedeutung der geopolitischen Position Triests.

Das Centro di Fisica in Grignano hat den Brückenschlag zur sogenannten „Dritten Welt“ längst vollzogen und hat sich zum Mittelpunkt für wissenschaftliche Kooperation weit über die Grenzen Europas hinaus entwickelt.

Der Porto Vecchio kann – wenn man die vorliegenden Pläne auch nur annähernd realisiert – einer der bedeutendsten

Wirtschafts-, Kultur- und Tourismus-Standorte Mitteleuropas werden. Ein Tor zur Welt auf traditionellem Boden, von dem aus sich der Blick auf neue Horizonte richtet, ungetrübt vom Nebel der Vergangenheit.

Ressourcen sind reichlich vorhanden und warten nur auf ihre Nutzung. Die Region verfügt über eine erstklassige Lebensqualität – sie ist diesbezüglich in den jährlich veröffentlichen Statistiken in Italien stets in einer führenden Position – und auch über ein beachtliches Reservoir an qualifizierten Arbeitskräften, welches sich durch die Osterweiterung der EU noch vergrössern wird. Der Freizeit-Wert der Umgebung wäre enorm, tätigte man nur angemessene Investitionen. Die triestiner Riviera kann und soll nicht zu einer zweiten Côte d'Azur werden. Sie wartet auf ihre Wiederentdeckung durch einen sanften Tourismus, wie zum Beispiel die Baia von Sistiana. Die Strände von Aurisina und Santa Croce könnten wieder erschlossen werden, kleine Badeparadiese, welche derzeit nur mit einem Boot oder über halsbrecherische Steige von der Küstenstrasse aus zu erreichen sind. Der Ausbau von Rad- und Wanderwegen diesseits und jenseits der heutigen Grenze im Karst bietet sich an. Zu denken wäre auch an die gezielte Förderung privater, kleiner Unternehmungen, wie Boots- und Fahrrad-Verleih, Reitställe, Sport- und Wellness-Center, wie sie in jeder Gemeinde zwischen Südtirol und der Lüneburger Heide selbstverstäündlich sind. Aber diese Initiativen scheitern oft an Bürokratie und der teilweise absurden Gesetzgebung, aber auch am Kompetenz-Wirrwarr. Föderalismus wird verhindert; die Kommunen und Regionen haben zu wenig Kompetenzen. Die Entscheidungen fallen in Rom. Aber wo ist Rom? Was weiss man dort von Triest? Doch die Zentralregierung wird sich spätestens dann daran erinnern müssen, dass auch Italien in Europa liegt, wenn die ersten Unternehmen aus den neuen Beitrittsländern im Raum Triest EU-konforme Wettbewerbsbedingungen einklagen werden.

Eigentlich ist alles vorhanden. Die Ressourcen wollen entwickelt werden wie die Talente eines Kindes. Man muss sie erkennen, sie studieren, aufmerksam und liebevoll. Und hinwegsehen über alle Zweifel. Über die von aussen und die von innen.

Die Zweifel an der Zukunft sind – in Kenntnis der tragischen Aspekte in der Geschichte Triests – durchaus verständlich. Deshalb werden die Menschen hier von einem schrecklich infantilen Misstrauen in den Rest der Welt beherrscht: warum sollten ausgerechnet sie, die immer wieder bestohlenen und betrogenen, geliebt werden? Warum Triest, die geschundene Stadt?

Die Triestiner müssen Selbstachtung lernen, sich dessen bewusst sein, dass sie über ein faszinierendes Instrumentarium verfügen, um dessen Nutzung kämpfen, zusammen mit den Nachbarn jenseits der Grenze, die demnächst keine mehr sein wird.

Triest hat sich um die Ausrichtung der Weltausstellung „EXPO 2007" beworben. Diese böte die Chance, in einem historisch entscheidenden Moment das Augenmerk der Welt auf eine Stadt zu richten, welche eine Weltstadt war und auch in Zukunft wieder eine solche sein kann: eine Drehscheibe zwischen Europa und der Levante, ein Kommunikationszentrum der mediterranen Ethnien.

Um hier eine Weltausstellung zu verwirklichen, bedarf es nicht gravierender Veränderungen und spektakulärer Anstrengungen. Die geopolitischen und historischen Voraussetzungen sind gegeben. Die Finanzierung ist ein sekundäres, organisatorisches Problem. Entscheidend ist der politische Wille. Es gilt auch zu begreifen, dass eine EXPO an diesem sensiblen Ort zu einem nicht minder sensiblen Zeitpunkt sich nicht darauf beschränken darf, als ökonomischer und touristischer Event gestaltet zu werden, sondern die Verpflichtung darstellte, zwischen jenen Kulturen und Religionen zu vermitteln, welche in Triest seit Jahrhunderten beheimatet sind.

So, wie seinerzeit Triest kein Hinterland gesucht hat, sondern vom Hinterland als Hafen auserkoren wurde, so sollte das Vereinte Europa die Möglichkeiten dieser Stadt begreifen.

Eine neue Gründerzeit wäre möglich.

Menschen fühlen sich schnell bedroht. Dann errichten sie Barrieren zu ihrem Schutz. Werden diese durch Einwirkung von aussen zerstört, so bauen sie neue, höhere, hinter denen sie sich verschanzen und sich für Augenblicke wieder sicher wähnen. Aber keine hält endgültig; ihr abzusehender Ruin zwingt also dazu, ständig neue zu konstruieren.

Eine mögliche Barriere im mentalen Bereich ist die Xenophobie. Die Subjekte, gegen welche sie sich richtet, sind bequem austauschbar. Die Österreicher sind in Triest kein Feindbild mehr, Juden kommen aus historischen Gründen als solches kaum mehr in Frage, weil sie zum Grossteil vertrieben oder vernichtet worden sind. Slowenen, Kroaten, noch bis vor kurzem „brutti s'ciavi“ sind demnächst Brüder in Europa und heute schon wichtige Handelspartner. Wem kann also die aktuelle Angst gelten, gegen wen dienen nun die Barrikaden, die noch immer vorhanden sind, und die keiner stillschweigend entsorgen will, weil er zugeben müsste, dass ihre Errichtung ein grober Unfug gewesen ist. Um ihre scheinbar unausrottbare Existenz weiterhin zu rechtfertigen, müssen stets neue Feindbilder geschaffen werden.

Im Fall Triest sind das heute die „clandestini“, die blinden Passagiere, die an Bord des kapitalistischen Dampfers drängen, getrieben von Armut und Hunger: Bosnier, Albaner, Kurden, Nigerianer. Zu hunderten überschreiten sie täglich die grüne Grenze oder werden über die Adria verfrachtet, mit meist hochseeuntüchtigen Barkassen irgendwo angespült und ihrem Schicksal überlassen. Gut organisierte Schlepper-Banden verdienen an der Not des menschlichen Strandgutes. Obwohl dieses Problem seit Jahren besteht, gibt es in der Region keine organisierten, staatlichen Flüchtlingslager. Es ist den Gemeinden überlassen, den Ärmsten der Armen kurzfristige Hilfe angedeihen zu lassen, bevor diese weiterziehen ins Landesinnere oder in andere Länder Europas, um Arbeit und Nahrung zu finden. Oder aber die „clandestini" werden von der Grenzpolizei aufgegriffen, interniert und wieder in ihre Misere zurückgeschickt.

Die Angst ist spürbar, dass die Flüchtlingswelle noch höher schlagen könnte, wenn die Grenze fällt. Dabei wird sich das Problem nur wenige Kilometer ins Innere des Kontinents verschieben, wenn Slowenien dem Schengener Abkommen beitritt. Dann kann Italien zwar aufatmen, weil die Kosten und der Personal-Aufwand für die Überwachung der EU-Aussengrenze dem Nachbarstaat zur Last fallen werden. Aber keine Verschärfung von Gesetzen und Kontrollen wird daran etwas ändern, dass die Flut der Menschen, die eine neue Heimat suchen, weiterhin im Steigen begriffen ist, solange die politischen und wirtschaftlichen Lebensbedingungen in ihren Herkunftländern nicht verbessert werden. Und solange wird die Region ein Transit-Land für die Migranten bilden.

Vergessen ist, dass die Stadt Triest sich über die Jahrhunderte unter anderem deswegen zu einem internationalen Handelszentrum entwickeln konnte, weil sich „Wirtschaftsflüchtlinge" und Arbeitssuchende aus slawischen, levantinischen oder den armen süditalienischen Regionen hier ansiedelten. Erstaunlich ist, dass sich ausgerechnet hier über die Generationen hinweg die Xenophobie so massiv entfalten konnte und immer wieder unüberhörbaren politischen Ausdruck findet. Die Wähler der ausländerfeindlichen Parteien sind in der Mehrheit Abkommen von Zuwanderern.

Die Gefährlichkeit des Rechts-Populismus besteht weniger in den markigen Sprüchen, die man aus den Mündern hohlköpfiger Politiker hört, oder als von ungebildeten Jugendlichen an Hauswände gesprühte Graffitti zu lesen bekommt, sondern aus seiner Tendenz, Geschichte so zu verfälschen, dass sie Angst erweckt, und gleichzeitig die Zukunft als Gefahr darzustellen. Viele Menschen richten sich dann gerne häuslich ein zwischen einer für sie unangenehmen, zu verdrängenden Vergangenheit und der Furcht vor einem Morgen, also in einem von einem starken Regime gut organisierten, von einer starken Hand protegierten Jetzt. Die zu dessen momentanen Sicherung nötigen Barrieren sind schnell und billig errichtet. Ausgrenzung und Diffamierung sind ihre Bausteine.

Vor diesem Hintergrund ist es möglich, dass die Sinnfälligkeit der Osterweiterung der EU immer wieder in Frage gestellt wird. Wenn ein triestiner Politiker aus dem nationalen Lager im Jahre 2002 behauptet, die 1930 in Basovizza hingerichteten antifaschistischen Widerstandskämpfer seien keine Märtyrer, sondern antiitalienische Terroristen gewesen, dann ist das nicht Ausdruck historischer Unbildung und Dummheit, sondern Desavouierung der Ethnie, welcher diese angehörten. Sie waren Slowenen. Dass es sich um einen gezielten Affront handelte, wurde ein paar Wochen später klar, als der slowenische Ministerpräsident die Risiera von San Saba besuchen wollte, um einen Kranz zum Gedenken an die in diesem KZ ermordeten Partisanen niederzulegen, und dort vor verschlossenen Toren stand. Der vorhin erwähnte Politiker ließ anderntags verlauten, dass der Besuch ausserhalb der Öffnungszeiten stattgefunden habe. Dass er in Kenntnis des offiziellen Besuchs-Protokolls war, verschwieg er freilich. In beiden Fällen ging es ihm nur darum einen Limes gegen den östlichen Nachbarn zu errichten. Ihm, der weder willens noch fähig ist, den Gedanken eines vereinten Europa zu begreifen, scheint – wie vielen anderen – ein Leben ohne Grenzen, ohne Barrieren, einfach unvorstellbar zu sein.

Ach, Europa. Das ist manchmal soweit entfernt von überall. Man muss schon ziemlich lautstark auf sich aufmerksam machen, um von diesem so ungenau definierten Organismus wahrgenommen zu werden. Dabei ist Triest keine stille, beschauliche Stadt, sondern laut. Hier wird nicht sotto voce diskutiert; die menschlichen Stimmen müssen sich gegen den lokalen Lärm durchsetzen, den intensiven Strassenverkehr, die Geräusche des Meeres und des Hafens, und dann auch noch die Bora übertönen. Da aus diesen Gründen am Nebentisch geschrien wird, muss man selbst noch lauter schreien, um sich zu verständigen. Wer aber hört zu?

Wir sitzen in einer bottega in der Via San Nicolo im Borgo Teresiano, einer der Strassen, die zur neuen Fussgängerzone gehören. Man muss neuerdings seine Füsse nicht mehr einziehen, wenn eine Vespa vorbeidonnert. Die durchwegs eleganten Geschäfte in dieser Strasse werden grossteils von Slowenen, Albanern, Serben oder Russen betrieben oder zumindest beliefert, welche de facto die Osterweiterung der EU längst vorweggenommen haben. Auch die Kunden reisen aus den Ländern jenseits der Grenzen an, allerdings kaum mehr in qualmenden Autobussen, sondern in eleganten Limousinen.

Mein Gesprächspartner ist der triestiner Journalist und Schriftsteller Paolo Rumiz, der während der Balkankriege in Jugoslawien als Korrespondent tätig war. Drei seiner Kollegen haben damals ihr Leben verloren, weil sie, wie er betont, die Wahrheit berichten wollten. Ihnen hat er sein Buch über die Gemetzel und Lügen diesseits und jenseits der Grenzen der Teilrepubliken und neuen Staaten gewidmet: „Masken für ein Massaker". Dass er Kriegsberichterstatter war, merkt man daran, dass er sich auch im zivilen Leben zu tarnen versteht. Manchmal macht er den Eindruck eines staunenden Buchhalters; dem alle Zahlen neu erscheinen. Im nächsten Augenblick ist er ein eleganter Flaneur, den nichts anderes als die Ware in den Auslagen zu interessieren scheint. Und schliesslich stellt er den grüblerischen Intellektuellen dar, den jeder mit der Kraft des Faktischen übertölpeln zu können meint. Er hört zu, als ob ihn nichts beträfe. Nur seine Augen verraten manchmal, in Sekundenbruchteilen, dass seine Wahrnehmung präzise wie ein Laserstrahl ist.

„Wir Triestiner“ sagt er, „haben eine schwache Identität.“ Das Selbstbewusstsein sei Null.

Wie das einer alten Frau, die sich ihr Leben lang hat ausnutzen lassen und noch immer ausnutzen lässt.

„Wir sind es einfach nicht gewohnt, unsere Stadt zu gebrauchen. Also waren und sind es immer die anderen, welche unsere Stadt benützen. Deshalb müssen wir darauf achten, wer das wie tut.“ Er sagt das scheinbar desinteressiert, mit der für Triestiner typischen, jede Euphorie vermeidenden Heimatliebe. Die Stadt Zeno Cosinis als „Frau ohne Eigenschaften“? Sicher ist da eine permanente Tendenz, sich selbst unauffällig zu machen, um den Begehrlichkeiten der Fremden zu entgehen. Wahrscheinlich ist auch dies ein Resultat der fortwährenden Demütigungen durch fremde Mächte über die Jahrhunderte. Vielleicht ist es aber auch ein Resultat des verzweifelten Versuchs, in den Konflikten zwischen den vielen Schichten der Bevölkerung zu einem modus vivendi zu finden. So lebt man hier familiär nebeneinander, wird in Ruhe gelassen. Diese scheinbare Toleranz könne sich aber auch, meint mein Gegenüber, als Kälte und Ignoranz entpuppen. Das mache die sozialen Kontakte oft schwierig.

„Arrangi te!“ lautet eine Phrase, die man hier sehr oft hört. Auf Deutsch heisst das: „Arrangiere dich! Du musst selbst mit deinem Problem fertig werden." Gerne ist man bereit, jemanden bis zu einem gewissen Punkt zu begleiten, ihm eine Leiter zu bauen. Aber nur, wenn keine weiteren Verpflichtungen daraus entstehen. Man kümmert sich um die Interessen und Bedürfnisse der anderen nur, solange sie einen selbst nicht berühren.

In diesem Sinne wurden in dieser Stadt auch alle politischen Veränderungen hingenommen, die jeweiligen Machthaber und deren Anhänger hatten sich mit dem passiven Widerstand der Bevölkerung zu arrangieren, welcher mitunter an Teilnahmslosigkeit gegenüber dem eigenen Schicksal grenzte. Das ist auch der Grund, weshalb es hier trotz der oft unüberbrückbaren Gegensätze und der gegenseitigen Ausgrenzung seit dem Mittelalter nicht mehr zu bürgerkriegsähnlichen Auseinandersetzungen gekommen ist, die mit den Ereignissen in Nordirland, dem Baskenland oder gar auf dem Balkan zu vergleichen wären.

Friedliche Koexistenz kann ein Ideal der Demokratie darstellen, aber auch ihren Ruin, wenn ihr Motiv Gleichgültigkeit ist. Im Fall Triests hat sie sehr viel mit Resignation zu tun. In einer Abwandlung des bitteren Bonmots von Scipio Slataper, dass der Irredentismus einer der Feigen und Rosinen gewesen sei, könnte man sagen: der europäische Einigungsprozess wird hier vorwiegend als ein Problem des zollfreien Handels mit Caffè und Salame betrachtet. Es wird Generationen dauern, bis dessen kulturelle und gesellschaftliche Dimensionen erkannt und genutzt werden.

Triest wird sich mit Europa arrangieren müssen, nicht umgekehrt. Will die Stadt nicht wieder nur benutzt werden, so muss sie sich und ihre reichen Möglichkeiten instrumentalisieren und ins politische Spiel bringen. Dies verlangt allerdings von ihren Bewohnern, sich auf eine gedankliche Reise in die Vergangenheit zu begeben, und das wieder zu entwickeln, was vor langer Zeit verloren gegangen ist: Selbstbewusstsein.

Aber es fällt so schwer, die Augen abzuwenden vom Vergangenen, den Mythen, von den über Generationen gebildeten Vorurteilen. Nicht nur den Triestinern, sondern auch von jenen Europäern, welche die vermeintlichen Randzonen des Kontinents für eine Art „Dritte Welt" halten und Investitionen in diesen Regionen als Caritas betrachten. Und Triest als habsburgisches Disney-Land am Rande des Balkans.

Das Portrait Triests wird in aller Regel nicht – was angemessen wäre – als Janus-Kopf gezeichnet, sondern meist nur als eine der Vergangenheit zugewandte Halb-Maske. Bemerkenswert ist auch, welche Aspekte hervorgehoben, und welche Facetten ignoriert werden. Es sei eigentlich seltsam – schrieb Paolo Rumiz einmal – dass das aktuelle internationale Interesse an seiner Heimatstadt sich auf Geschichtswissenschaft und Literatur beschränke, nicht sich aber auf Handel und Ökonomie beziehe, welche deren eigentliche Lebensgrundlage bildeten und die Stadt wieder an ihr traditionelles mitteleuropäisches Hinterland annähern könnten. Die Vorurteile von Aussen würden die mögliche Eigendynamik Triests bremsen, dessen Politik und Wirtschaftsleben dominieren und auch behindern. Diese Analyse ist zutreffend. Ergänzend dazu muss allerdings angemerkt werden, dass diese Vorurteile auch von Innen, also von den Triestinern und ihren geistigen Eliten gepflegt werden.

Studiert man die gängigen wissenschaftlichen und schriftstellerischen Publikationen, so sieht man sich immer wieder mit Mythen konfrontiert, welche den Blick auf die Zukunft verstellen. Vergangenheit scheint das einzige akute Thema zu sein.

Da ist zunächst der Mythos von der Fremdbestimmung, welche die Bildung einer autochtonen Identität unmöglich gemacht hätte. Der Mangel an Emanzipation wird damit begründet, dass diese von anderen Mächten stets verhindert worden wäre. Venezianer, Habsburger, Irredentisten, Faschisten, Kommunisten und Titoisten, die Regierung in Rom – sie alle hätten Triest als Geisel genommen und dessen mögliche Entfaltung beeinträchtigt. Wem die Schuld an der vermeintlichen oder tatsächlichen Entmündigung letztlich zugewiesen wird, hängt von der weltanschaulichen Position des jeweiligen Erzählers ab.

Ein weiterer Mythos behauptet, Literatur bilde einen wesentlichen Bestandteil der Identität Triests. Das Gegenteil ist richtig: was hier publiziert wurde und wird, handelt in der Regel vom Mangel an Identität oder dem radikalen Zweifel an ihrem Vorhandensein, wenn nicht gar davon, ob es denn überhaupt Sinn hätte, sich hier, an Ort und Stelle zu Fragen der Identität zu äussern. Und wenn: in welcher Sprache?

Im Jahr 1909 schrieb Scipio Slataper: „Triest hat keine Kulturtradition". Auch dies ist ein Mythos, der entstanden ist durch permanente Beschwörung der eigenen Bedeutungslosigkeit, im Alltag wie in der Literatur. Der mitunter exhibitionisch zur Schau gestellte Mangel an Selbstwertgefühl, ja sogar Minderwertigkeitskomplexen, soll die Aufmerksamkeit auf den Ort richten, um der Aussenwelt schlechtes Gewissen zu suggerieren. Man will sie in den schmerzvollen Prozess involvieren, dass man das Da-Sein, die Heimat als Hinderungsgrund für die Entwicklung einer Tradition – und damit einer Identität – empfindet.

Begleitet sind diese Mythen vom eigenen, chronisch schlechten Gewissen. Man weiss zwar, dass die geopolitischen und kulturellen Voraussetzungen durchaus die Möglichkeit böten, eine starke Identität und Tradition zu entwickeln. Aber das Unterbewusstsein ist stärker. Wie ein Kind den Grund für das Scheitern der Beziehung seiner Eltern in sich selbst sucht, so halten sich die Triestiner grundsätzlich selbst für schuldig an allen historischen Katastrophen. Und wie ein Kind in einer solchen Existenzkrise ungern seine Kindheit loslässt und erwachsen wird, sich weiter festhält an der Erinnerung an die Zeiten, wo es im

Mittelpunkt stand, reichlich zu Essen und zu Spielen bekam, so halten die Triestiner fest an der Nostalgie. Über die neurotische Fixierung auf die Vergangenheit geht das Bewusstsein verloren, wer man tatsächlich ist oder sein könnte.

Viele spüren auch, dass sie zwar über einen grossen Reichtum an Ressourcen verfügten, diese aber oft nicht sinnvoll nutzen, beziehungsweise genutzt, ja nicht einmal wahrgenommen haben. So wird das Leben im Paradies zum Trauma.

Irgendjemand hat die Triestiner einmal als „irredenti redenti", als „unerlöste Erlöste" bezeichnet. Insofern ist Triest eine zutiefst altösterreichische Stadt geblieben. Aber auch das ist schon wieder ein Mythos.

Der Nebel, den die Verdrängung über die Vergangenheit legt, begünstigt die Bildung von Mythen. Hinter dem Schweigen vermutet man zunächst kein Verschweigen, sondern wähnt, dass ein Geheimnis sich einem verberge. Die vage Ahnung von Vergangenem lässt dieses oft grösser erscheinen, als es tatsächlich war.

Das Festhalten am Mythos aber verhindert jegliche Utopie.

Vor vielen Jahren stellte Eugenio Montale seinem Freund Italo Svevo bei einem Treffen in Mailand die Frage: „A Trieste vi odiate ancora cosi tanto?“ – „Hasst Ihr einander in Triest immer noch so sehr?“.

Diese Fragestellung war nicht ganz korrekt. Nein, da war und ist kein wirklicher Hass zwischen den Menschen, sondern stets nur die Missachtung der Anderen, wie sie üblich ist bei Menschen, die sich selbst nicht achten, sich deshalb selbst und den anderen misstrauen. Dieser Mangel an Selbstvertrauen kann sich in aggressive Ignoranz verwandeln. Aber Hass ist das nicht. Eher wütende Hilflosigkeit, Intoleranz letzlich sich selbst gegenüber.

Herbst 2002. Ich sitze wieder einmal vor der Bar Unità, diesmal unbehelligt von den Tauben, weil ich die Schüssel mit Erdnüssen zwei Tische weiter abgestellt habe, trinke ein Glas Tocai und lese Zeitung. Kein Baumaschinenlärm stört, weil die Piazza Unità fertig renoviert ist und zum Flanieren einlädt. Das „Liston“ – die grösste private Modenschau Mitteleuropas – kann wieder stattfinden. „Tout Trieste“ zeigt sich am Sonntag vormittag, man bewundert einander und hat für den Rest der Woche wieder Gesprächsstoff, kann erzählen, wie schlecht jene angezogen gewesen wären, die man mit Komplimenten überhäuft hat, um sie nicht zu kränken, weil diese sonst die Komplimente nicht erwidern.

Wenig scheint sich in den letzten Jahren verändert zu haben – nur die Fassaden sind gepflegter, das Pflaster sauberer, die Parkplätze weniger und die Gebühren teurer. Und doch hat sich etwas entscheidend verändert gegenüber dem Herbst 2000. Die politische Situation, die lokale wie auch die internationale. Es gibt Augenblicke in der Geschichte, da überholt die Vergangenheit in Gestalt des Fussvolkes der Ewig-Gestrigen wieder jene, die ruhig und beharrlich in Richtung Zukunft schreiten. Insofern hat sich nichts verändert.

Campanilismus und Chauvinismus sind als Thema am politischen Parkett wieder salonfäig geworden. Manche Kräfte versuchen, die Osterweiterung der Europäischen Union an Bedingungen zu knüpfen und dadurch zu verzögern. Für Triest ist jeder Tag des Zögerns ein verlorener Tag. Jeder Gedanke an Revisionismus gefährdet seine Existenz. Das Überleben der Stadt und ihrer Region ist nur gesichert, wenn die Länder Ost- und Südosteuropas als integraler Bestandteil des Kontinentes anerkannt werden, der sie schliesslich auch sind. Im Zeitalter der Globalisierung wird es ohnehin schwierig genug sein, darauf aufmerksam zu machen, dass es Triest überhaupt gibt.

Triest – die Hafen- und Handelsstadt – ist auf die friedliche Koexistenz der Völker und Staaten im Balkan, aber auch im Nahen und Mittleren Osten angewiesen. Die Situation und Ereignisse in Israel, Palästina und der Golf-Region werden die Entwicklung mindestens ebenso beeinflussen wie der europäische Einigungprozess.

Wieder einmal entscheiden fremde und von hier aus nicht zu beeinflussende Mächte über das Schicksal des Mikrokosmos Triest. Die Bewohner des Küstenlandes werden sich arrangieren. Ein alter Freund, der in den schlechten Jahren nach dem Zweiten Weltkrieg aufgewachsen ist, sagte einmal zu mir: „Mai ho mangiato cosi bene come nei tempi della miseria.“ – „Ich habe nie so gut gegessen wie in den Zeiten der Not.“ Wer so denkt, hat keine Angst vor der Zukunft.

ANHANG

100 v. Chr.	wird Triest erstmals von Artemidoro von Ephesus urkundlich erwähnt.
52 v. Chr.	„Tergeste“ ist eine befestigte römische Kolonialstadt
27 v. Chr.	wird die Stadt dem Römischen Reich angegliedert.
289	San Giusto, Schutzpatron der Stadt, erleidet unter Diokletian den Märtyrertod.
568	vermutlich von den Langobarden zerstört.
6.–8. Jhdt.	unter Byzantinischer Herrschaft
7. Jhdt.	Erste slawische Ansiedlungen in der Region.
751	Eroberung durch die Langobarden.
787	Eroberung durch die Franken.
948	Unter Lothar II. wird Triest von Istrien losgelöst und bischöfliches Lehen.
1186	Konsulen, später Rektoren leiten die Stadtregierung.
1202	Treueschwur auf Venedig.
1236	Die Stadt befreit sich von der bischöflichen Herrschaft.
1295	Die Bischöfe treten die letzten Rechte an die Gemeinde ab.
1366	Die Grafen von Duino anerkennen die Herrschaft der Habsburger.
1369–81	Triest wird von der Republik von Venedig unterworfen.
1374	Die Markgraftschaft Istrien fällt an die Habsburger.
1382	Triest stellt sich unter den Schutz des Herzogtums Österreich.

1420 Venedig anektiert das Patriarchat von Aquileia, das heutige Friaul.

1426 Triest erwirbt Castelnuovo in Istrien. Grösste Ausdehnung seines Gebietes.

1463 Neuerlicher Krieg mit Venedig, der in einem verheerenden Frieden endet.

1469 Bürgerkrieg in Triest. Umfangreiche Zerstörung der Stadt.

1470 Friedrich III. besucht die Stadt.

1500 Die Habsburger unter Maximillian I. erben die Grafschaft Görz.

1508 Letzte Besetzung Triests durch die Venezianer.

1521 Im Frieden von Worms wird die Zugehörigkeit Triests zu Österreich bestätigt.

1660 Nach 190 Jahren besucht wieder ein Habsburger Herrscher die Stadt:
Leopold I.

1717 Kaiser Karl VI. erklärt die Freiheit der Schifffahrt in der Adria.

1719 Karl VI. erhebt Triest zum Freihafen.

1740 Maria Theresia besteigt den Thron. Unter ihrer Herrschaft erhält Triest weitere
Privilegien und erlebt seine erste grosse Blüte.
Die Stadt hat 30 000 Einwohner
Der „Borgo Teresiano“ entsteht.

1768 Der Historiker Johann Joachim Winckelmann wird ermordet.

1780 Josef II. wird Kaiser.

1784 Josef II. erklärt Deutsch zur Staatssprache. Italienische Schulen werden vorübergehend abgeschafft.

1797 Erste napoleonische Besetzung.

1802	Johann Gottfried Seume besucht auf seinem Spaziergang von Leipzig nach Syrakus Triest.
1805–06	Zweite napoleonische Besetzung.
1809–13	Dritte napoleonische Besetzung. Triest wird den illyrischen Provinzen angegliedert.
1813	Triest kommt wieder zu Österreich und wird wieder Freihafen.
1818	Erste Dampfschiff-Linie in der Adria: Triest–Venedig.
1819	Grillparzer besucht die Stadt
1827	Josef Ressel entwickelt die Schiffsschraube in Triest. Seine Erfindung wird von den österreichischen Behörden nicht ernst genommen. Ressel verkauft das Patent an die Deutsche Marine.
1831	Gründung der Assicurazione Generali.
1836	Gründung des Adriatischen Lloyd, ab 1919 Lloyd Triestino, durch den späteren Finanzminister Karl Ludwig Freiherr von Bruck.
1849	Triest wird „reichsunmittelbare Stadt.
1857	Die Eisenbahnlinie Wien–Triest (Südbahn, geplant von Carl Ritter von Ghega) wird eröffnet. Adalbert Stifter besucht Triest.
1858	Niederlage Österreichs gegen Italien; Verlust der Lombardei.
1861	Italo Svevo wird in Triest geboren.
1865	Der seit Maria Theresia suspendierte Militär-Dienst für Triestiner wird wieder eingeführt.
1866	Österreich verliert Venedig an Italien.
1867	Triest wird Sitz des Statthalters des „Küstenlandes", also der Kronländer Görz und Gradiska, Istrien und Triest.
1868	Aufstand der Bürgerschaft.

1869	Der Suez-Kanal wird eröffnet.
1882	Hinrichtung Giuliemo Oderdans (eigentlich Oberdank) nach einem missglückten Attentat auf den Kaiser.
1883	Umberto Saba wird geboren.
1891	Kaiser Franz Josef hebt das Privileg des Freihafens auf. Die Stadt gehört damit zum österreichisch-ungarischen Zollgebiet.
1900	Die Stadt hat 178 599 Einwohner, darunter 24 679 Slowenen, 8880 Deutsche und 4954 Juden.
1902	Generalstreik. Zu dessen Niederschlagung Militäreinsatz unter Conrad von Hötzendorf. 14 Tote und über 50 Verletzte.
1905	James Joyce lässt sich in Triest nieder (bis 1915).
1906	Wahlerfolg der Sozialisten. Erstarken der Irredentisten.
1909	Eröffnung der Tauernbahn, die Triest nun auch mit Deutschland verbindet.
1910	Die Stadt hat 220 547 Einwohner, darunter 118 421 Italiener, sowie 51 108 Slowenen.
1914	Bei Kriegsbeginn verschärfen sich die Spannungen zwischen den Volksgruppen.
1915	Kriegseintritt Italiens.
1918	Am 3. November landen die Italiener in Triest.
1919	Im Frieden von Saint-Germain wird Triest Italien zugesprochen.
1920	Das „Hotel Balkan", slowenisches Kultur- und Organisationszentrum, wird von fanatischen italienischen Nationalisten niedergebrannt.

1921	Die Stadt hat nunmehr 228 583 Einwohner, darunter 198 886 Italiener und nur mehr 11 694 Slowenen.
1922	Mussolini wird nach seinem „Marsch auf Rom" italienischer Ministerpräsident. Beginn der „Italianisierung" der slowenischen Bevölkerung in der Region.
1924	Gründung der Universität Triest.
1930	Vier Todesurteile gegen Kämpfer der slowenischen Untergrundorganisation „Borba" nach einem von ihnen verübten Attentat.
1938	Italienische Rassengesetze.
1939	Italien besetzt Albanien, erklärt sich aber noch als „nicht kriegsführend".
1940	Kriegseintritt Italiens.
1943	19.5. „Reichskristallnacht" in Triest. Plünderung jüdischer und slowenischer Geschäfte. Am 10. September übernehmen die Deutschen die Macht in der Stadt und über das Hinterland. Das „Adriatische Küstenland" entsteht.
1944	Errichtung des Konzentrationslagers in der Risiera von San Saba, dem einzigen Vernichtungslager auf italienischem Boden.
1945	Vom 1. Mai bis zum 12. Juni ist Triest von Jugoslawischen Truppen besetzt.
1945–54	Besetzung durch Amerikaner und Engländer.
1947	Im Friedensvertrag von Paris wird das „Freie Territorium Triest" geschaffen und in Zone A (Stadt und Vororte) und B (nördliches Istrien) geteilt.
1954	Durch das Abkommen von London kommt die Stadt Triest (Zone A) wieder unter italie-

nische Verwaltung. Das Hinterland fällt an Jugoslawien. Exodus tausender Italiener, der sogenannten „esuli“ aus Jugoslawien. Schwierige politische, wirtschaftliche und soziale Situation.

1971 Franco Basaglia übernimmt die Leitung der Klinik von San Giovanni, und leitet von dort aus die Reform der italienischen Psychiatrie ein.

1975 Durch den Vertrag von Osimo wird die Zugehörigkeit Triests zu Italien endgültig bestätigt, und die Demarkationslinie als Staatsgrenze festgelegt.

1991 Slowenien wird selbstständig. Die Grenzen werden durchlässig, was einerseits den wirtschaftlichen Aufschwung begünstigt, andererseits Probleme mit der unkontrollierten Einwanderung der sogenannten „clandestini“ bringt.

1994 Riccardo Illy wird Bürgermeister, und leitet mit seinem Mitte-Links-Bündnis Reformen ein, welche die Stadt auf die bevorstehende Südost-Erweiterung der Europäischen Union vorbereiten sollen.

2001 Wahlsieg des Mitte-Rechts-Bündnisses zwischen Forza Italia und Alleanza Nazionale.

GRENZEN 1866 UND 1918

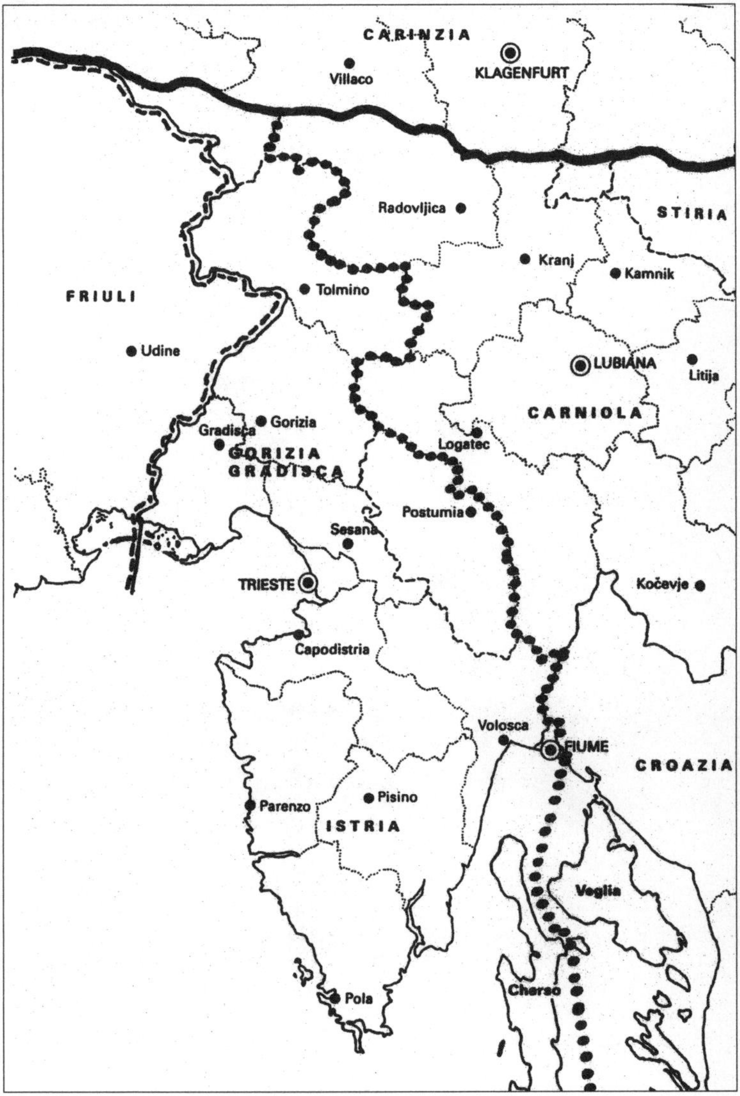

Grenze zwischen Italien und Österreich-Ungarn 1866

Grenze zwischen Italien und Jugoslawien 1918 bis 1943

Grenze Österreichs seit 1918

GRENZEN 1947–1954

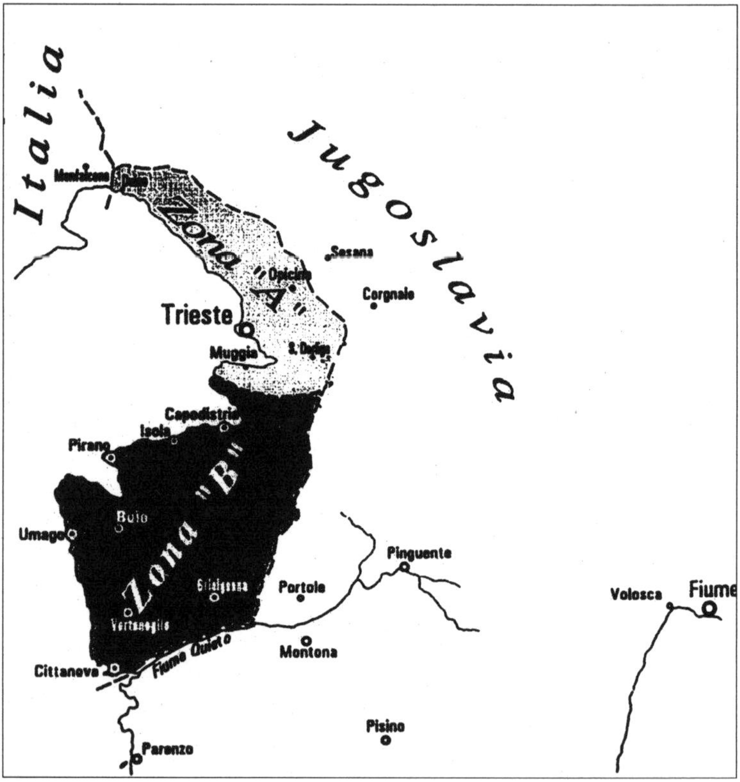

ENTWICKLUNG DER STADTBEVÖLKERUNG IN TRIEST

1700–24	5454
1725–49	7043
1750–74	11 846
1775–99	21 721
1800–24	44 287
1825–49	78 401
1850–74	109 421
1875–99	144 796
1910	190 913

(Quelle: Finzi/Panjek: Storia economica e sociale di Trieste)

Eine andere Statistik besagt, dass 1910
in der Provinz Triest 229 510 Einwohner lebten,
von denen 202 668 Österreichische Staatsbürger
und 26 842 Ausländer waren.

Eine weitere Statistik berichtet von 220 547 Einwohnern
zum gleichen Zeitpunkt, von denen 118 421 Italiener und
51 108 Slovenen gewesen sind.

BEVÖLKERUNGSSTRUKTUR 1910
Stadt Triest

Umgangssprache, laut Volkszählung der k.u.k. Statistischen Zentralkommission vom 31.12.1910:

Deutsch	11 856
Böhmisch, Slowakisch	565
Polnisch	157
Ruthenisch	33
Slowenisch	56 916
Serbisch, Kroatisch	2403
Italienisch	118 959
Rumänisch	11
Magyarisch	13
Insgesamt	190 913

Aus: Hugo Hantsch: „Die Geschichte Österreichs“, Graz 1994

Dario Alberi: „Istria – Storia, arte, cultura“, Triest 2001
Angelo Ara/Claudio Magris: „Triest – Eine literarische Hauptstadt in Mitteleuropa“, München, 1987
Glauco Arneri: „Trieste. Breve storia della città“. Triest 1998
Marta Ascoli: „Auschwitz è di tutti“, Triest 1998
Hanns Barth: „Reiseführer Wocheinerbahn“, Wien 1908
Marino Di Bert: „Vicende storiche Gradiscane“, Mariano 1982
Maurizio Bradaschia: „Le Piazze di Trieste“, Triest 1994
Cristina Burcheri & Stefano Cosma: „Vitti di Toccai ... 300“, Mariano 2001
Giacomo Borruso: „Riflessioni“, Triest 1999
Guiseppe Caprin: „Pianure Friulane“, Triest 1882
Giuseppe Caprin: „Il Trecento a Trieste“, Triest 1887
Carpinteri & Faraguna: „Le maldobrie“, Trieste 1980
Carpinteri & Faraguna: „Povero nostro Franz“, Trieste 1985
Lucia Cosmetico/Claudia Cruz: „Triestini – No se pol“ Torino 2000
Silvio Cumpeta & Angela Michelis: „Eredità di Carlo Michelstaedter“, Udine 2002
Erik Dolhar & Marko Korosic: „Narodni dom – Balkan“, Triest 2000
Helmut Eisendle: „Triest – Die Stadt zwischen drei Welten“, München 1994
Roberto Finzi/Giovanni Panjek: „Storia economica e sociale di Trieste“, Triest 2001
Egon Friedell: „Kulturgeschichte der Neuzeit“; München 1989
Albert Fuchs: „Geistige Strömungen in Österreich 1867–1918“, Wien 1978

Carlo Genzo & Walter Zele (Hrsg.): „Il racconto del Carso“, Triest 1995
Susanne Gretter (Hrsg.): „Triest–Europa erlesen“, Klagenfurt 1997
Franz Grillparzer: „Reisetagebücher“, Weimar 1980
Hugo Hantsch: „Die Geschichte Österreichs“ In zwei Bänden. Graz, 1994
Friedrich Heer: „Der Kampf um die österreichische Identität“, Wien 1981
Riccardo Illy: „Trieste – Una porta tra l'Italia e la nuova Europa“, Trieste 2000
Hans Kitzmüllger (Hrsg.): „Friaul – Europa erlesen“, Klagenfurt 1998
Egone Lodatti: „La fine degli Asburgo a Gorizia“, Mariano 1992
Renate Lunzer: „Triest – Eine italienisch-österreichische Dialektik“, Klagenfurt 2000
Claudio Magris: „Donau – Biographie eines Flusses“, München 1988
Claudio Magris: „Utopia e disincanto“, Milano 1999
Claudio Magris: „Microcosmi“, Milano 1997
Claudio Magris: „Wer steht auf der anderen Seite?“, Salzburg 1993
Manfred Matzka: „Istrien – Ein Reisebegleiter für Leser“, Wien 2002
Paolo Morawski: „Da Stettino a Trieste“, in: „limes 1–96“, Rom 1996
Claudio Nollani: „Cent'anni di canti triestini“, Triest 1975
Arrigo Petacco: „L'esodo – La tragedia negata“, Milano 1999
Gianni Pinguentini: „Nuovo dizionario del dialetto Triestino“, Triest 1957
Andreas Pribersky: „Europa und Mitteleuropa?“ Wien 1991

Erwin Ringel: „Wieviel Seele braucht der Mensch?“, Wien 1996

Silvio Rutteri: „Trieste – Storia ed arte tra vie e piazze“, Triest 1981

Drago Sedmak: „La cornaca die paesi ai piedi dell’Ermada 1915–1918“, Aurisina 1995

Johann Gottfried Seume: „Spaziergang nach Syrakus“, Leipzig 1977

Rita Siligato: „Trieste: meno 18“, Triest 2001

Scipio Slataper: „Mein Karst“, Klagenfurt 1988

Cornelia Szabó-Knotik (Hrsg.): „Wien-Triest um 1900“, Musikleben, Bd.2, Wien 1993

Gerhard Tötschinger: „Ach, wer da mitreisen könnte“, Wien 2001

Claudio Tonel (Hrsg.): „Quali valori oggi acinquant’anni dalla liberazione“, Monfalcone 1996

Ernst Trost: „Das blieb vom Doppeladler“, Wien 1966

Prezihov Voranc: „Doberdò – Gli umili nell’esercito austro-ungarico“, Gorizia 1998

Lojze Wieser (Hrsg.): „Senza Confini – Europa erlesen“, Klagenfurt 1999

Richard Zürcher: „Friaul und Istrien“, München 1982

ICH BEDANKE MICH

bei allen Menschen, die mir ermöglicht haben, dieses Buch zu schreiben, in dem sie Zeit und Geduld aufwandten, und mich – den Neugierigen – an ihrem Leben teilhaben ließen, mit mir geredet, nachgedacht und sich erinnert haben.

Mit Anton Michael Drioli bin ich 1976 nach Triest gereist, in die Stadt seiner und meiner Vorfahren, als er sich aufmachte, seinen Vater zu suchen.

Valerio Fiandra hat mich mit der Literatur Triests und manchen Verrücktheiten des täglichen Lebens vertraut gemacht.

Ariel Haddad verdanke ich die Kenntnis der Geschichte des Judentums in dieser Stadt. Auch hat er mich dem Glauben unserer Väter wieder näher gebracht. Lechaim!

Riccardo Illy danke ich dafür, dass er mich gelehrt hat, die Real-Politik Triests zu begreifen.

Rainer Lendl, dem Verleger, bin ich für seine Geduld und sein Vertrauen dankbar.

Lina Leghisa hat mich gelehrt, den Karst und seine Geschichte zu lieben, und um seine Toten zu trauern.

Claudio Magris danke ich für den Diskurs über das Misstrauen in Geschichtsschreibung und Politik, aber auch für die Kenntnisse um Bade-Rituale in Barcola.

Roberto Picèch danke ich für seine Freundschaft, seinen Witz, seinen Wein.

Paolo Rumiz hat mir nicht nur den Blick auf die Seele der Triestiner ermöglicht, sondern auch ein wunderschönes Vorwort über unser beider Schizophrenie geschrieben.

Die Recherche zu diesem Buch wäre mir nicht möglich gewesen ohne die Freundschaft von Marisa und Flavio Snidero, die mich in schweren Zeiten adoptiert haben.

Elisabeth Würzl hat mich in zahlreichen Gesprächen immer wieder inspiriert, das Vorwort von Paolo übersetzt, und letztlich durch ihr kluges und sensibles Lektorat die Fertigstellung dieses Buches wesentlich erleichtert.

Ich danke all meinen Freunden in Duino, die mich nun ein halbes Leben lang begleiten, ohne ihre Namen einzeln zu nennen, denn wenn ich auch nur einen von diesen kostbaren Menschen vergäße, täte ich allen Unrecht.

Ich gedenke auch der Toten: Pino, Pepi, Egone, Claudio, Luciano, Franco und all der anderen, die uns voraus gegangen sind. Die Erde werde ihnen leicht.

Wien, Duino 2003

INHALTSVERZEICHNIS

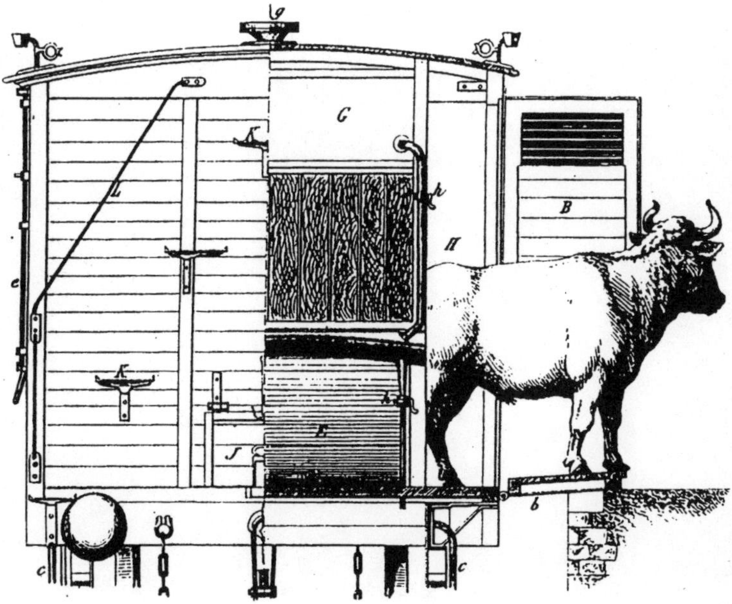

VIEH-TRANSPORT-WAGGON
der k. k. Staatsbahnen
auf der Südbahn, um 1900